정보화교육 기본 활용서

NEW 스마트한 생활을 위한
구글 크롬
기초&활용

이 책의 구성

★ **들어가기**
각 장마다 배우게 될 내용을 설명합니다.

★ **미리보기**
각 장마다 배우게 되는 예제의 완성된 모습을 미리 확인할 수 있습니다.

★ **무엇을 배울까요?**
본문에서 어떤 기능들을 배울지 간략하게 살펴봅니다.

★ **따라하기**
예제를 만드는 과정을 순서대로 따라하면서 쉽게 기능을 습득할 수 있습니다.

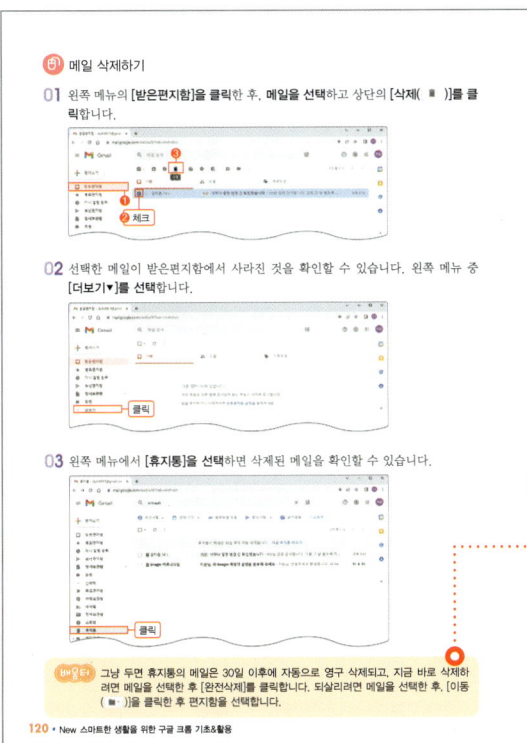

★ **배움터**
본문에서 다루지 못한 내용이나 알아두어야 할 사항들을 추가적으로 설명합니다.

★ **디딤돌 학습**
각 장마다 배운 내용을 토대로 한 번 더 복습할 수 있도록 응용 문제를 제공합니다. 혼자 연습해봄으로써 실력을 다질 수 있습니다.

★ **도움터**
혼자 연습할 수 있도록 필요한 정보 또는 방법을 제공합니다.

목 차

01장 | 구글 '크롬' 시작하기

1. 크롬 설치하기 • 9
2. 크롬 실행하기 • 11
3. 크롬(Chrome) 브라우저 화면 구성 알아보기 • 12
4. 홈 버튼 표시하기 • 13
5. 시작 페이지 변경하기 • 16
6. 크롬 테마 변경하기 • 19
* 디딤돌 학습 • 23

02장 | 구글 '크롬' 관리하기-1

1. 북마크 추가 및 사용하기 • 25
2. 북마크바 표시하기 • 28
3. 다른 웹 브라우저의 북마크 및 설정 가져오기 • 29
4. 북마크 관리자 이용하기 • 30
5. 북마크 삭제하기 • 31
6. 북마크바 감추기 • 32
* 디딤돌 학습 • 33

03장 | 구글 '크롬' 관리하기-2

1. 방문 기록 관리하기 • 35
2. 인터넷 사용 기록 삭제하기 • 39
3. 비공개로 인터넷 탐색하기 • 41
* 디딤돌 학습 • 46

04장 | 구글 사용하기 : 구글 '검색' 앱 활용

1. 구글에서 자료 검색하기 : 일반 검색 및 고급 검색 활용 • 48
2. 구글에서 이미지 검색하기 • 54
3. 구글에서 이미지로 검색하기 • 60
* 디딤돌 학습 • 61

05장 | 구글 '번역' 앱 사용하기

1. 자동 번역 설정하기 • 63
2. 다른 나라 사이트에 접속하여 자동 번역 기능 활용하기 • 66
3. 구글 '번역' 앱 활용하기 • 69
* 디딤돌 학습 • 71

06장 | 구글 '지도' 앱 사용하기

1. 구글 '지도' 앱 실행하기 • 73
2. 구글 지도로 위치 찾기 • 74
3. 구글 지도로 길 찾기 • 78
4. 검색 위치 주변 살펴보기 • 83
* 디딤돌 학습 • 88

07장 | 나만의 '뉴스' 앱 환경 만들기

1. 구글 계정 만들기 • 90
2. '뉴스' 앱으로 뉴스 보기 • 94
3. 나만의 뉴스 라이브러리 만들기 • 95
 * 디딤돌 학습 • 101

08장 | 구글 'Gmail' 앱 사용하기

1. 구글 'Gmail' 앱 실행하기 • 103
2. 서명 만들기 • 105
3. 장소 검색하여 메일로 보내기 • 107
4. 주소록 만들어 활용하기 • 113
5. 받은 메일 확인 및 답장하기 • 117
6. 메일 관리하기 • 119
 * 디딤돌 학습 • 121

09장 | 구글 '사진' 앱 사용하기

1. 구글 '사진' 앱 실행하기 • 123
2. 사진 업로드하기 • 124
3. 간단한 사진 수정하기 • 126
4. 콜라주 만들기 • 130
5. 나만의 앨범 만들기 • 132
 * 디딤돌 학습 • 134

10장 | 구글 '드라이브' 앱 사용하기

1. 구글 '드라이브' 앱 실행하기 • 136
2. Google 드라이브에 폴더 만들어 파일 업로드하기 • 137
3. Google 드라이브에 저장된 파일 다운로드하기 • 140
4. 업로드한 오피스 문서 파일 수정하기 • 142
5. 새로운 오피스 문서 파일 만들기 • 148
 * 디딤돌 학습 • 151

01 구글 '크롬' 시작하기

마이크로소프트 엣지(이하 엣지)와 같이 인터넷을 연결하여 웹 페이지를 표시하는 프로그램을 웹 브라우저라고 합니다. 이번 장에서는 웹 브라우저 중 구글에서 개발한 '크롬'의 설치 방법과 구성, 기본적인 설정 방법에 대해 알아보도록 하겠습니다.

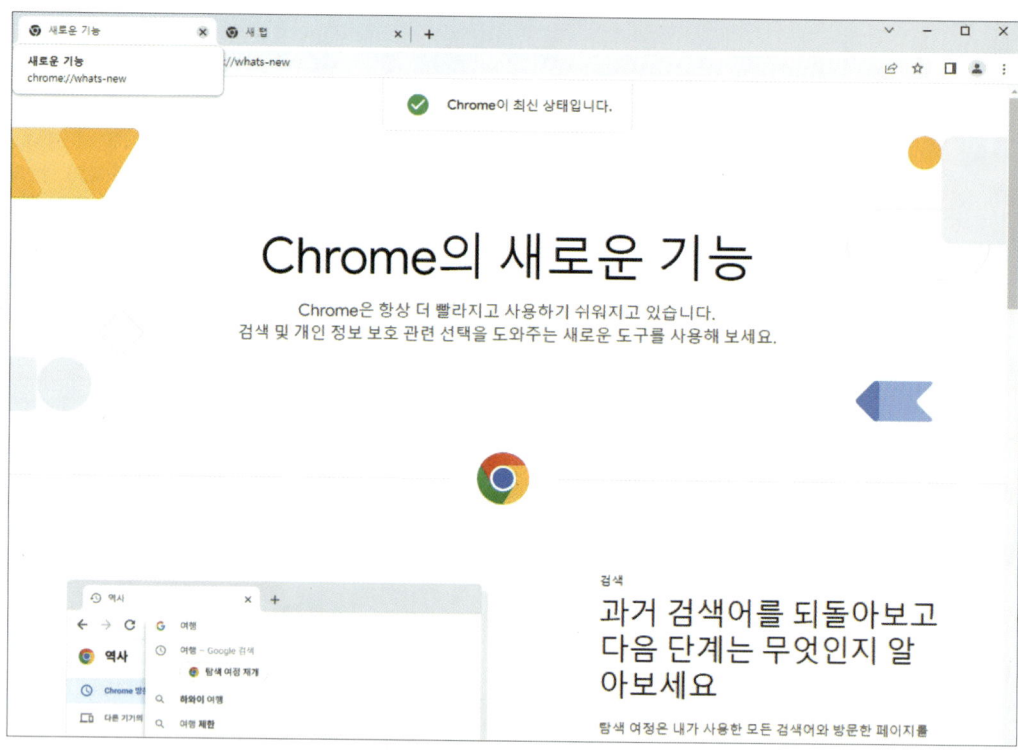

 무엇을 배울까요?

- ···▶ 크롬 설치하기
- ···▶ 크롬 구성 알기
- ···▶ 크롬 실행하기
- ···▶ 크롬 홈 버튼 표시 및 설정하기
- ···▶ 크롬 시작 페이지 변경하기
- ···▶ 크롬 테마 변경하기

 **크롬 설치하기**

01 '엣지'를 실행한 후, 주소 표시줄에 'www.google.com/chrome'을 입력하고 Enter 키를 누릅니다.

02 구글 사이트의 크롬 정보에 연결되면 [Chrome 다운로드] 버튼을 클릭합니다.

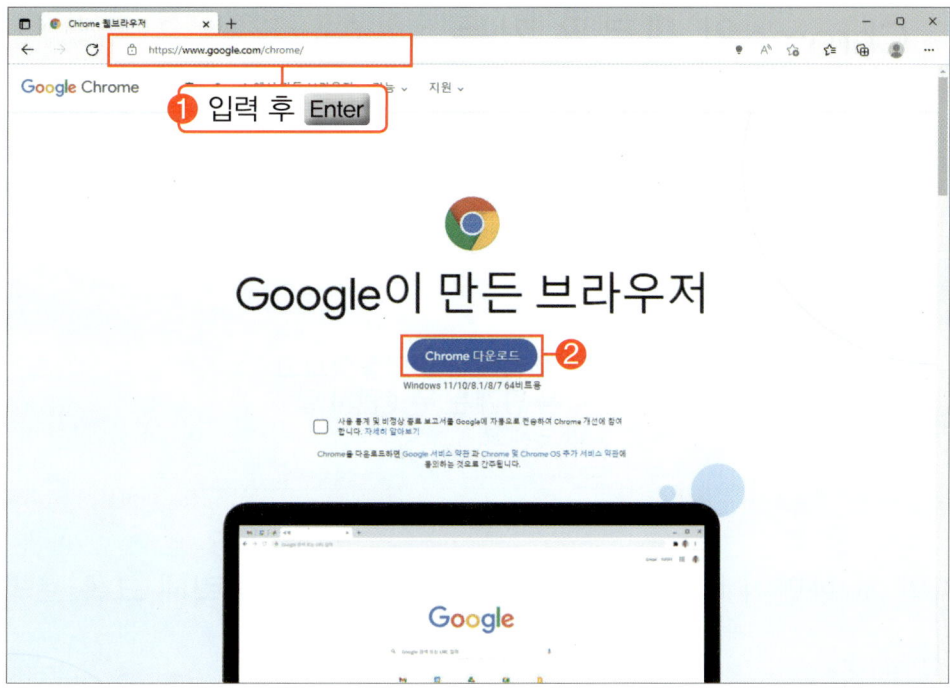

03 크롬 다운로드 안내 창이 나타나면 확인 후 상단 [Chrome 다운로드] 버튼을 클릭합니다.

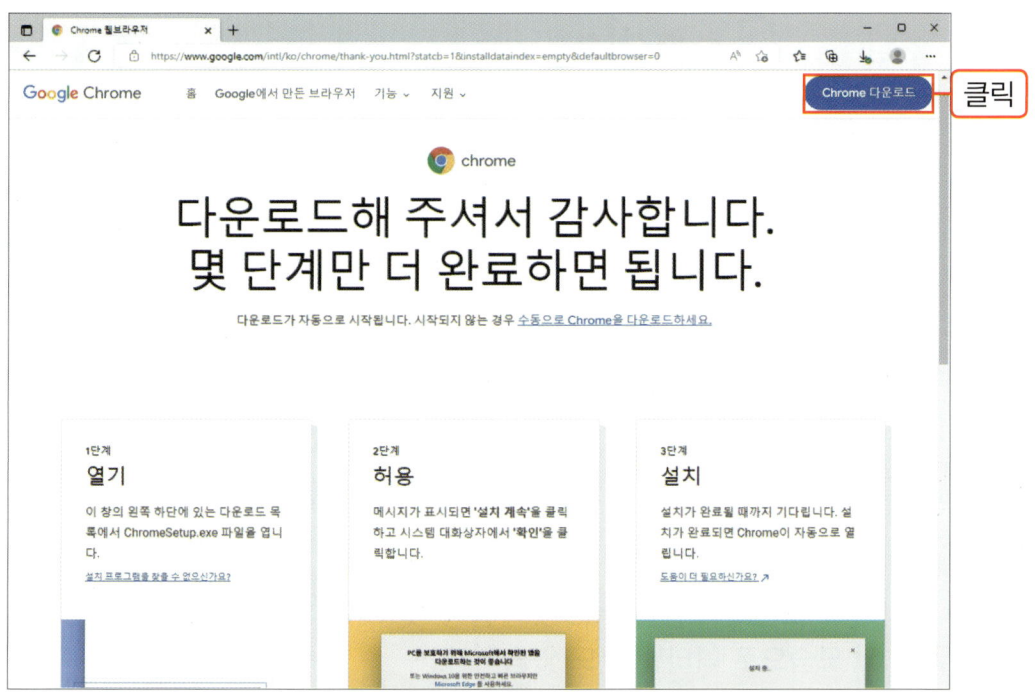

04 다운로드와 설치 과정을 거쳐 자동으로 '크롬'이 실행됩니다. 첫 화면으로 Chrome의 새로운 기능을 소개하는 페이지가 나타납니다. **[탭 닫기(×)]버튼을 클릭**해 닫아 줍니다.

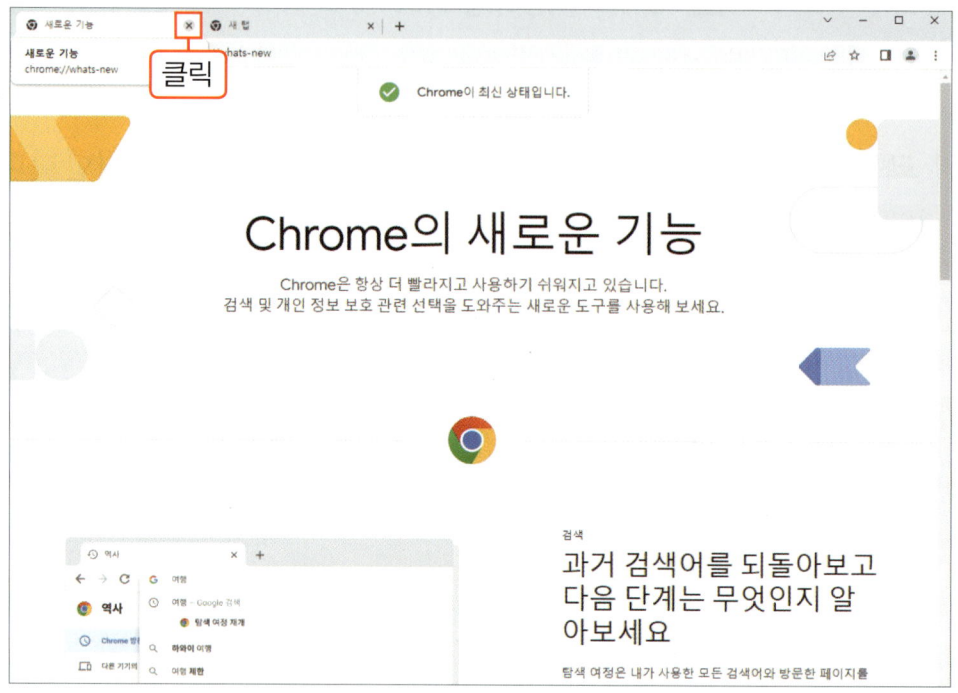

05 구글 홈페이지의 첫 화면이 나타납니다. **[닫기(×)] 버튼을 클릭**해 크롬 브라우저 창을 닫습니다.

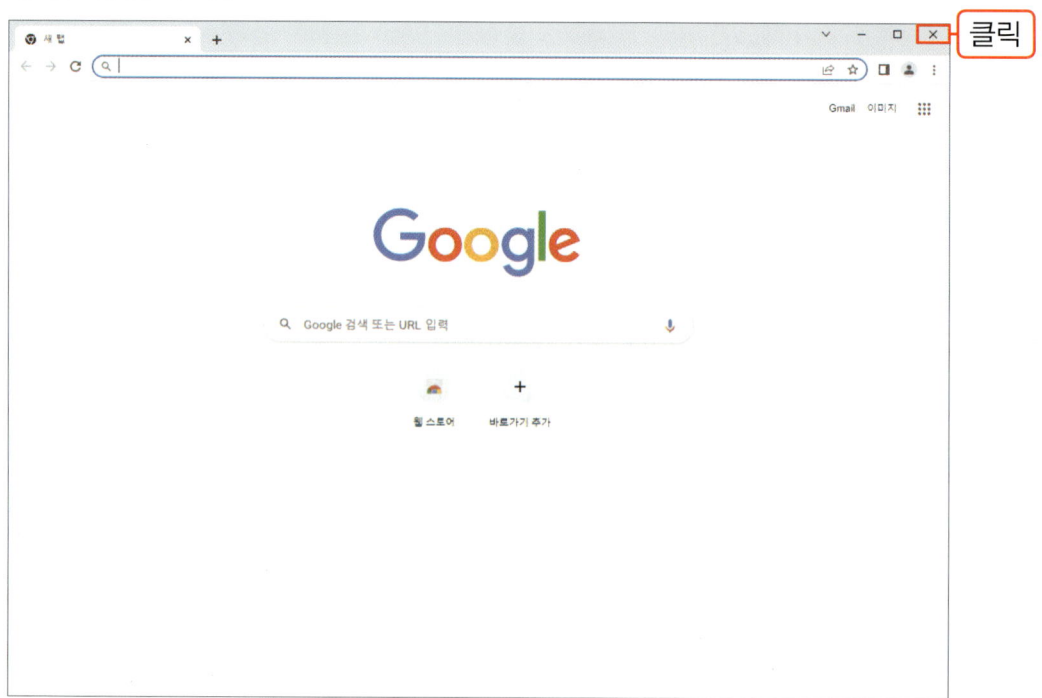

> **배움터** Chrome 브라우저 오른쪽의 [Chrome 맞춤설정 및 제어(⋮)]의 모습은 알림 정보가 있을 경우 의 모습으로 나타날 수도 있습니다.

배움터 크롬 버전 확인하기

크롬은 최신 보안 업데이트로 사용자를 보호하기 위해 사용자의 기기에서 사용 가능한 브라우저의 새 버전이 출시될 때마다 자동으로 업데이트됩니다. 업데이트로 일부 화면 또는 기능 위치나 이름 등이 다르게 표시될 수도 있습니다.

01 크롬 브라우저 오른쪽의 [Chrome 맞춤설정 및 제어(⋮)]를 클릭하고 [설정]을 클릭합니다.

02 설정 페이지가 나타나면 왼쪽 메뉴의 [Chrome 정보]를 선택합니다. 크롬의 현재 버전을 확인할 수 있습니다.

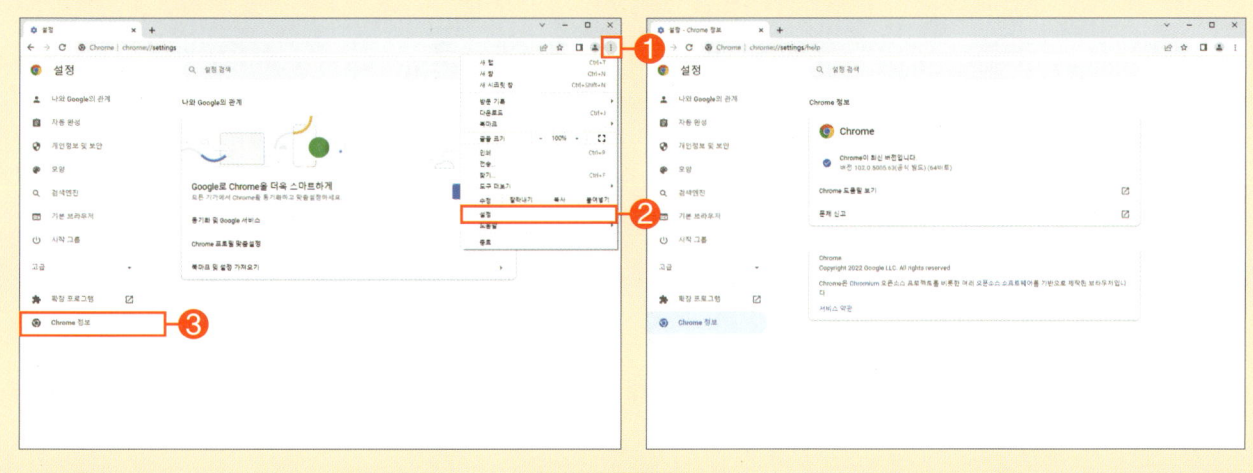

02 크롬 실행하기

■ 방법-1

바탕화면의 구글 크롬 바로 가기 아이콘()을 더블 클릭합니다.

■ 방법-2

[시작(⊞)]-[모든 프로그램]-[]을 클릭합니다.

■ 방법-3

작업 표시줄의 구글 크롬 아이콘(🌐)을 클릭합니다.

03 크롬(Chrome) 브라우저 화면 구성 알아보기

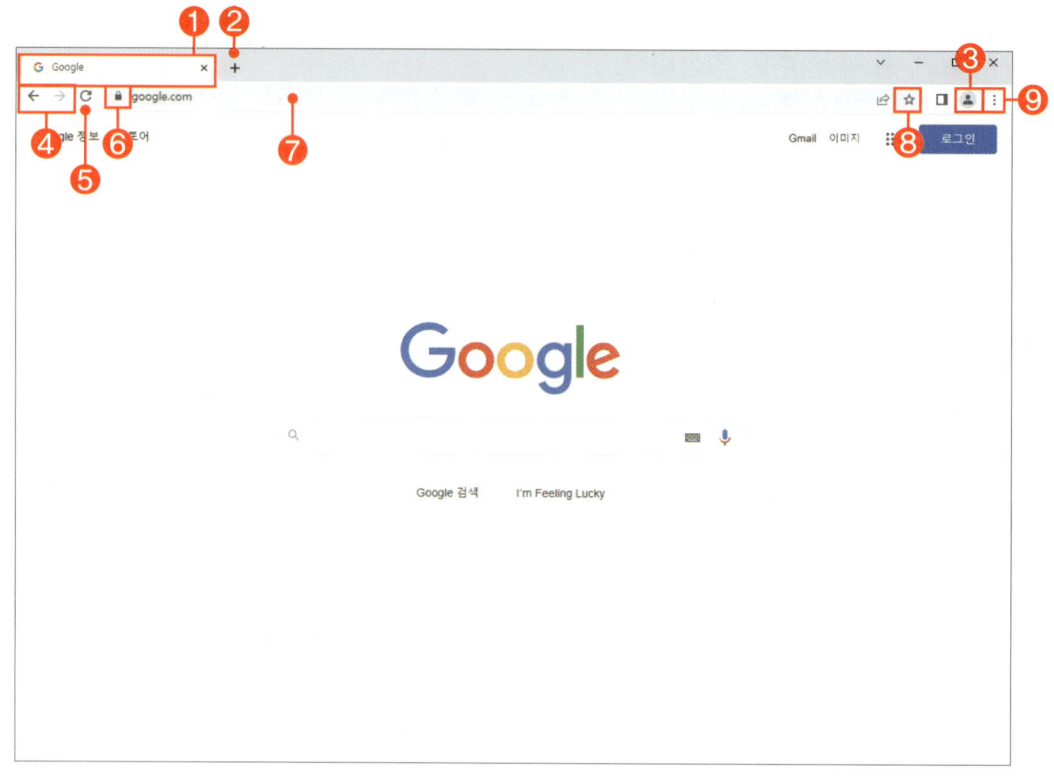

❶ **탭** : 연결된 웹 사이트(홈페이지) 또는 웹 페이지의 이름이 나타납니다. 탭 형식으로 여러 웹 페이지를 표시할 수 있습니다.

❷ **새 탭** : 새로운 탭을 추가할 수 있습니다.

❸ **프로필** : 사용자별로 각자 정한 범위 내에서 웹을 탐색할 수 있도록 할 수 있습니다. 여러 개의 구글 계정을 가진 사용자의 경우, 이곳을 클릭해 사용자 전환이 가능합니다.

❹ **이전 페이지/다음 페이지** : 페이지가 이동된 기록이 있다면 현재 웹 페이지 이전 페이지(←) 또는 다음 페이지(→)로 이동할 수 있습니다. 길게 누르고 있으면 방문 기록을 확인할 수 있습니다.

❺ **페이지 새로 고침** : 현재 웹 페이지를 다시 불러옵니다.

❻ **사이트 정보 보기** : 클릭하면 위치, 알림, 팝업, 자동 다운로드 등의 허용과 차단 등 인터넷 이용 관련 사항을 설정할 수 있습니다.

❼ **검색 주소 창** : 바로 웹을 검색할 수 있습니다. 현재 화면에 보이는 웹 페이지의 주소(URL)가 표시되므로 '주소 표시줄'이라고도 합니다.

❽ **현재 페이지를 북마크에 추가** : '북마크'는 엣지의 '즐겨찾기' 기능과 같습니다. 나중에 찾기 쉽도록 웹 페이지를 북마크로 추가하여 기록합니다.

❾ **Chrome 맞춤설정 및 제어** : 새 탭, 새 창, 방문 기록, 다운로드, 북마크 및 기타 다양한 설정을 할 수 있습니다. 엣지의 '메뉴'와 같은 기능을 하는 곳입니다.

04 홈 버튼 표시하기

01 작업 표시줄의 **구글 크롬 아이콘( )을 클릭**해 크롬을 실행합니다. [새 탭] 화면이 나타납니다. 따로 설정을 변경하지 않으면 이후에는 크롬을 실행할 때마다 이 화면이 나타납니다.

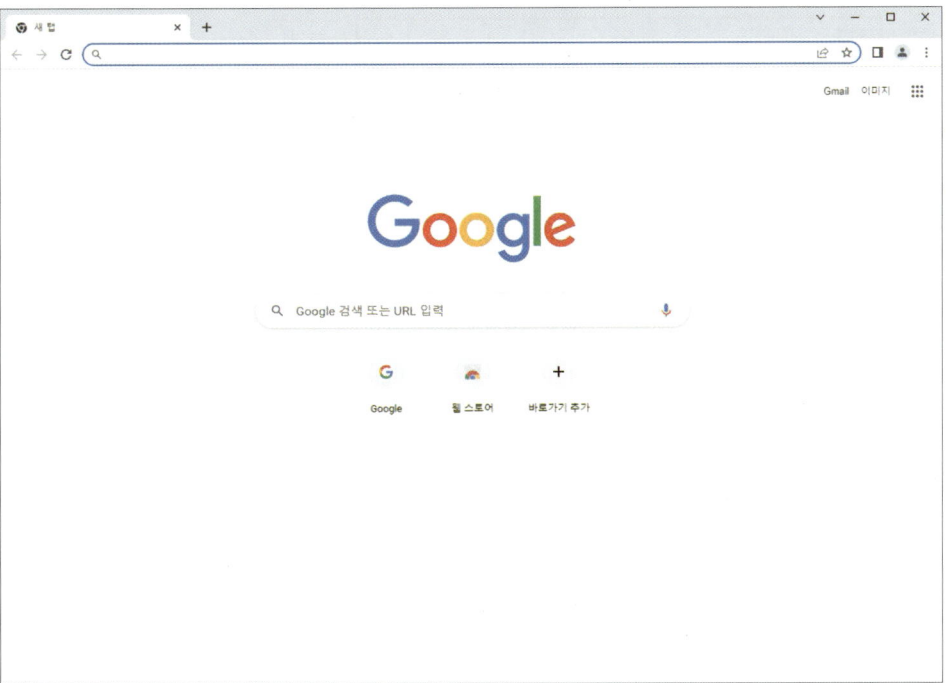

02 오른쪽의 [Chrome **맞춤설정 및 제어**( )]를 **클릭**하고 [**설정**]을 **선택**합니다.

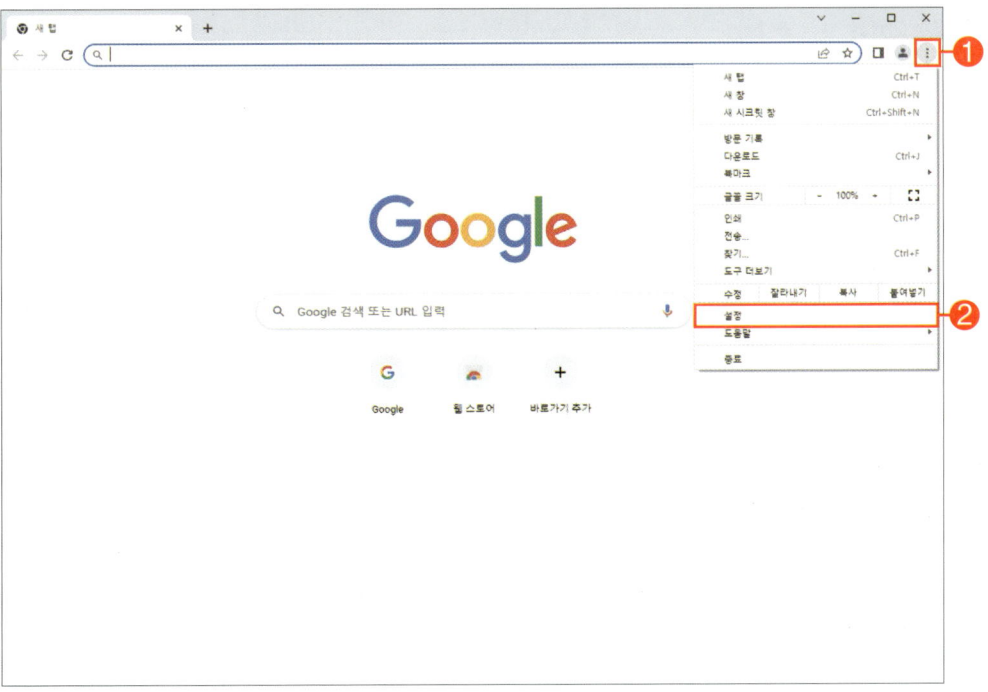

01 구글 '크롬' 시작하기 • **13**

03 설정 페이지가 나타나면 [모양]에서 '사용 중지'로 표시된 **'홈 버튼 표시'의 토글을 클릭**합니다.

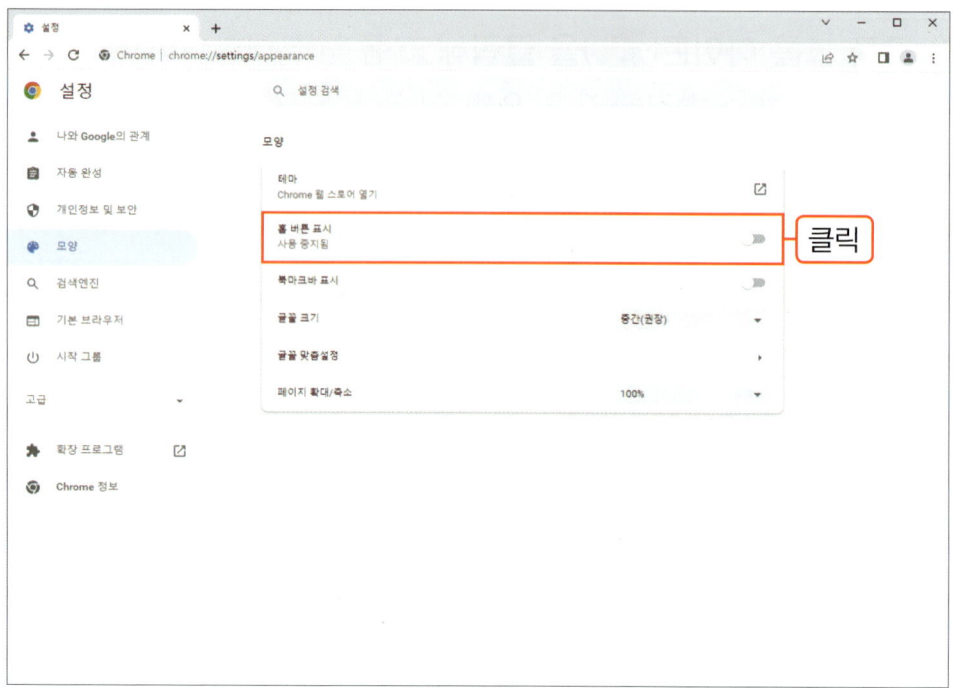

04 '홈 버튼 표시'가 활성화되고, [페이지 새로 고침(C)] 옆에 ⌂ **모양이 삽입된 것을 확인**할 수 있습니다.

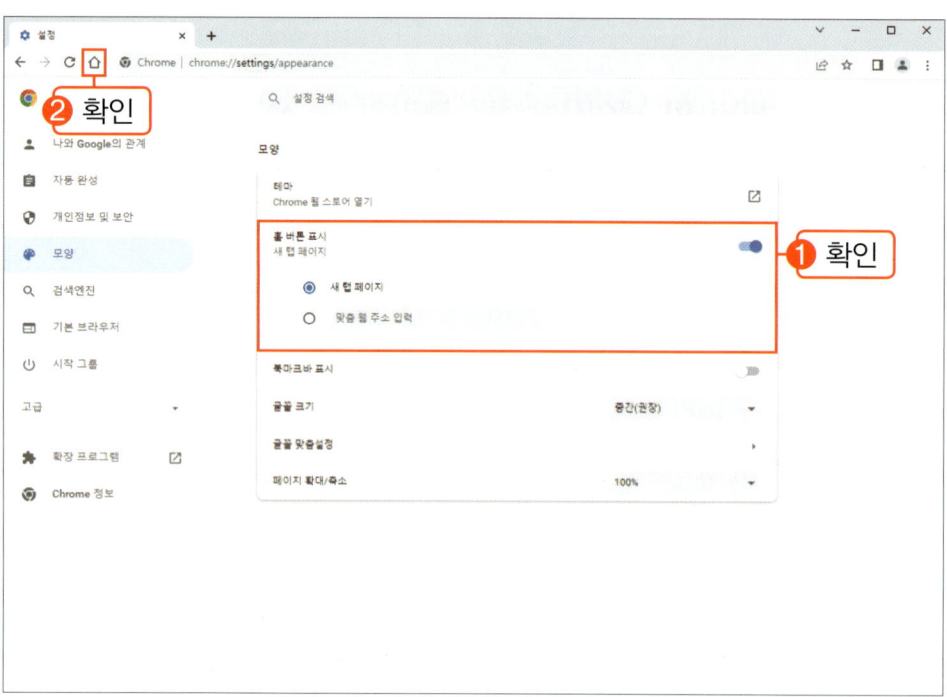

05 '맞춤 웹 주소 입력'의 입력란에 'www.naver.com'을 입력하고 Enter 키를 누릅니다. [홈페이지 열기(⌂)]를 클릭합니다.

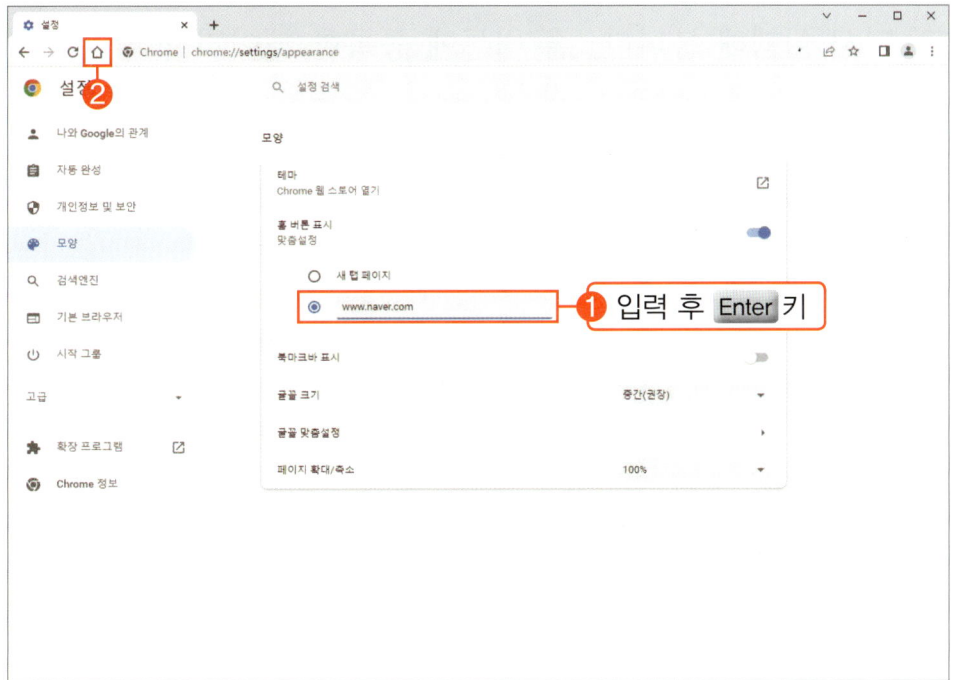

06 변경된 웹 사이트의 시작 페이지가 열리는 것을 확인할 수 있습니다.

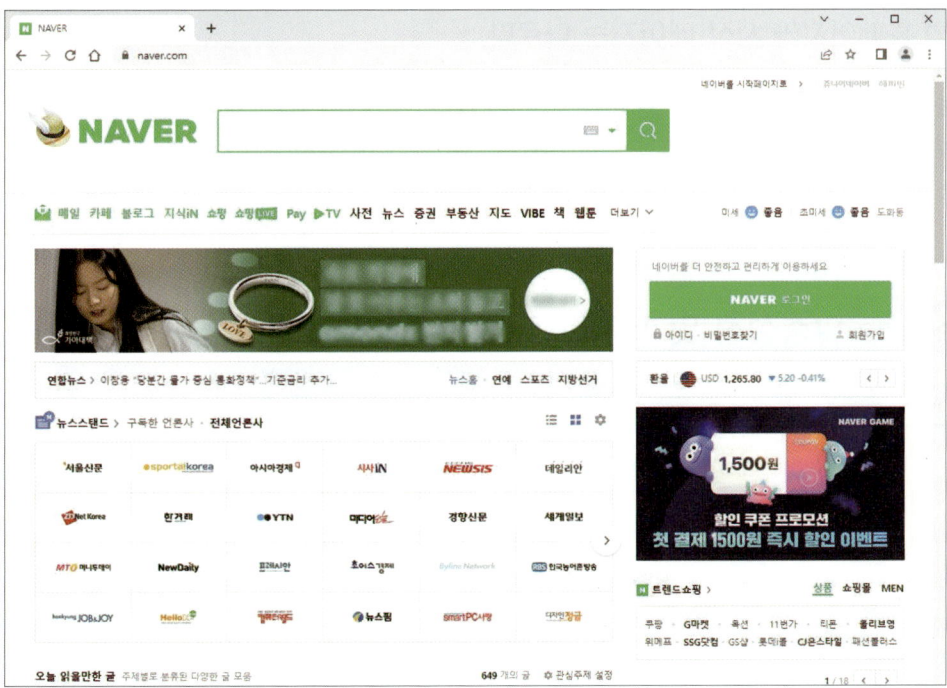

시작 페이지 변경하기

01 **크롬 창을 닫고, 다시 실행**해 봅니다. 홈 버튼에 등록한 페이지가 열리지 않음을 확인할 수 있습니다.

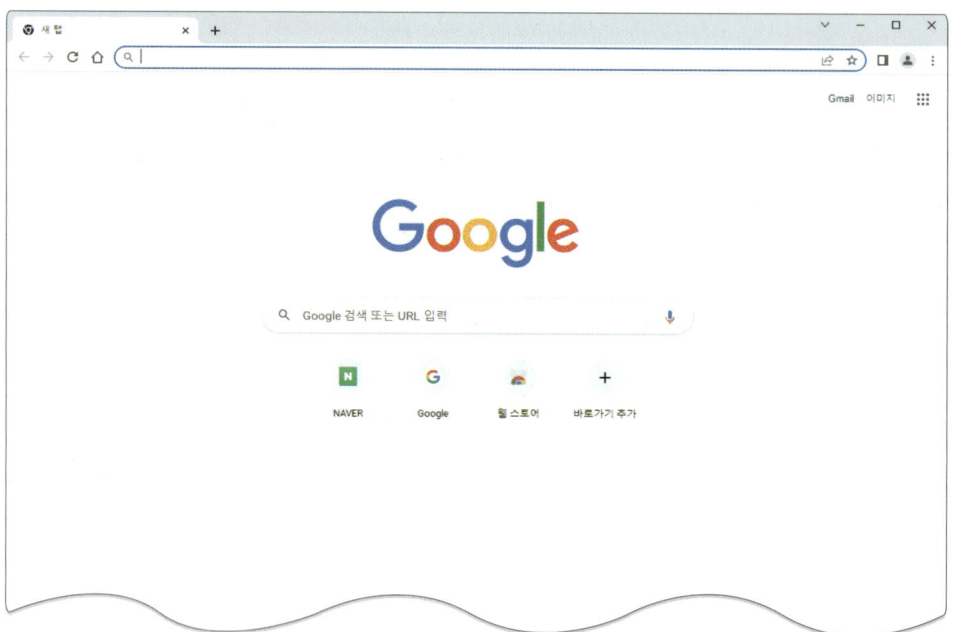

> **배움터** 홈 버튼의 홈페이지와 시작 페이지는 다르다.
>
> 크롬에서 말하는 홈페이지는 [홈페이지 열기(⌂)]를 눌렀을 때 나타나는 페이지를 말하고, 시작 페이지는 크롬을 실행했을 때 처음 나타나는 페이지를 의미합니다. 서로 다르게 설정할 수 있습니다.

02 오른쪽의 [Chrome 맞춤설정 및 제어(⋮)]를 **클릭**하고 [설정]을 **선택**합니다.

16 • NEW 스마트한 생활을 위한 구글 크롬 기초&활용

03 설정 페이지가 나타나면 [시작 그룹]에서 **[특정 페이지 또는 페이지 모음 열기]**를 **선택**하고 **[새 페이지 추가]**를 **클릭**합니다.

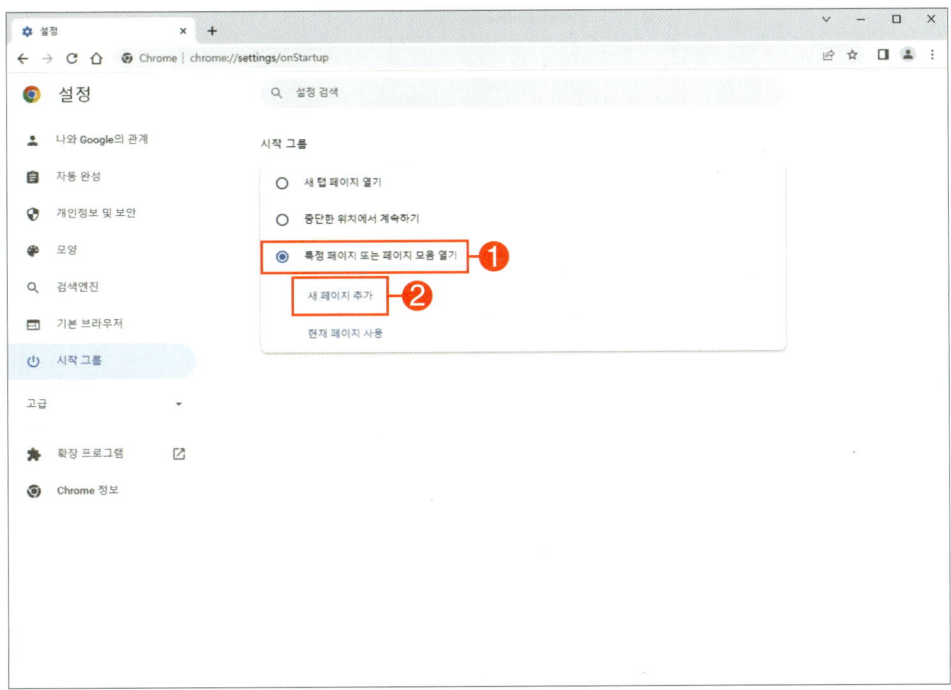

04 '새 페이지 추가' 대화상자가 나타나면 [사이트 URL]의 입력란에 '**www.nate.com**'을 **입력**하고 **[추가]** 버튼을 **클릭**합니다.

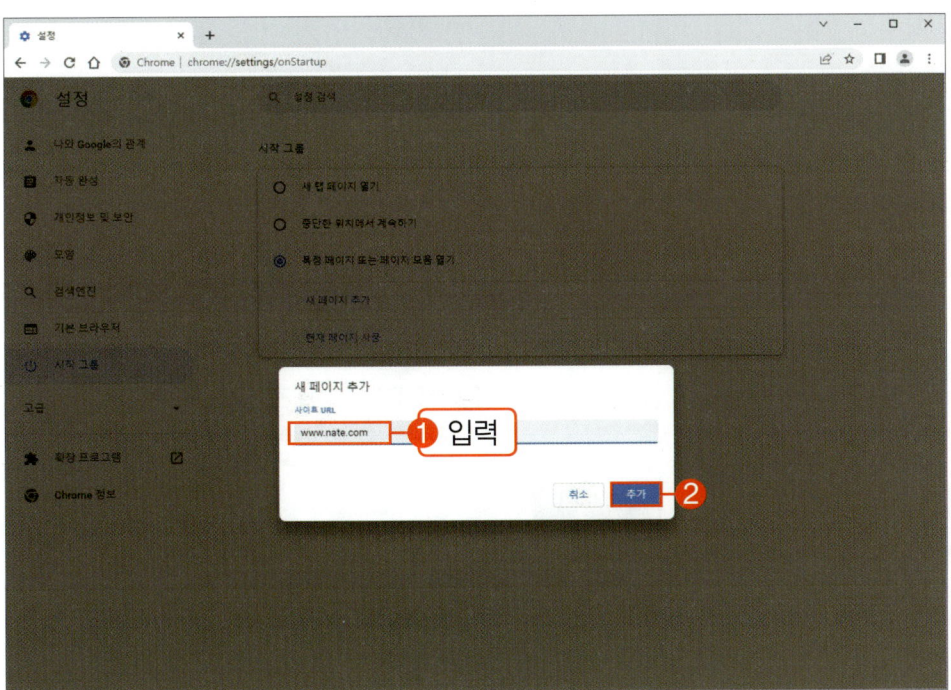

05 설정이 완료되면 확인하기 위해 **크롬 창을 닫습니다.**

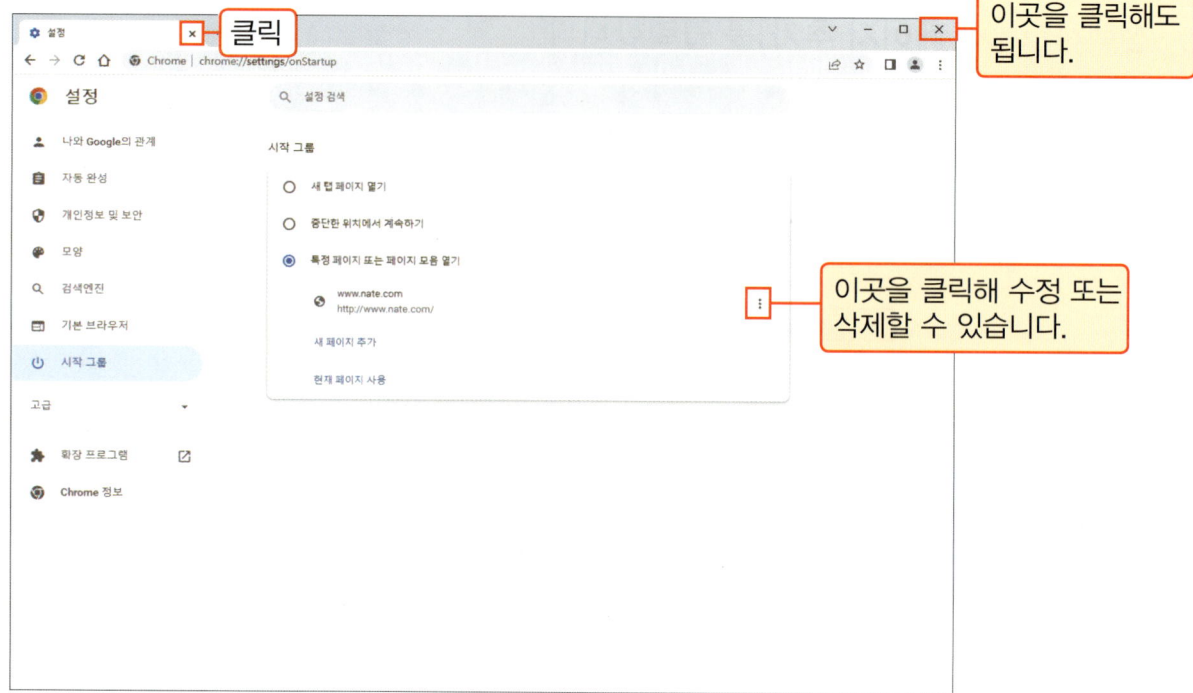

06 다시 **크롬을 실행**합니다. 처음 나타나는 페이지가 [시작 그룹]에서 설정한 'www.nate.com'인 것을 확인할 수 있습니다.

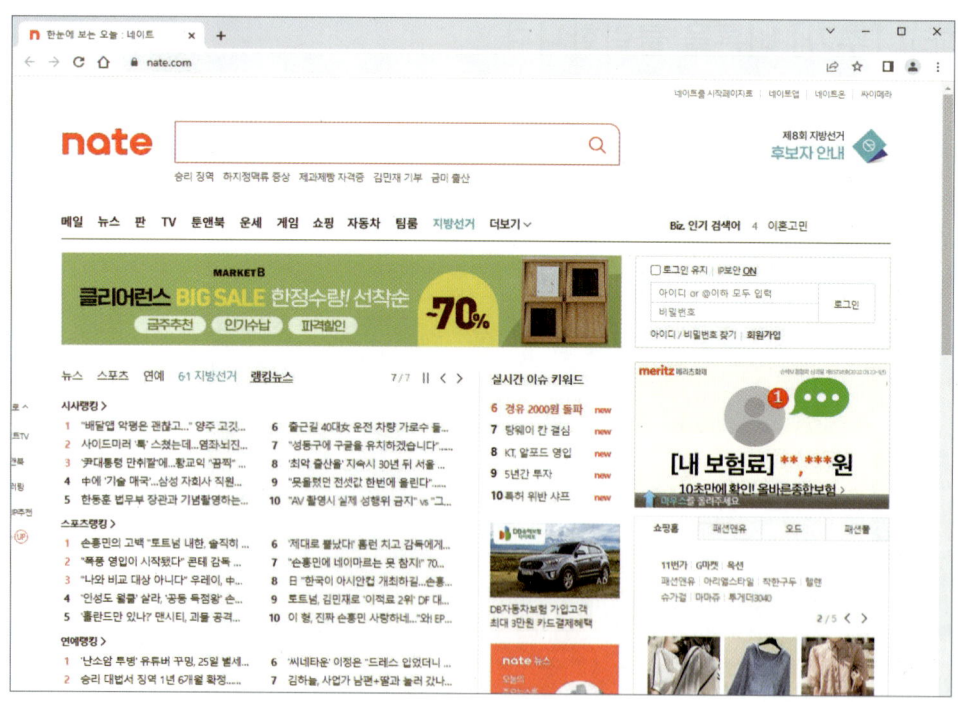

06 크롬 테마 변경하기

테마 설정하기

01 [Chrome 맞춤설정 및 제어(⋮)]를 클릭하고 [설정]을 선택합니다.

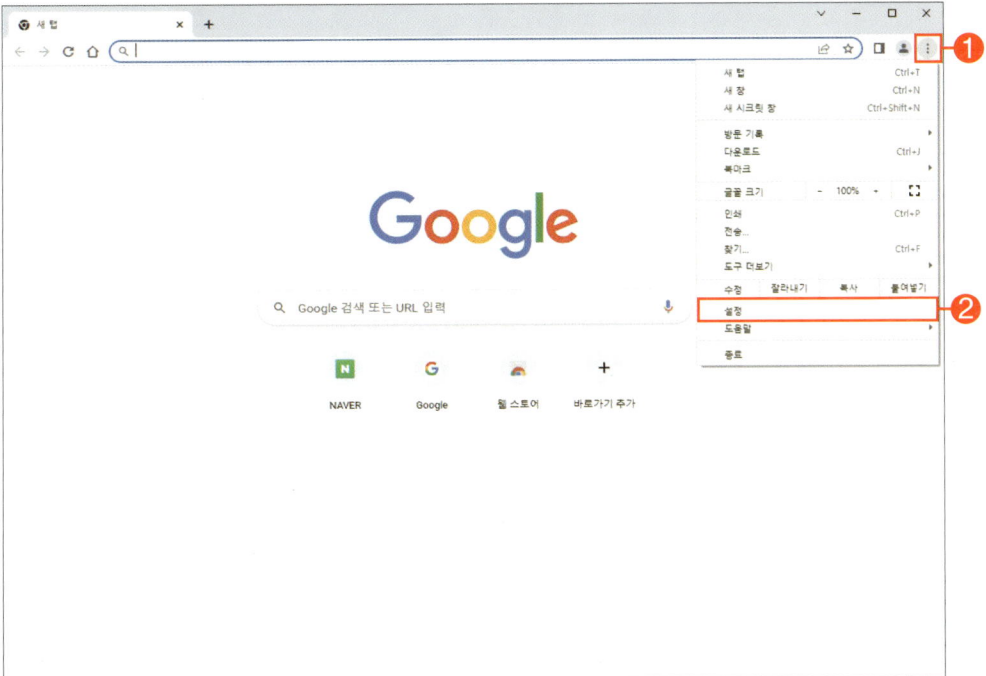

02 설정 페이지가 나타나면 [모양]의 **[테마(Chrome 웹 스토어 열기)]**를 클릭합니다.

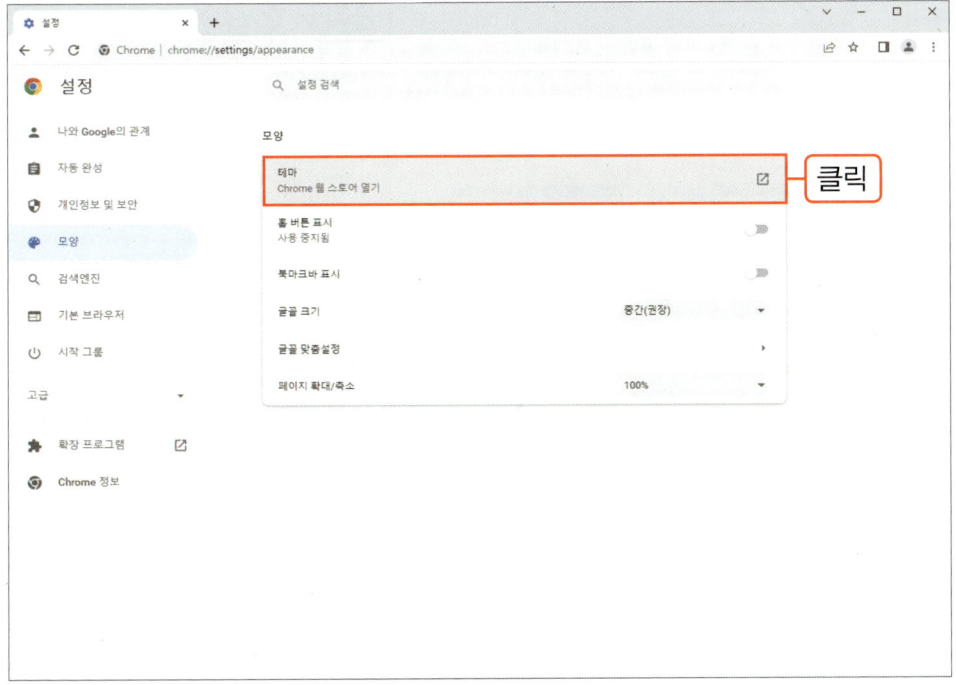

03 Chrome 웹 스토어 페이지가 나타나면 다양한 **테마 목록 중 하나를 선택**합니다.

04 선택한 테마에 대한 정보가 나타나면 살펴본 후 크롬에 적용하기 위해 **[Chrome 에 추가] 버튼을 클릭**합니다.

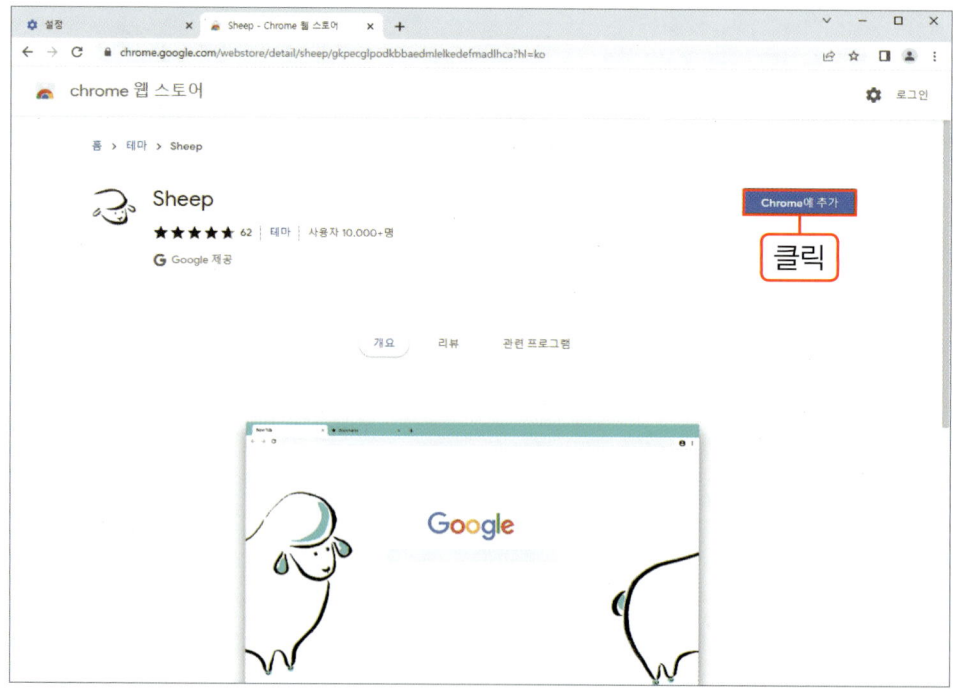

05 설치 완료 메시지가 나타납니다. [새 탭(+)]을 클릭합니다.

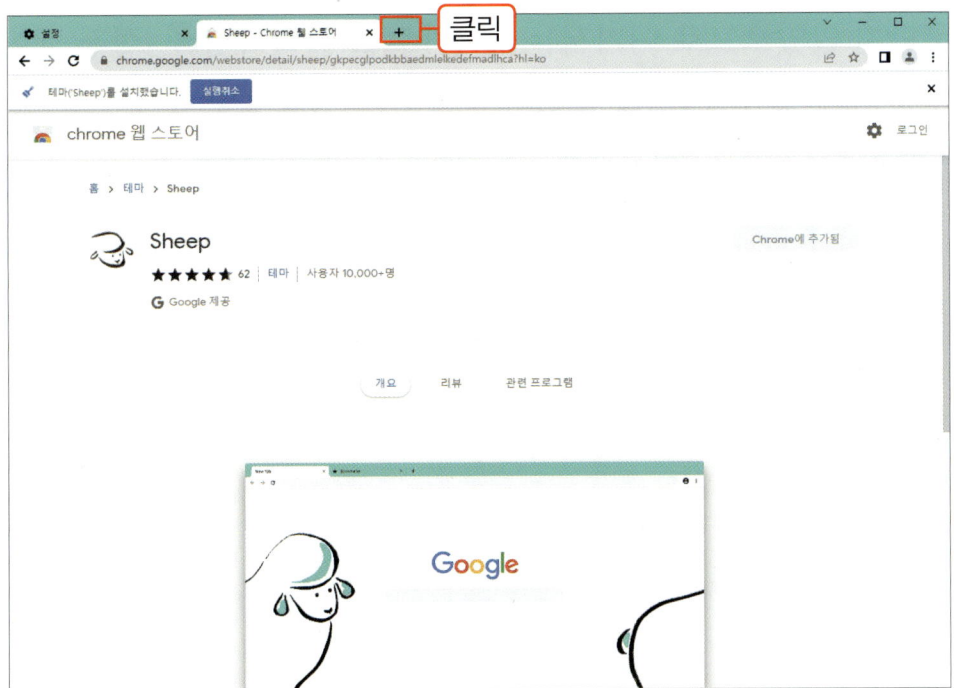

06 적용된 테마의 모습을 확인할 수 있습니다.

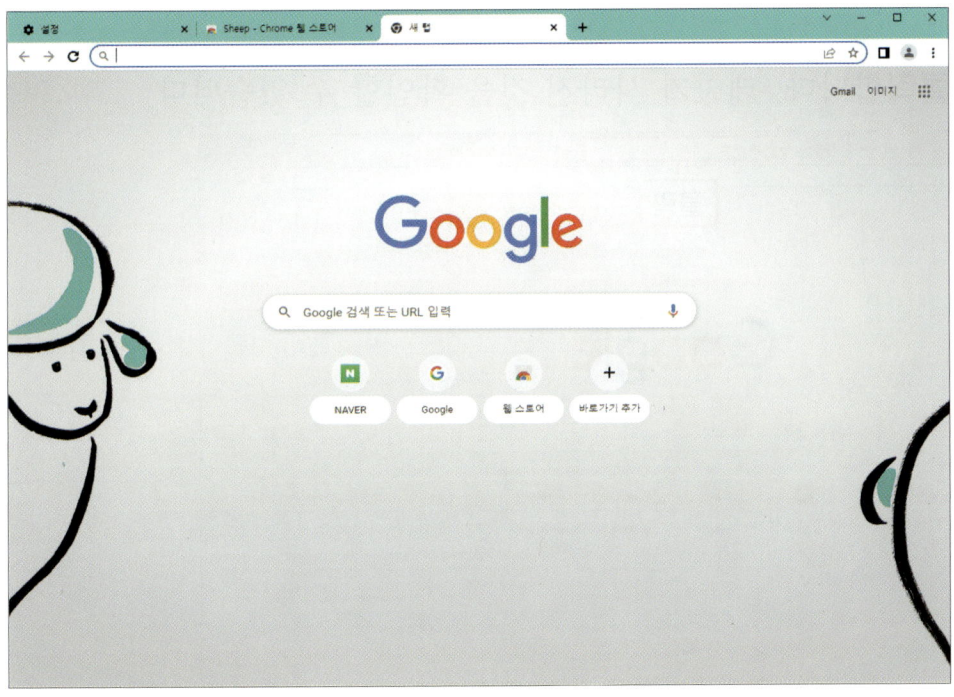

테마 되돌리기

01 설정 페이지를 닫지 않았으므로 여기서는 **[설정] 탭을 클릭**합니다. 설정 페이지가 나타나면 [모양]의 **[테마]에서 [기본 설정으로 돌아가기]를 클릭**합니다.

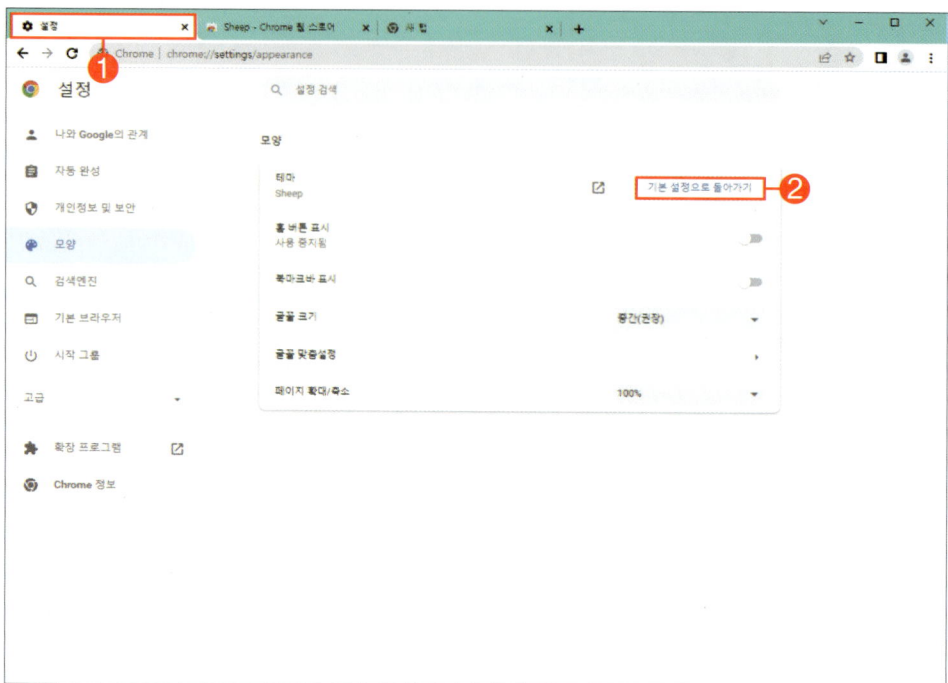

02 **[새 탭] 탭을 클릭**합니다. 테마가 사라진 것을 확인할 수 있습니다.

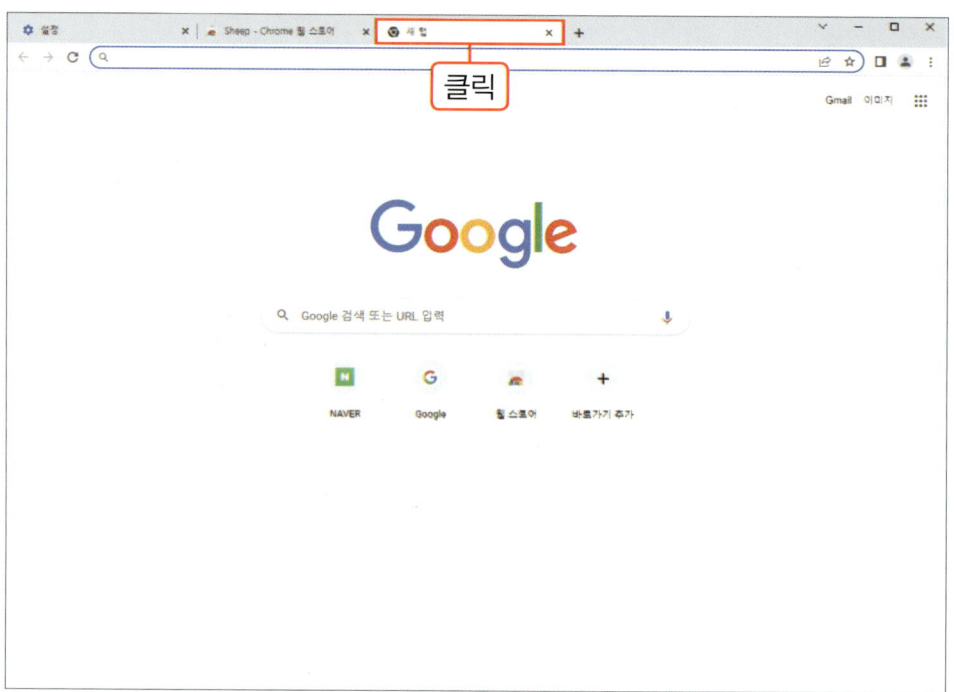

1 홈 버튼의 연결 경로를 'www.google.co.kr'로 변경해 봅니다.

2 시작 페이지의 연결 경로를 'www.google.co.kr'로 변경해 봅니다.

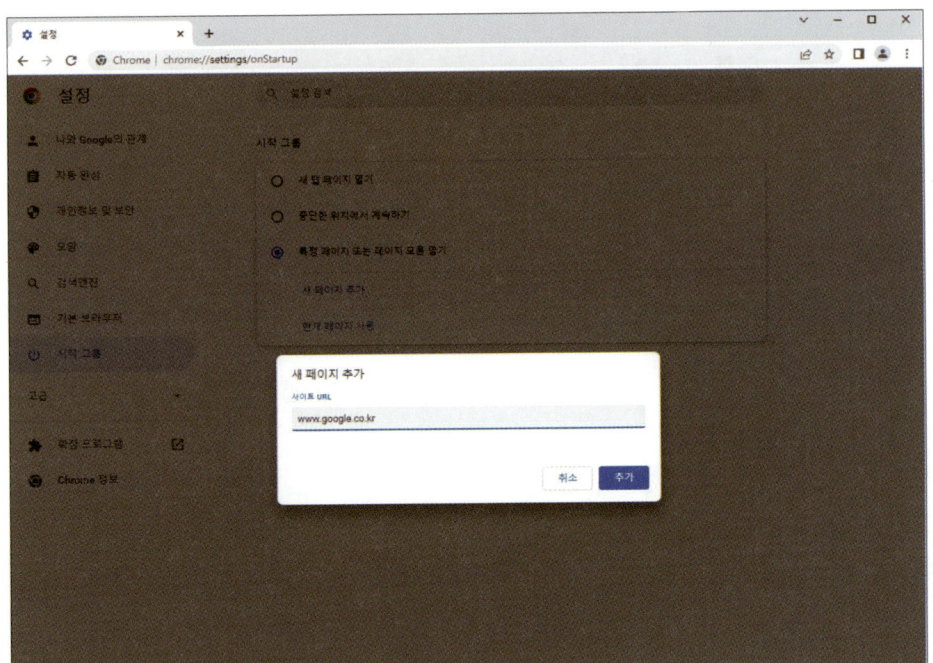

도움터 등록되어 있는 'nate' 주소 옆의 [추가 작업( )]을 클릭하고 [수정]을 선택하면 시작 페이지의 연결 경로를 변경할 수 있습니다.

02 구글 '크롬' 관리하기-1

이번 장에서는 크롬에서 여러 사이트에 접속하는 방법을 알아봅니다. 자주 가는 사이트의 경우 '북마크'에 추가하는 방법을 살펴보겠습니다. 다만, 너무 많은 북마크를 추가하면 오히려 찾기 힘들 수 있습니다. '폴더'를 만들어 분류하는 방법과 '북마크 관리자'를 이용하여 등록한 북마크에서 필요한 북마크를 찾는 방법도 알아보겠습니다.

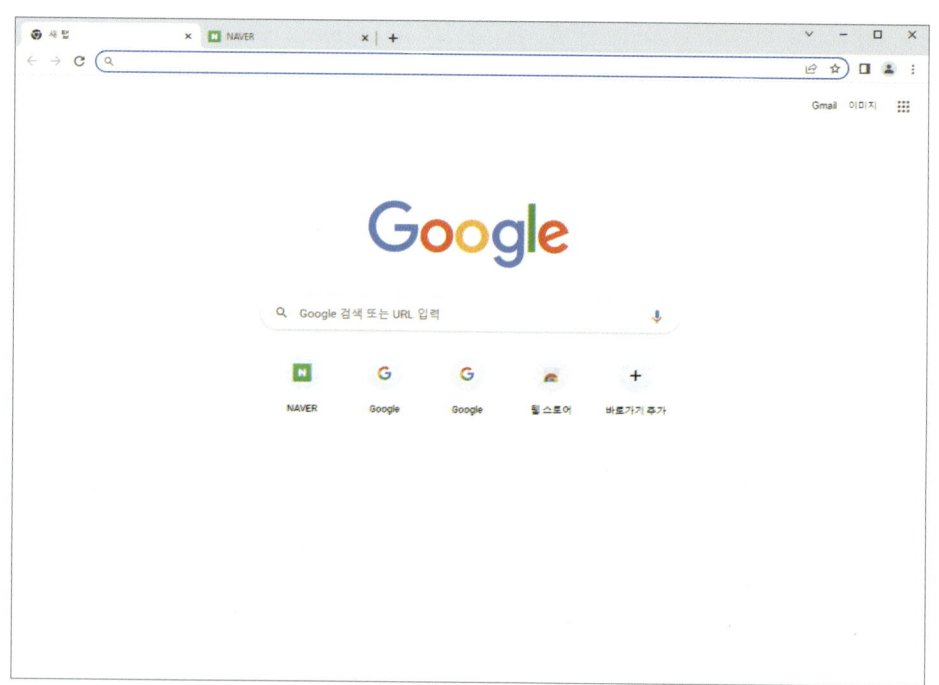

 무엇을 배울까요?

- 북마크 추가 및 북마크바 표시하기
- 인터넷 익스플로러의 '즐겨찾기' 기록 가져오기
- 북마크 관리자 활용 및 북마크 삭제하기
- 북마크바 표시 숨기기

01 북마크 추가 및 사용하기

북마크 추가하기

01 현재 보고 있는 웹 페이지를 북마크에 추가하려면, 검색 주소 창 오른쪽의 **[현재 페이지를 북마크에 추가(☆)]를 클릭**합니다.

02 '북마크 추가됨' 대화상자가 나타나면 **[완료] 버튼을 클릭**합니다. ☆ 모양이 ★ 모양으로 바뀐 것을 확인할 수 있습니다.

이곳에서 사용자가 등록할 이름을 지정할 수 있습니다.

폴더 만들어 북마크 추가하기

01 검색 주소 창에 'www.sdedu.co.kr'을 입력하고 Enter 키를 누릅니다. 사이트에 접속하면 [현재 페이지를 북마크에 추가(☆)]를 클릭합니다.

02 '북마크 추가됨' 대화상자가 나타나면 [폴더]의 ▼(펼침 버튼)를 클릭하고 [다른 폴더 선택]을 선택합니다.

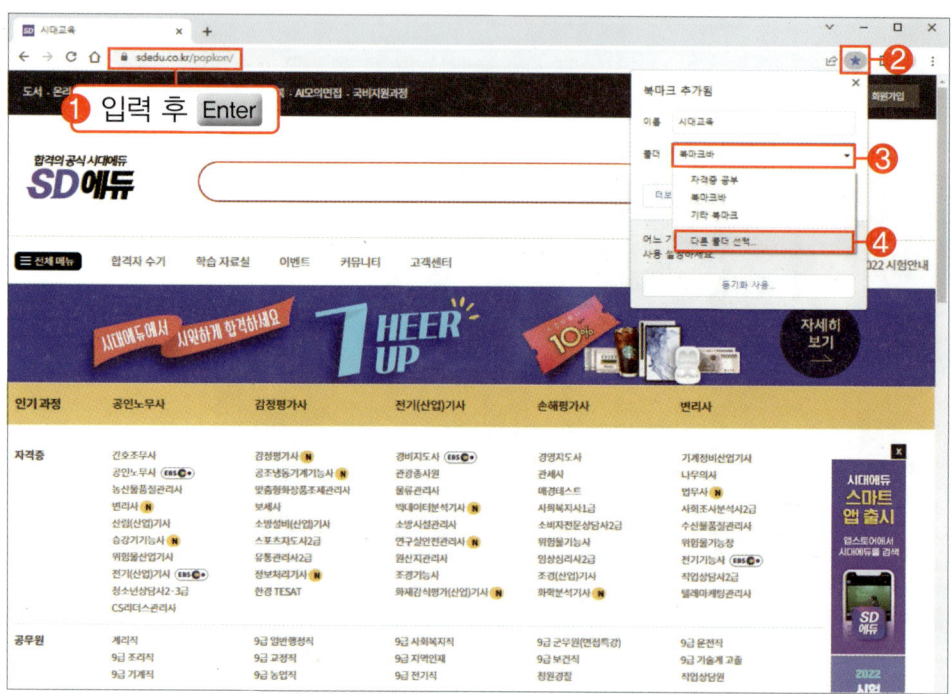

03 '북마크 수정' 대화상자가 나타나면 [새 폴더] 버튼을 클릭합니다. '새 폴더'가 생성되면 '**자격증 공부**'로 이름을 수정하고 [저장] 버튼을 클릭합니다.

> **배움터** 폴더가 생성되었으므로 북마크를 추가할 때 폴더 위치를 [자격증 공부]로 지정하고 [저장] 버튼을 클릭하면 폴더 내에 추가됩니다.

북마크에 등록된 곳으로 이동하기

01 [Chrome 맞춤설정 및 제어(⋮)]-[북마크]-[서울식물원]을 선택합니다.

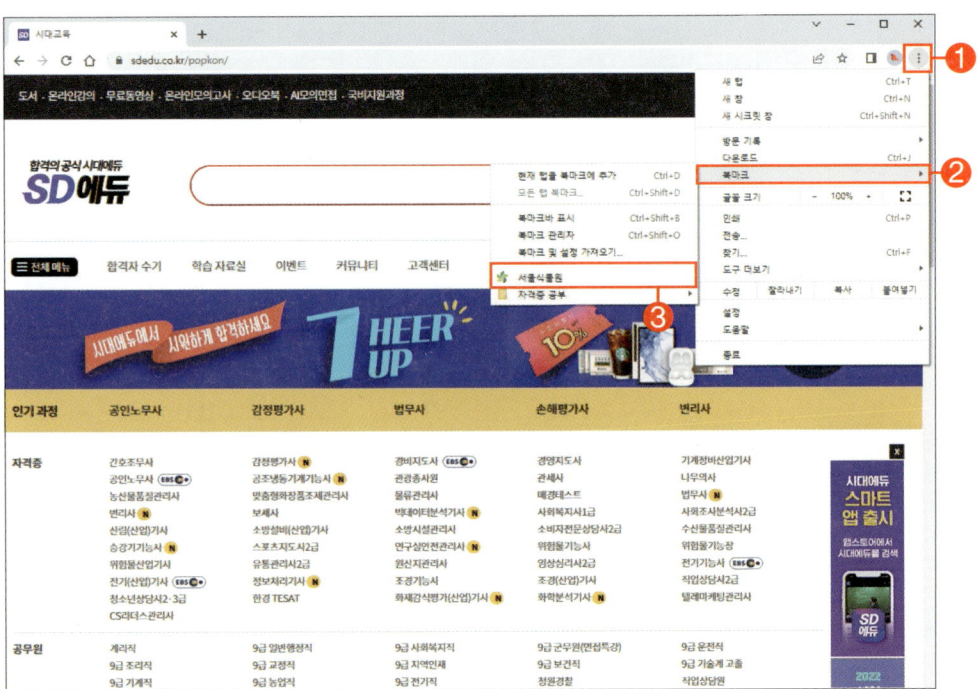

02 선택한 이름에 연결된 사이트로 페이지가 이동하는 것을 확인할 수 있습니다.

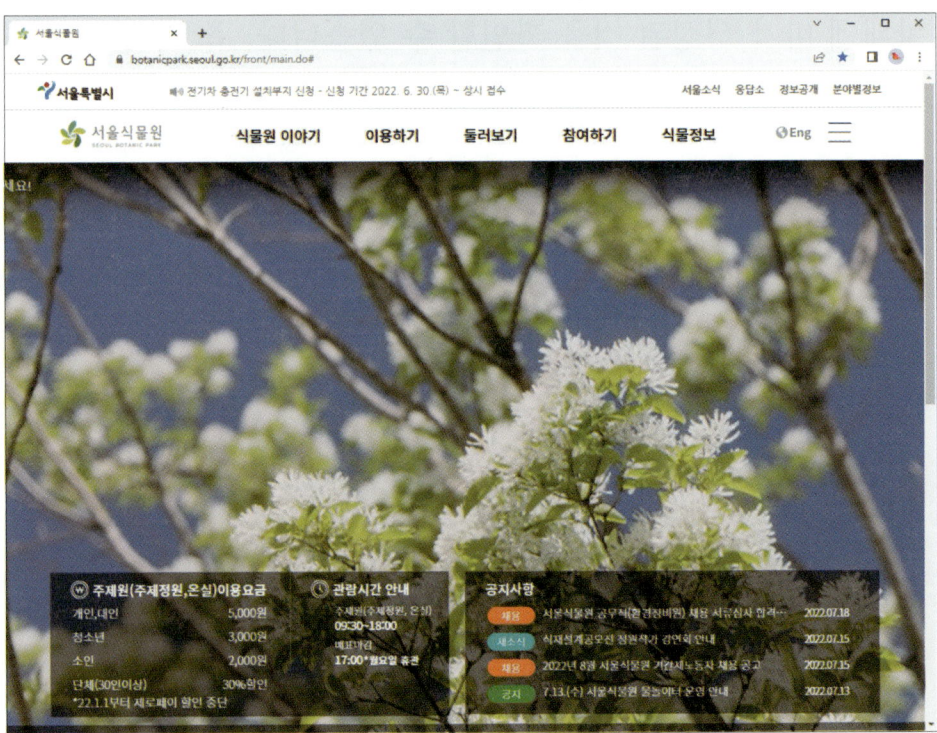

북마크바 표시하기

01 [Chrome 맞춤설정 및 제어( )]-[북마크]-[북마크바 표시]를 선택합니다.

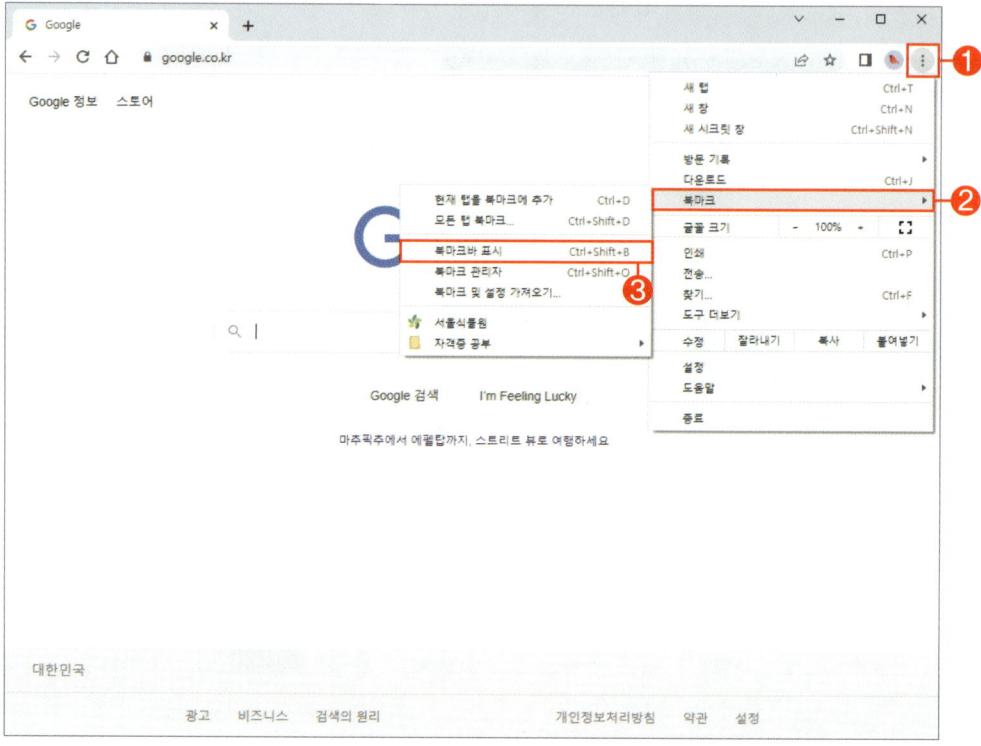

02 검색 주소 창 아래에 바가 생성된 것을 확인할 수 있습니다. 좀 더 간편하게 북마크에 등록된 곳으로 접속할 수 있게 되었습니다.

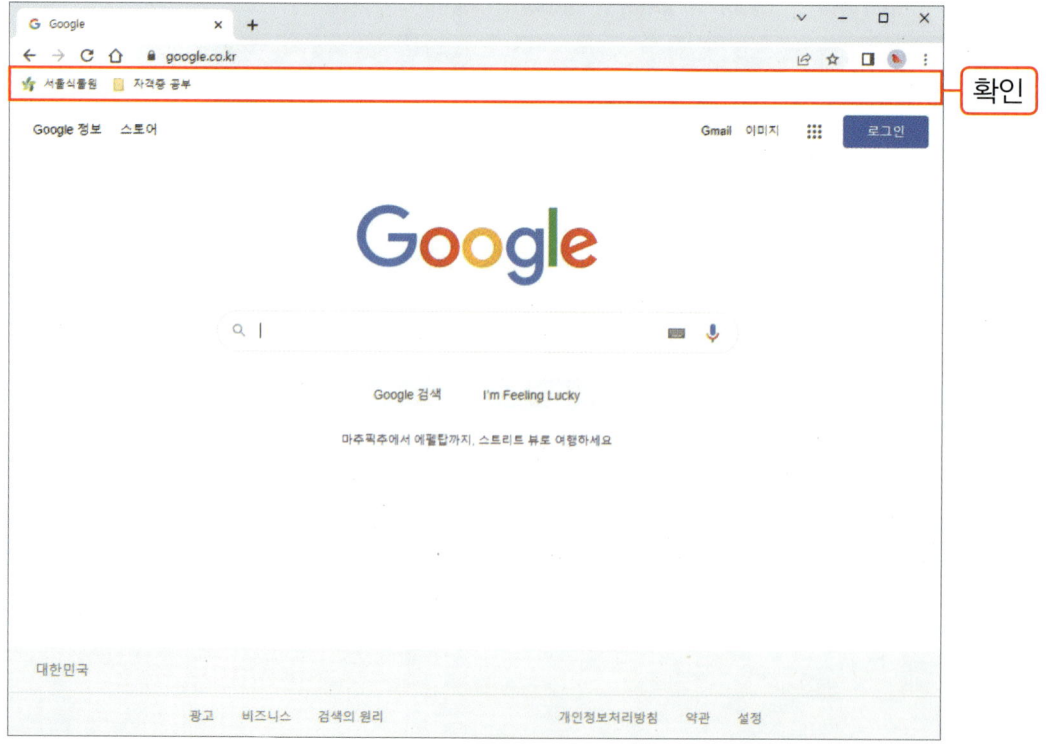

다른 웹 브라우저의 북마크 및 설정 가져오기

01 [Chrome 맞춤설정 및 제어(:)]-[북마크]-[북마크 및 설정 가져오기]를 선택합니다.

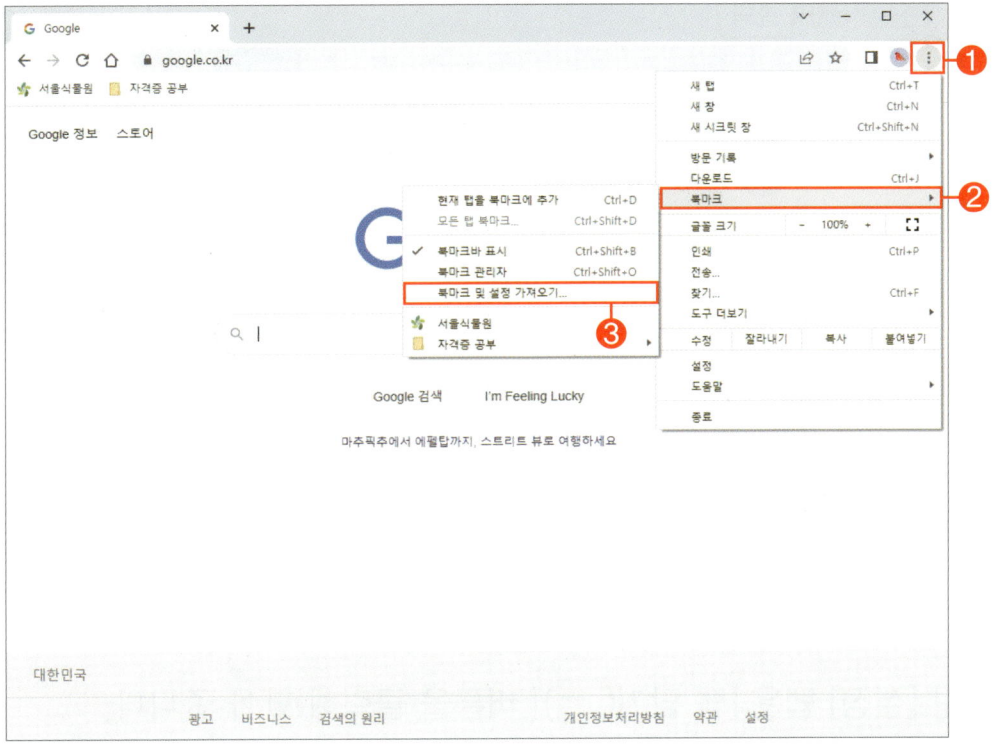

02 '북마크 및 설정 가져오기' 대화상자가 나타나면 **웹 브라우저는 'Microsoft Internet Explorer'가 선택된 상태**에서 [가져올 항목 선택]은 [즐겨찾기/북마크]만 체크 표시하고 **[가져오기] 버튼을 클릭**합니다. 완료 메시지가 나타나면 **[완료] 버튼을 클릭**합니다.

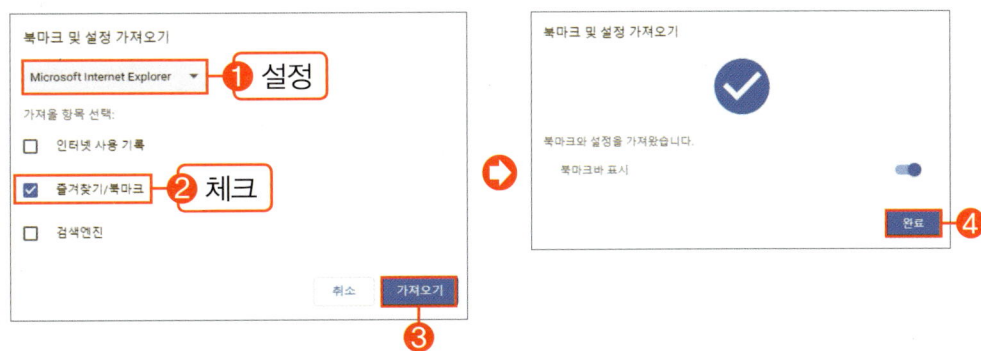

03 북마크바에 [IE에서 가져온 북마크] 폴더가 표시된 것을 확인할 수 있습니다. **클릭**하면 사용자 컴퓨터의 인터넷 익스플로러에 등록한 '즐겨찾기' 자료가 있는 것을 확인할 수 있습니다.

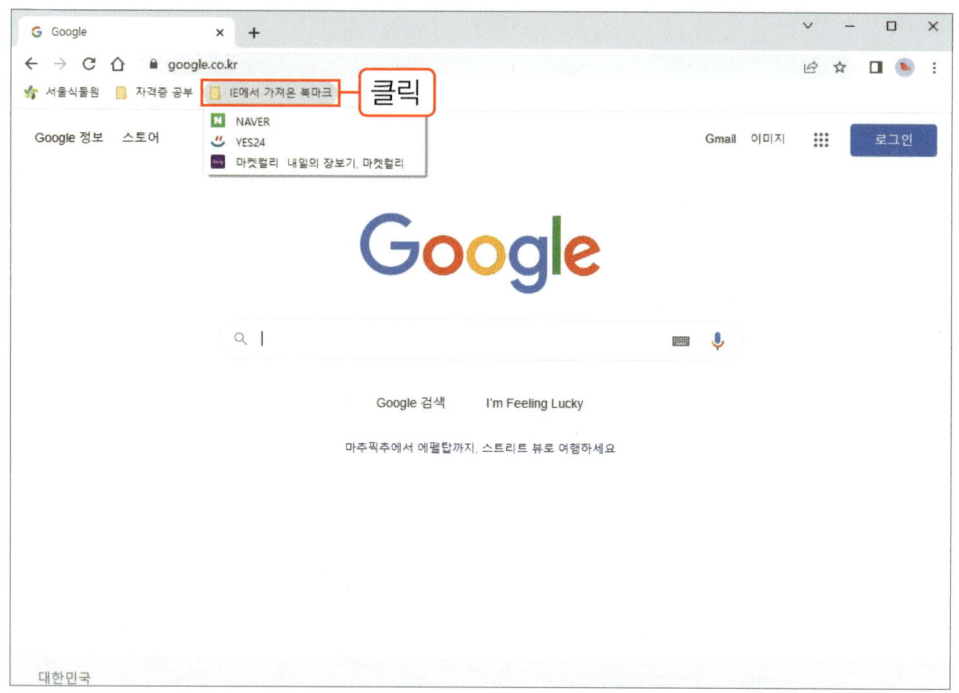

04 자동으로 열린 [설정] 탭은 [탭 닫기(×)] 버튼을 클릭해 닫아 줍니다.

04 북마크 관리자 이용하기

01 [Chrome 맞춤설정 및 제어(⋮)]-[북마크]-[북마크 관리자]를 선택합니다.

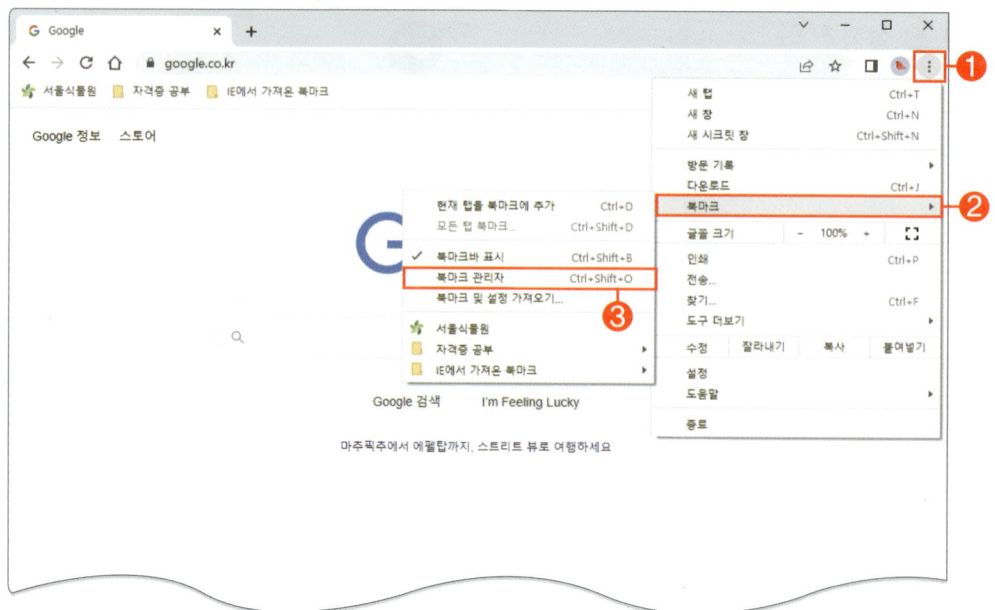

02 저장된 것이 너무 많을 경우 **[북마크 검색] 입력란에 찾고자 하는 단어를 입력**하면 목록이 나타납니다. 목록에서 선택하면 선택한 북마크 사이트로 연결됩니다. 여기서는 '시대교육'으로 북마크에 등록된 목록을 찾아 봅니다.

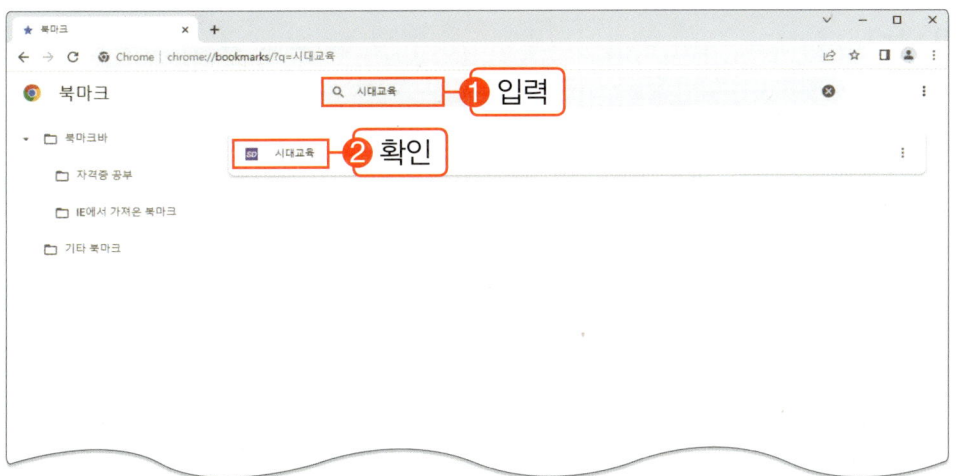

03 [북마크] 탭은 [탭 닫기(×)] 버튼을 클릭해 닫아 줍니다.

05 북마크 삭제하기

01 북마크바에 등록된 북마크 중 **삭제하고 싶은 항목에 마우스 오른쪽 버튼을 클릭**합니다. 바로 가기 메뉴가 나타나면 **[삭제]를 선택**합니다.

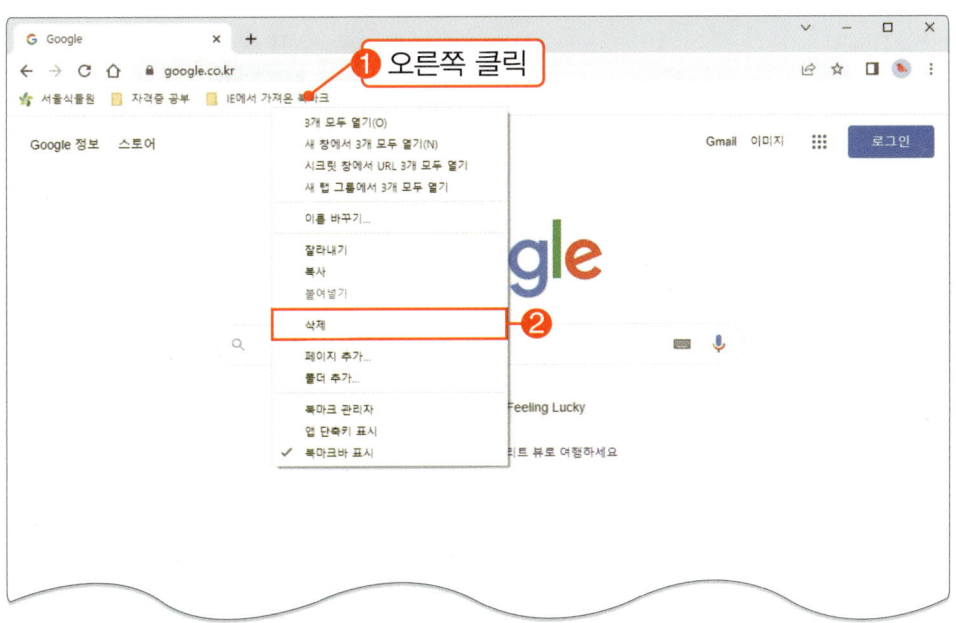

02 북마크바에서  가 사라진 것을 확인합니다.

북마크바 감추기

01 북마크바의 빈 곳에서 마우스 오른쪽 버튼을 클릭하고 [북마크바 표시]를 선택해 체크를 해제합니다.

02 북마크바가 크롬 화면에서 사라진 것을 확인할 수 있습니다.

1 'EBS(www.ebs.co.kr)' 사이트에 접속하여 '자격증 공부' 폴더에 '교육의 중심 EBS'로 북마크를 추가해 봅니다.

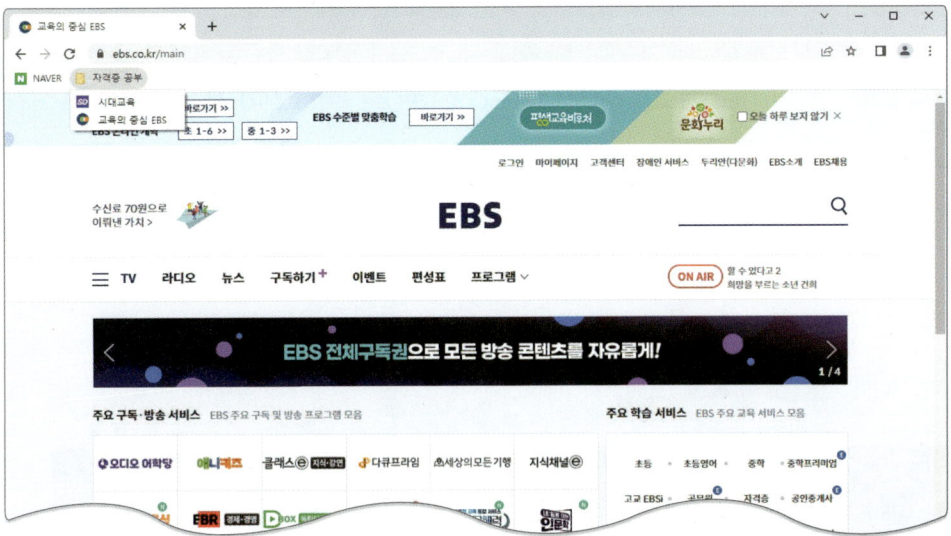

2 다음과 같이 북마크에 3개의 사이트를 추가하고 각각의 탭에 표시한 뒤 북마크바 표시를 감춰 봅니다.

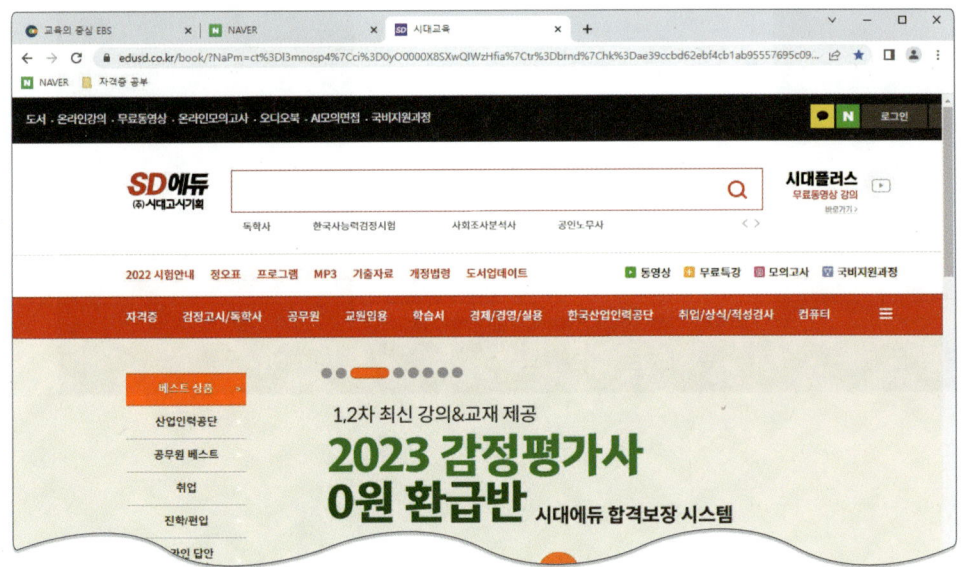

도움터

[새 탭(+)] 클릭 → 북마크바의 [NAVER] 클릭 → [새 탭(+)] 클릭 → 북마크바의 [자격증 공부]-[시대교육] 클릭 → 마우스 오른쪽 버튼으로 북마크바 클릭 → [북마크바 표시] 클릭하여 체크 해제

03 구글 '크롬' 관리하기-2

이번 장에서는 크롬을 통해 접속한 사이트의 기록을 확인하고, 기록을 삭제하는 방법에 대해 알아보겠습니다. 또한 방문 기록이 저장되지 않도록 비공개로 인터넷을 탐색할 수 있는 방법에 대해서도 살펴보겠습니다.

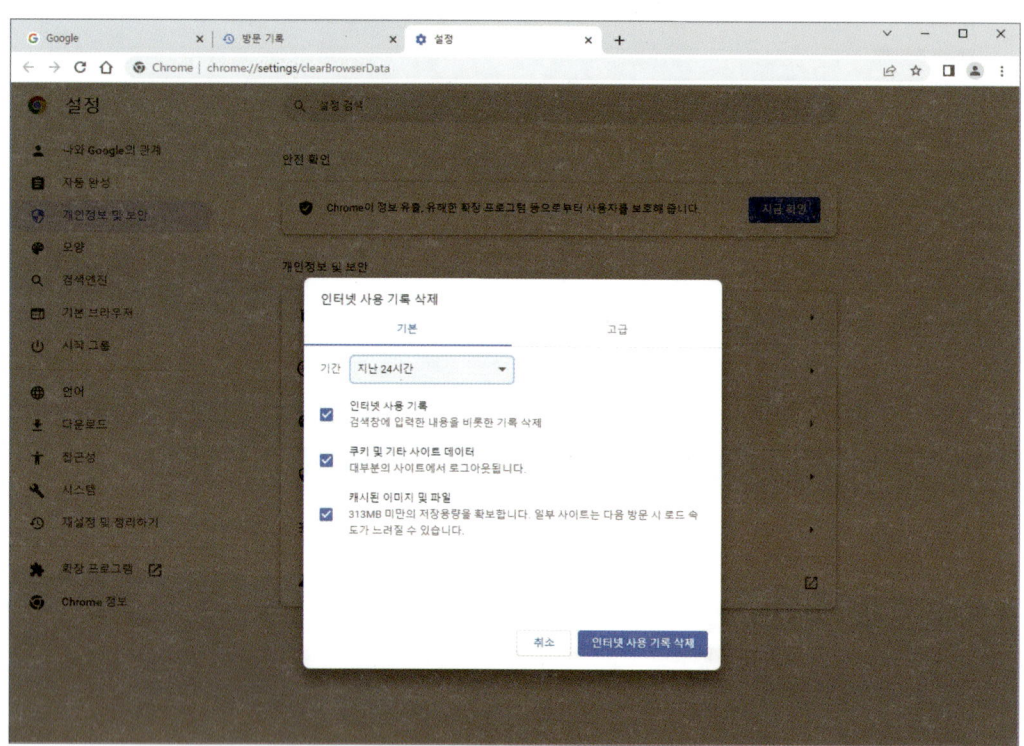

 무엇을 배울까요?

- 방문 기록 살펴보기
- 방문 기록 삭제하기
- 인터넷 사용 기록 삭제하기
- 시크릿 모드 사용하기
- 게스트 모드 사용하기

방문 기록 관리하기

방문 기록 확인 및 접속하기

01 크롬을 실행하고 [Chrome 맞춤설정 및 제어(⋮)]-[방문 기록]을 선택합니다.

02 최근 접속한 사이트 목록을 확인할 수 있습니다. **방문 기록 중 하나를 선택**합니다.

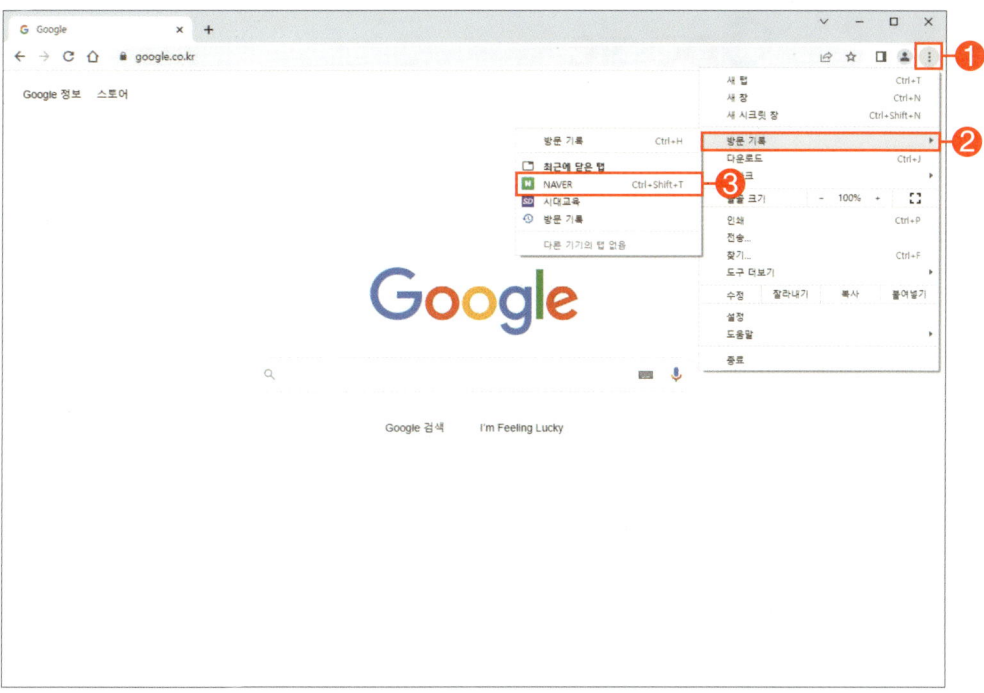

03 새 탭이 열리면서 선택한 항목의 사이트로 접속되는 것을 확인합니다. [Chrome 맞춤설정 및 제어(⋮)]-[방문 기록]을 선택하면 목록에서 빠진 것을 확인할 수 있습니다.

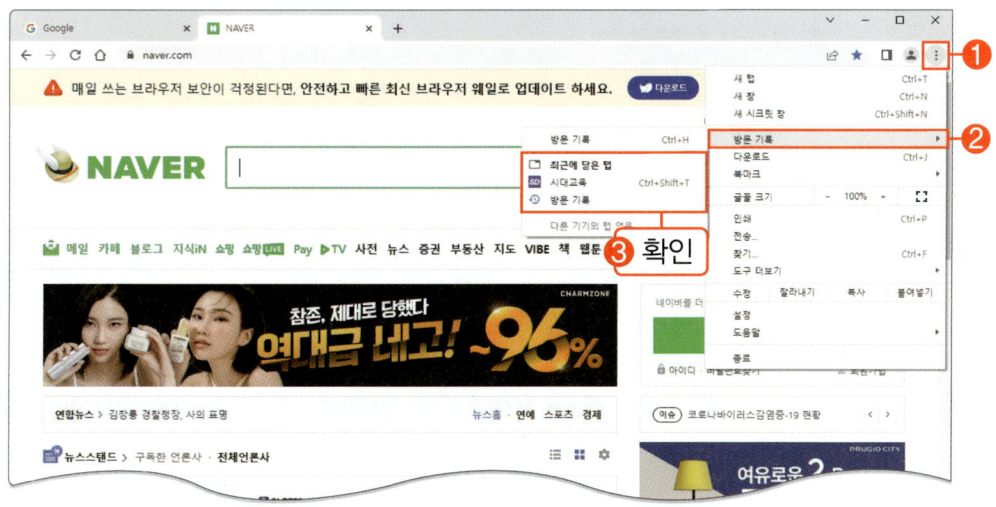

04 새 탭의 [탭 닫기(×)] 버튼을 클릭합니다.

방문 기록 찾기

01 [Chrome 맞춤설정 및 제어(⋮)]-[방문 기록]-[방문 기록]을 선택합니다.

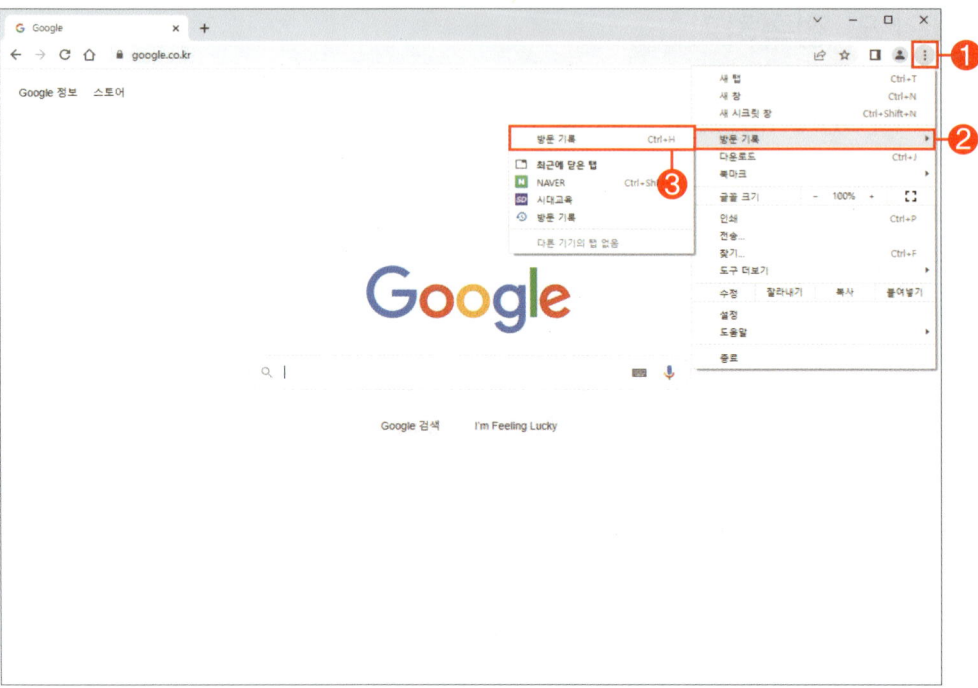

02 날짜별 방문 기록을 확인할 수 있습니다.

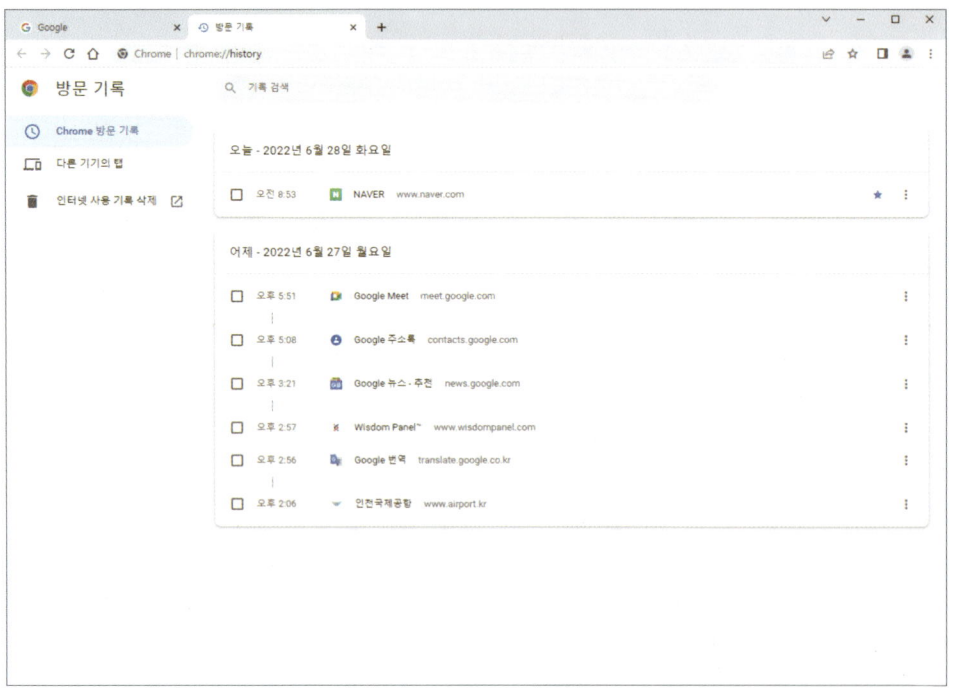

03 '기록 검색' 입력란에 찾고 싶은 단어를 **입력**하면 관련된 목록만 표시합니다.

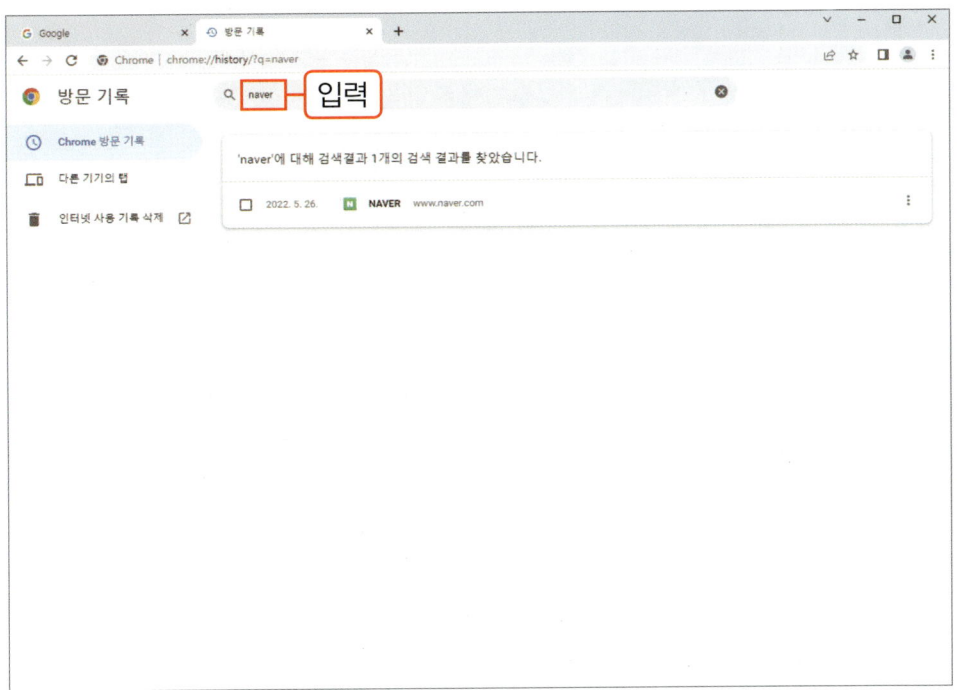

04 '기록 검색' 입력란 오른쪽의 **[검색어 지우기(⊗)]를 클릭**하면 다시 모든 목록이 표시됩니다.

방문 기록 선택 삭제하기

01 방문 기록에서 **삭제하고 싶은 항목의 □를 클릭**합니다. 선택한 항목에 체크 표시가 나타나면 위쪽의 **[삭제]를 클릭**합니다.

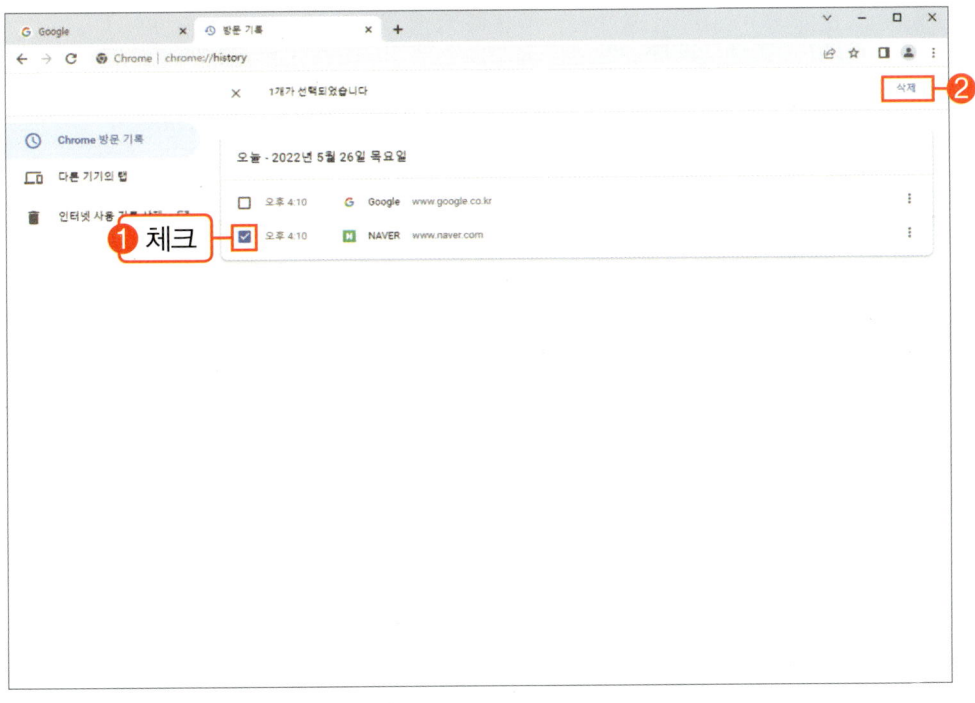

02 선택한 항목의 삭제 확인 메시지가 나타나면 **[삭제] 버튼을 클릭**합니다.

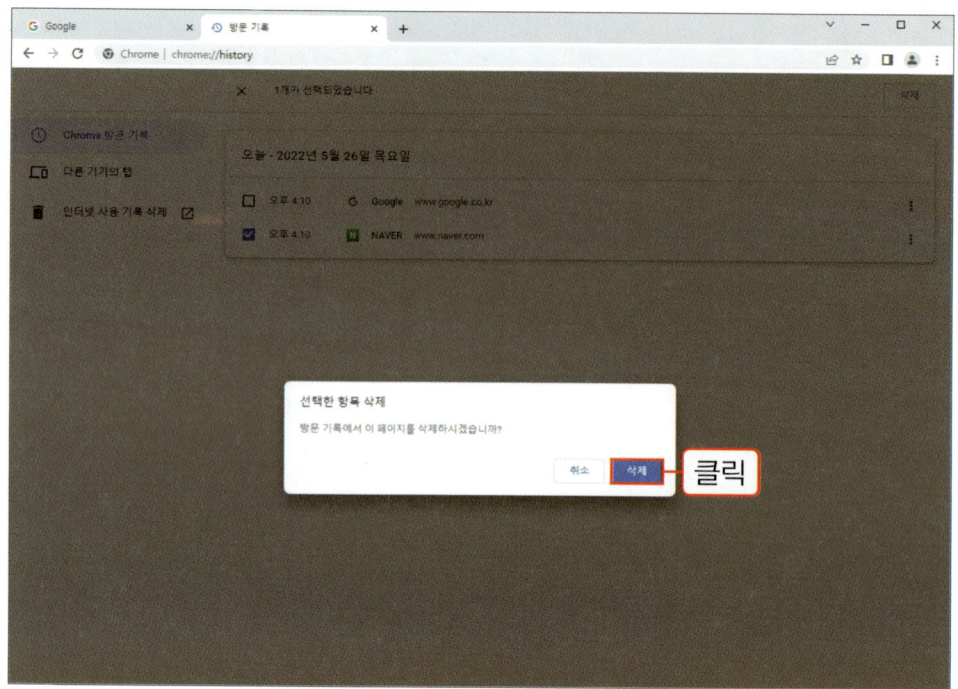

03 선택한 항목이 방문 기록 목록에서 사라진 것을 확인할 수 있습니다.

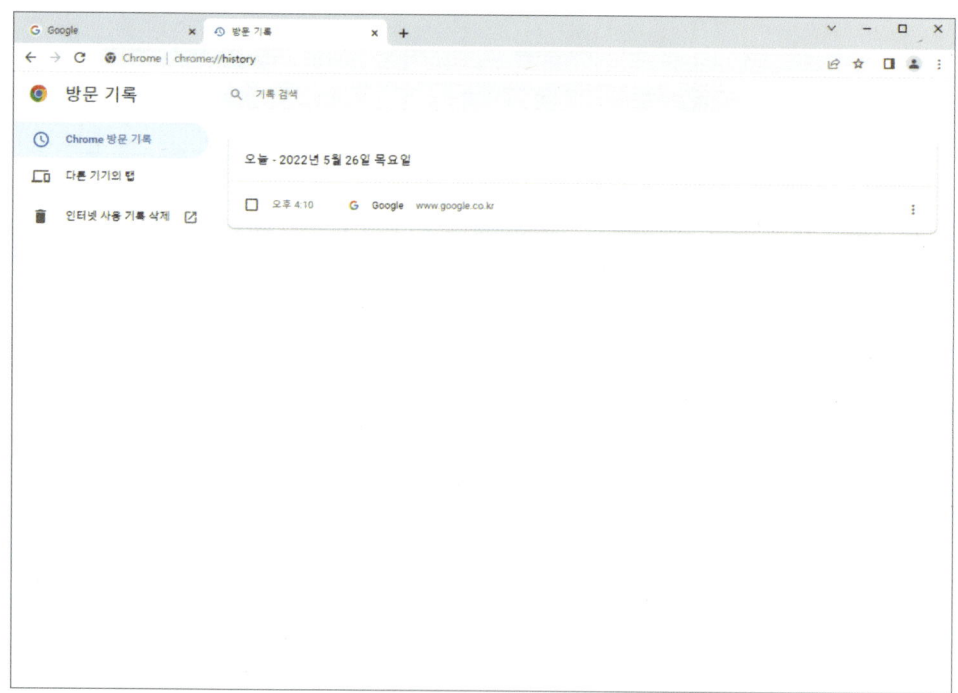

인터넷 사용 기록 삭제하기

01 [방문 기록] 탭의 왼쪽 목록 중 [**인터넷 사용 기록 삭제**]를 클릭합니다.

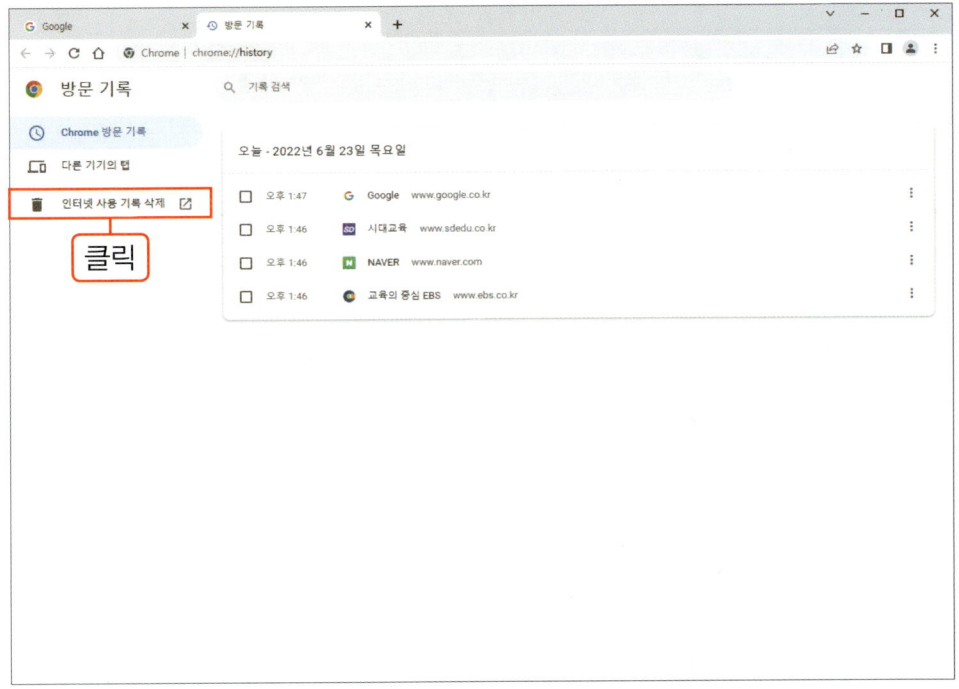

02 [설정] 탭이 나타나며 '인터넷 사용 기록 삭제' 대화상자가 표시됩니다. 기간은 '지난 1시간', '지난 24시간', '지난 7일', '지난 4주', '전체 기간' 중에서 선택할 수 있습니다. 여기서는 **'지난 24시간'으로 설정**하고 기간이 맞는지 확인한 후, [**인터넷 사용 기록 삭제**] 버튼을 클릭합니다.

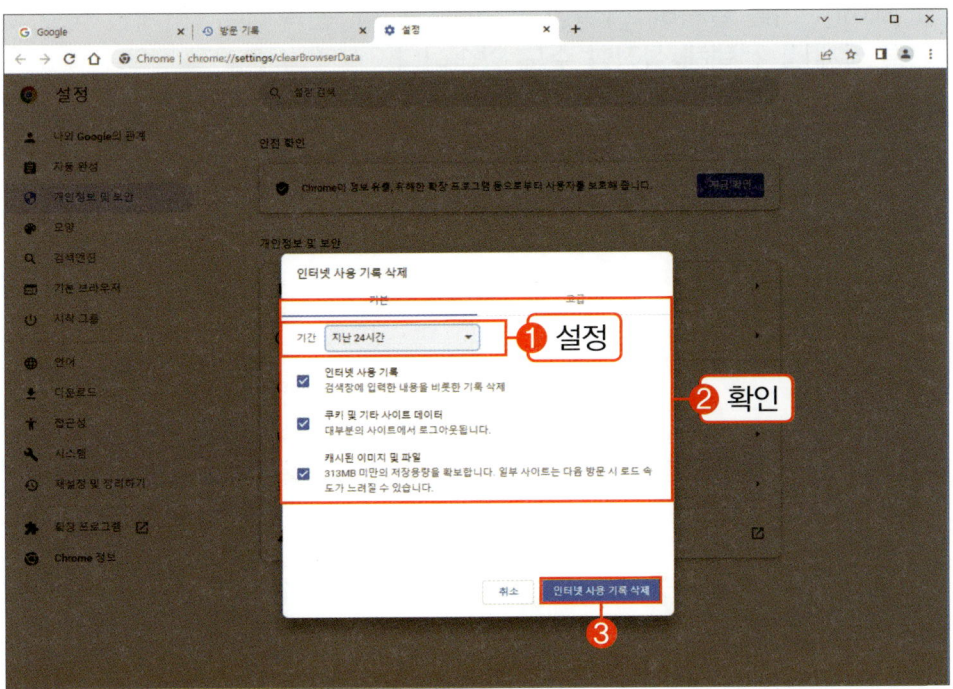

03 구글 '크롬' 관리하기-2 • **39**

03 [설정] 탭의 [탭 닫기(×)] 버튼을 클릭합니다.

04 [방문 기록] 탭의 목록을 확인하면 지금 시각부터 24시간 전 검색한 항목이 모두 사라진 것을 확인할 수 있습니다.

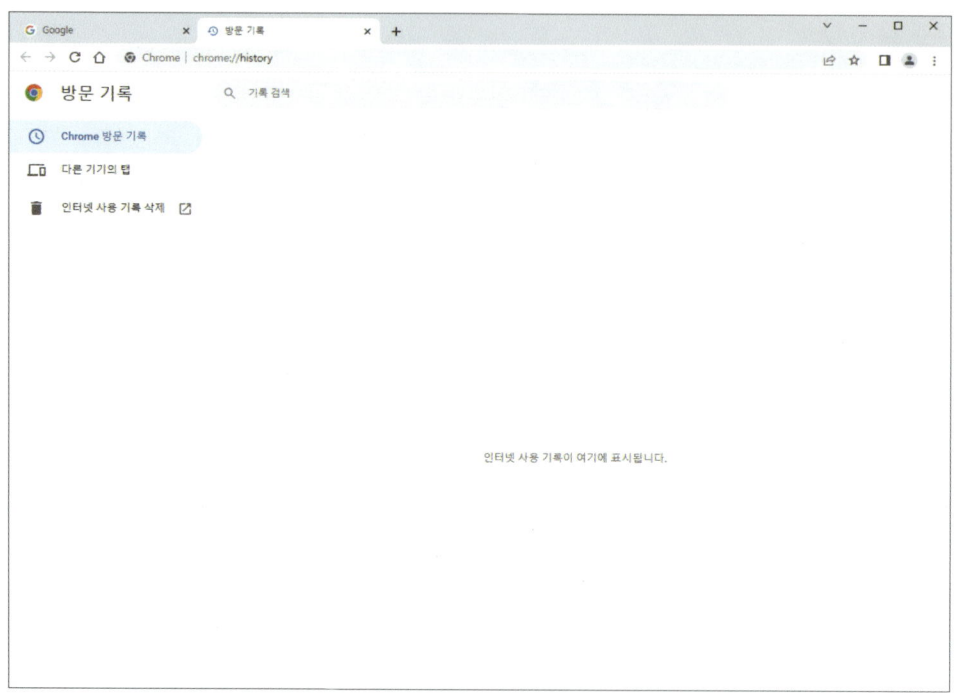

05 [방문 기록] 탭의 [탭 닫기(×)] 버튼을 클릭합니다.

> **배움터 또 다른 방법**
>
> [Chrome 맞춤설정 및 제어(⋮)]를 클릭하고 [설정]을 선택합니다. 왼쪽 메뉴의 [개인 정보 및 보안]의 [인터넷 사용 기록 삭제]를 선택해 설정할 수도 있습니다.

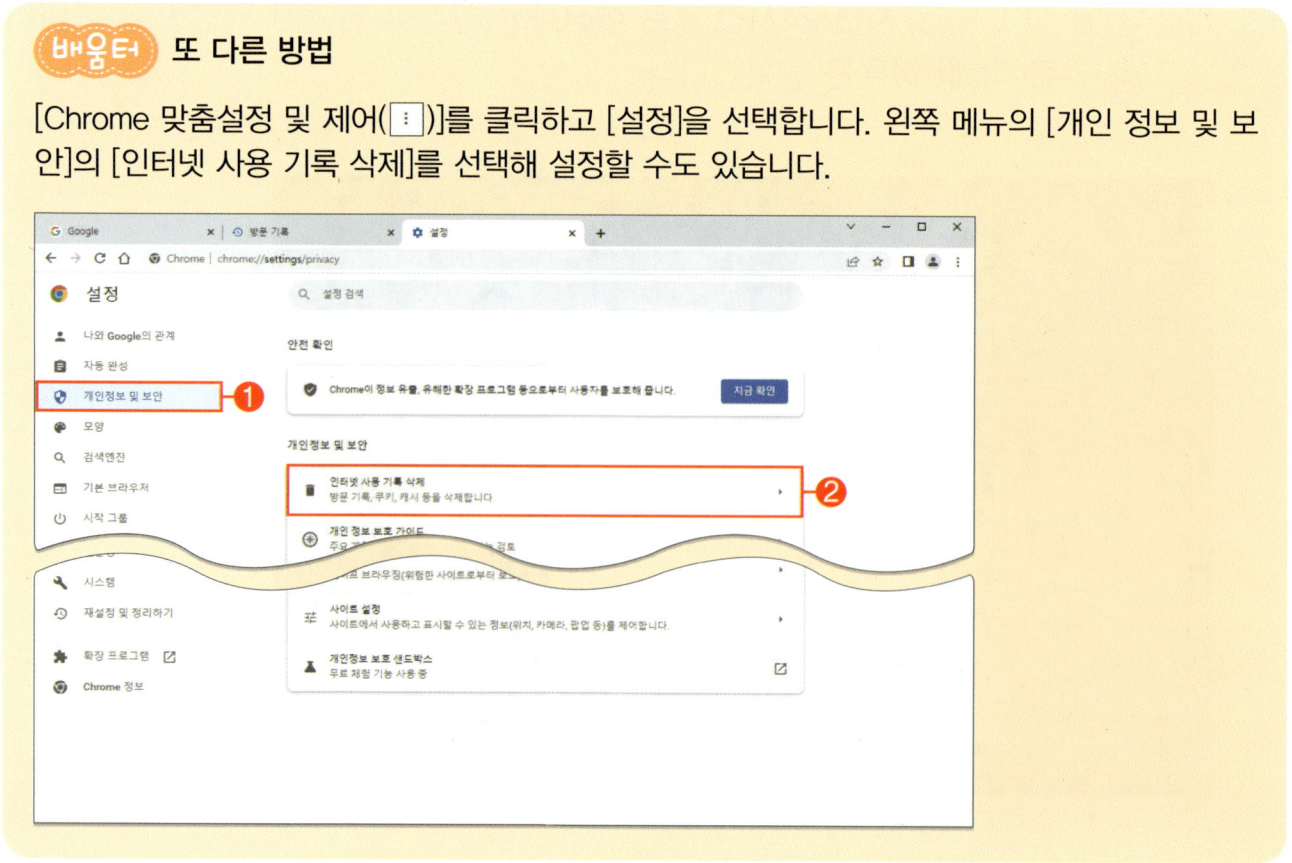

비공개로 인터넷 탐색하기

시크릿 모드로 시작하기

01 [Chrome 맞춤설정 및 제어(:)]-[새 시크릿 창]을 선택합니다.

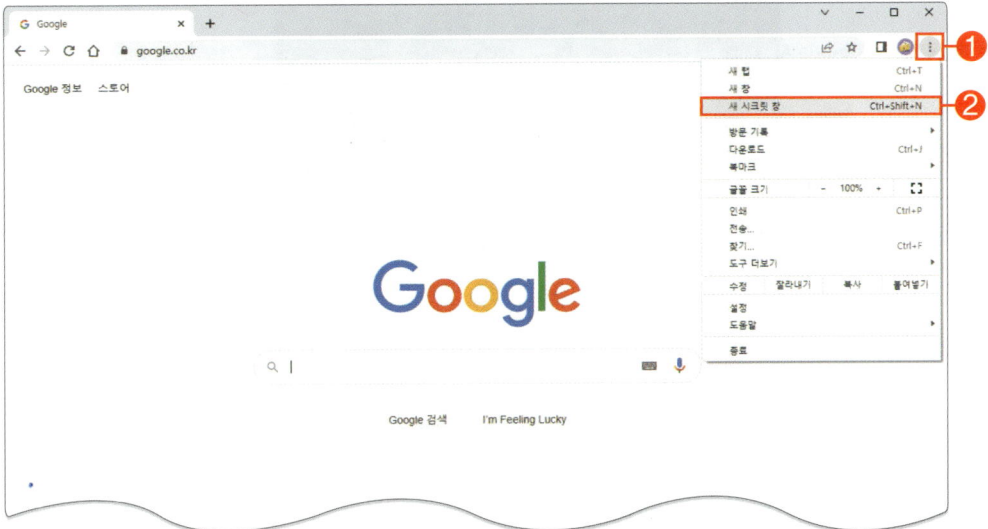

02 새 창이 나타납니다. 북마크바에 기록된 항목을 하나 선택합니다.

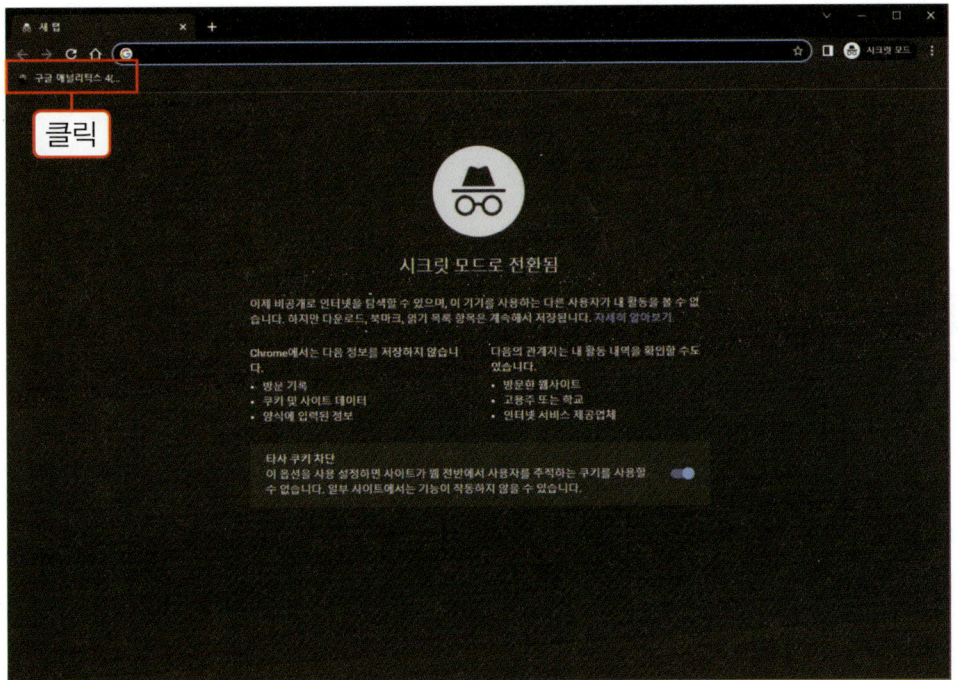

- 시크릿 창과 일반 창 간에 전환할 수 있으며, 시크릿 창 사용 시에만 시크릿 모드가 적용됩니다.
- 시크릿 모드에서는 크롬에 인터넷 사용 기록과 쿠키가 저장되지 않습니다.

03 선택한 북마크 사이트가 열립니다. [Chrome 맞춤설정 및 제어(⋮)]를 **클릭**하면 [방문 기록] 메뉴가 나타나지 않는 것을 **확인**할 수 있습니다. [Chrome **맞춤설정 및 제어**(⋮)]–[북마크]에서 기록한 북마크를 하나 **선택**합니다.

> **배움터** 시크릿 모드에서도 북마크 및 기타 크롬 설정 등은 계속 볼 수 있습니다.

04 **일반 모드의 크롬 창으로 이동**하여 [Chrome 맞춤설정 및 제어(⋮)]–[방문 기록]– [방문 기록]을 **선택해 확인**하면 방문 기록이 남지 않은 것을 확인할 수 있습니다. 시크릿 모드의 크롬 창은 닫아 줍니다. 일반 모드의 크롬 창에서는 [방문 기록] 탭을 닫아 줍니다.

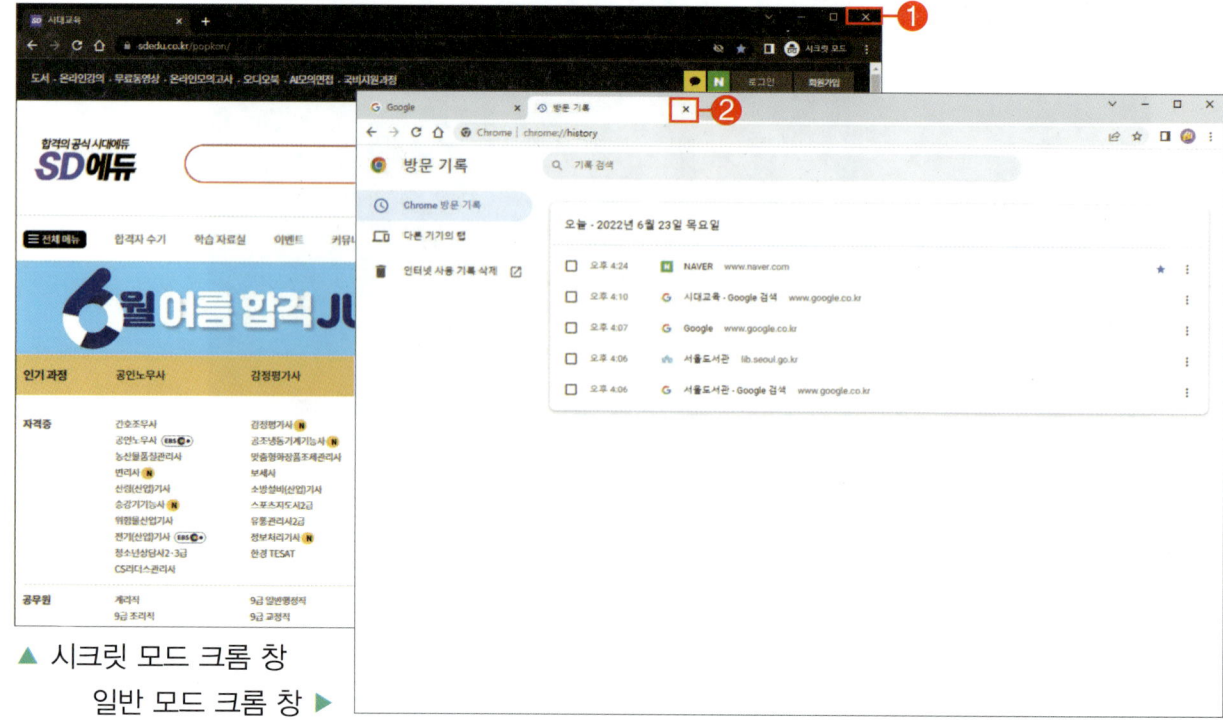

▲ 시크릿 모드 크롬 창

일반 모드 크롬 창 ▶

게스트 모드로 시작하기

01 상단 오른쪽의 👤를 클릭하고 [게스트]를 선택합니다.

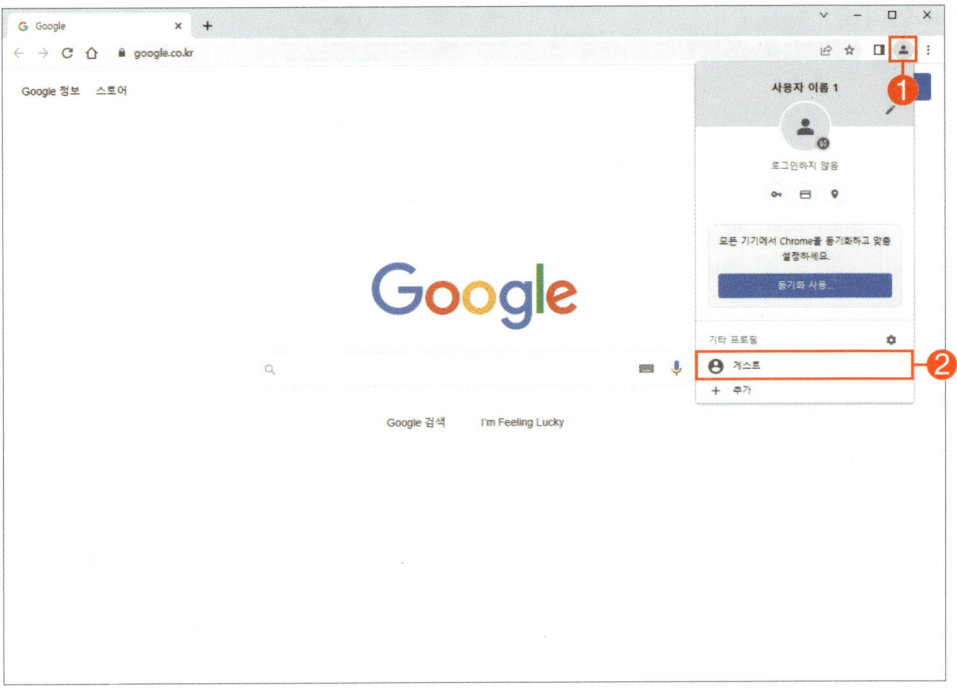

02 새 창이 나타납니다. 👤 부분이 '**게스트**'로 표시된 것을 확인할 수 있습니다.

03 [Chrome 맞춤설정 및 제어(⋮)]를 클릭하면 [방문 기록] 메뉴뿐만 아니라 [북마크] 메뉴도 보이지 않음을 확인할 수 있습니다.

04 게스트 모드의 크롬 창에서 **새로운 사이트에 접속하고 일반 모드의 크롬 창에서 방문 기록을 확인**해 봅니다.

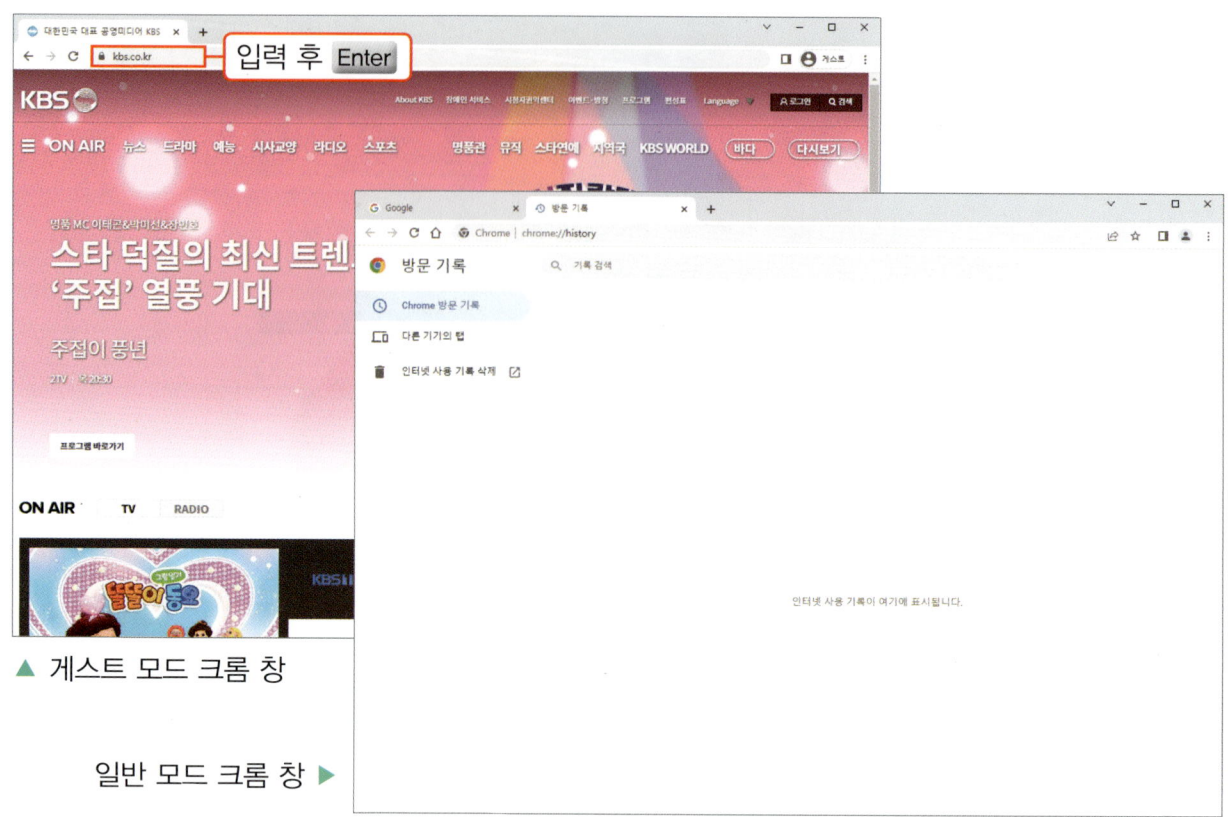

▲ 게스트 모드 크롬 창

일반 모드 크롬 창 ▶

배움터

게스트 모드의 크롬 창을 일반 모드의 크롬 창보다 늦게 닫은 경우, 크롬을 실행했을 때 다음과 같은 화면이 나타날 수 있습니다. [사용자 이름 1]을 클릭하면 크롬의 첫 시작 화면이 나타납니다.

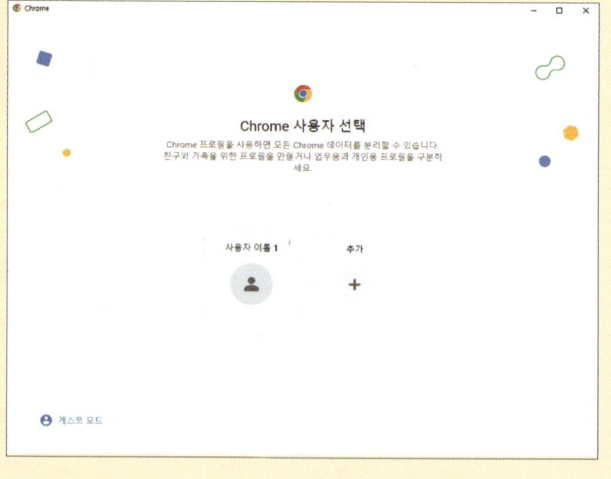

배움터 프로필 설정하기

- **사용자 정보 변경하기** : [Chrome 맞춤설정 및 제어( )]-[설정]을 선택합니다. [나와 Google의 관계]에서 [Chrome 프로필 맞춤설정]을 선택해 프로필 이름을 변경하고 상하막대를 아래로 내리면 아바타도 변경할 수 있습니다.

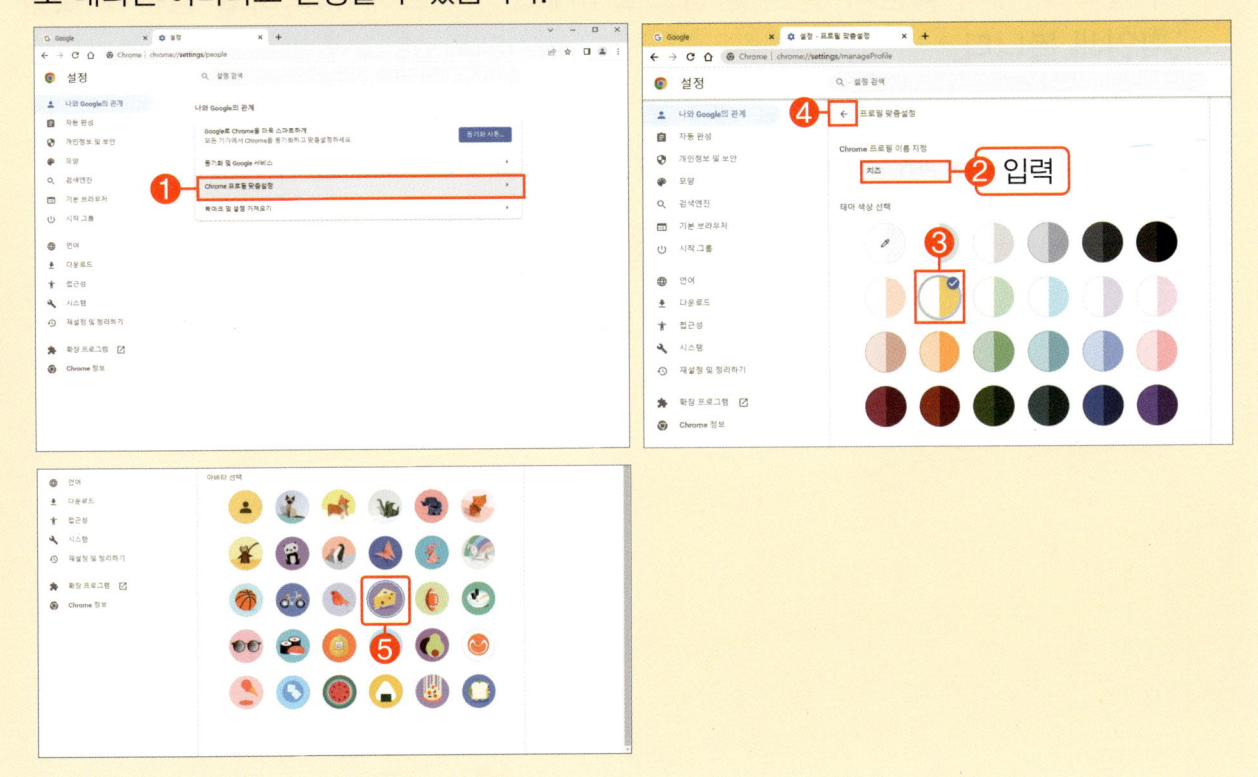

1. 구글 크롬에서 다음과 같은 방법으로 4개의 사이트에 접속하고 방문 기록을 확인해 봅니다.

   - 새 탭 : www.airport.kr
   - 새 창 : www.Pa.go.kr
   - 새 시크릿 창 : Parks.Seoul.go.kr/namsan
   - 게스트 모드 크롬 창 : www.Snu.ac.kr

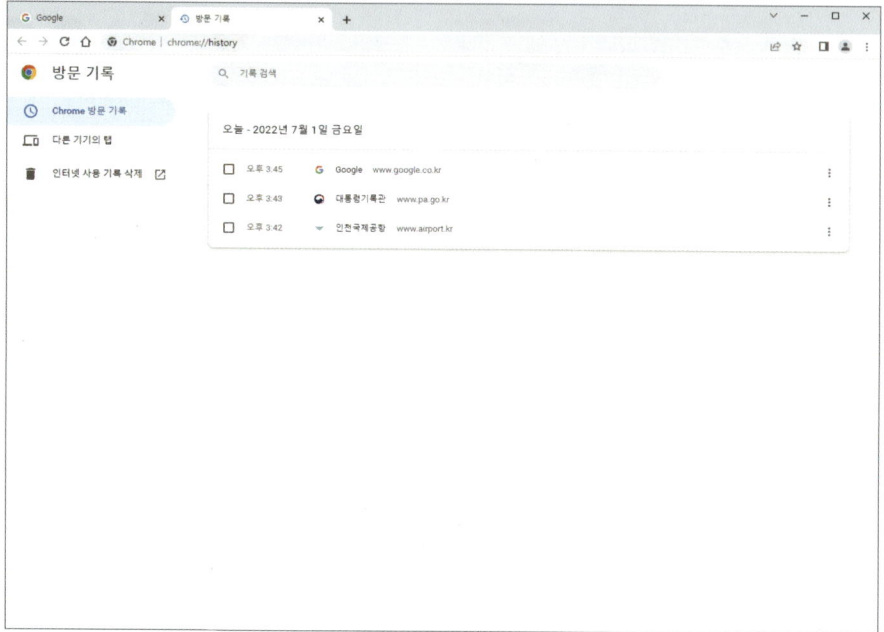

2. 1번 문제의 방문 기록에서 오늘 날짜 목록 중 '인천국제공항'을 빼고 모두 삭제해 봅니다.

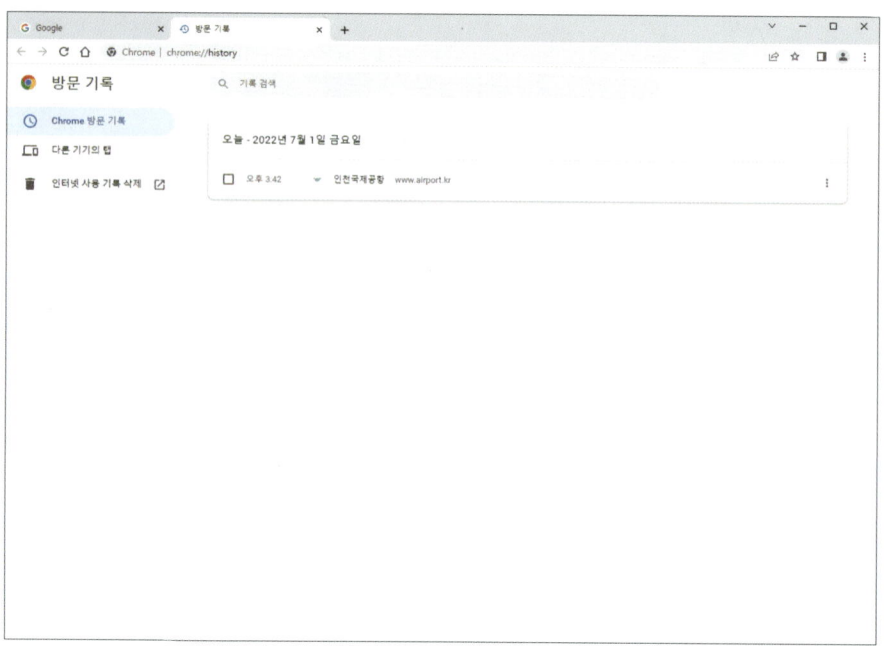

04 구글 사용하기 : 구글 '검색' 앱 활용

이번 장에서 다루는 구글 '검색' 앱은 구글의 검색 서비스 페이지로, 구글(www.google.co.kr) 홈페이지에 접속했을 때 나타나는 첫 페이지입니다. 다른 검색 서비스와 유사하지만, 이미지만 따로 검색할 수 있는 등 독특한 검색 기능들을 두루 갖추고 있습니다. 구글의 일반적인 검색 방법과 독특한 검색 방법들을 살펴보겠습니다.

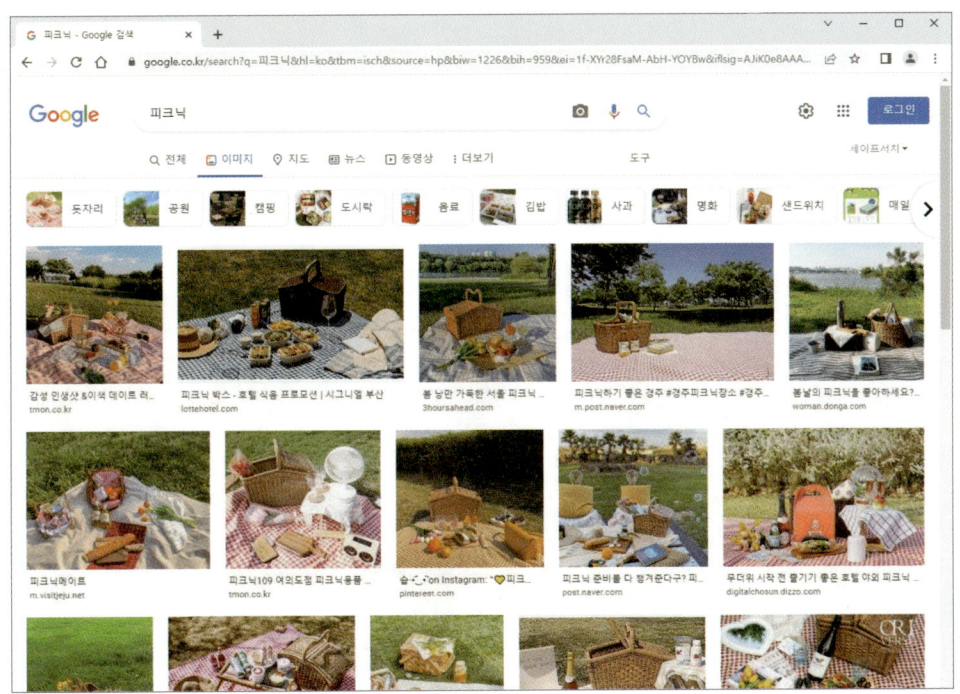

 무엇을 배울까요?

- ⋯ 일반적인 단어의 조합으로 검색하기
- ⋯ 연산자를 활용하여 검색 범위 좁히기
- ⋯ 이미지 자료 선별하여 검색하기
- ⋯ 이미지를 이용하여 검색하기

구글에서 자료 검색하기 : 일반 검색 및 고급 검색 활용

단어로 검색하기

01 **크롬을 실행**하고 구글 홈페이지의 **검색 입력란**을 **클릭**해 커서를 이동합니다.

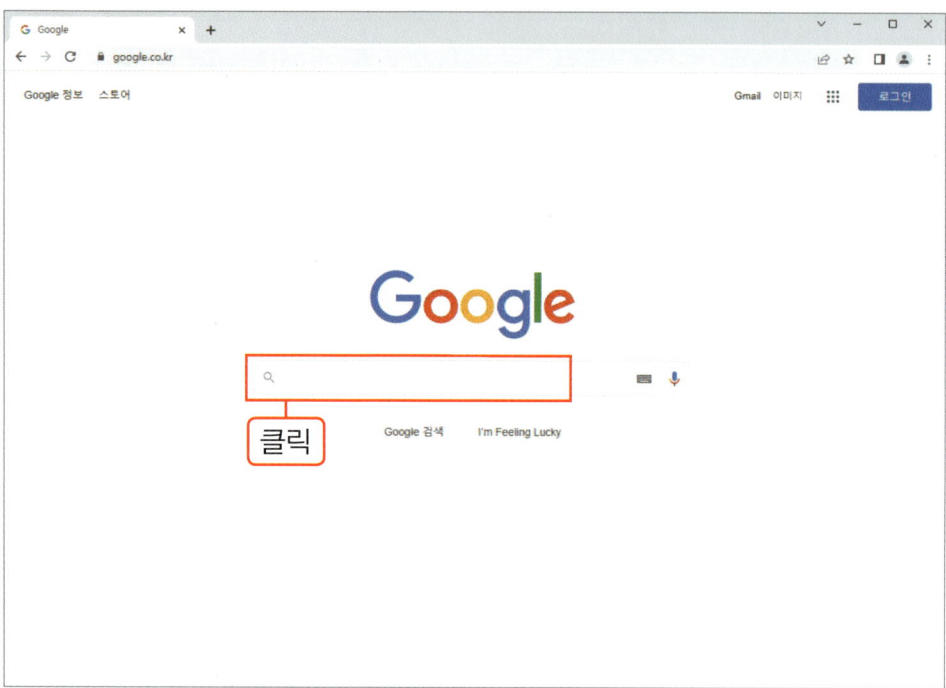

02 검색 입력란에 '**서울**'을 입력하고 Enter 키를 누릅니다. 결과를 확인합니다.

배움터 검색 결과물에 따라 구글에서 위치 정보를 요청하는 경우가 있습니다. 허용 유무는 사용자의 필요에 따라 선택하면 됩니다.

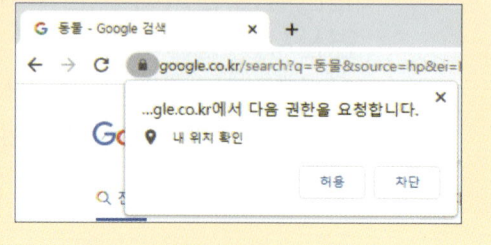

03 이번에는 검색 입력란에 '**서울 노포**'를 입력하고 Enter 키를 누릅니다. 여러 개의 단어를 조합하니 한 단어로 검색했을 때와 다른 결과가 나오는 것을 확인할 수 있습니다.

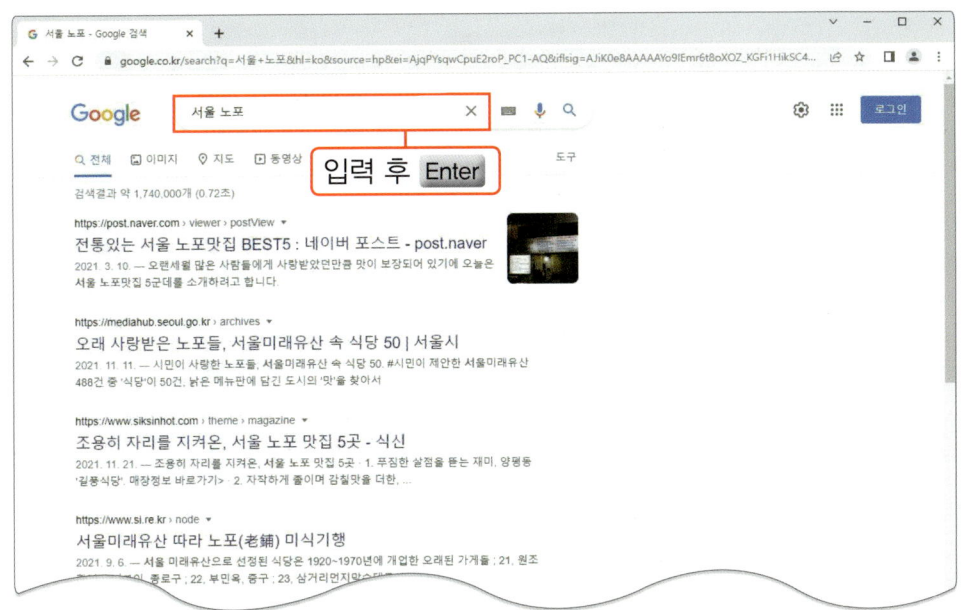

> **배움터** 인터넷의 방대한 자료는 매시간 새로 업데이트되고 있습니다. 검색하는 시점에 따라 본 교재와 다른 화면이 나타날 수 있습니다.

정확히 일치하는 단어 검색하기 : [" "]

01 '서울 노포'를 큰따옴표(" ")로 묶은 후 Enter 키를 누릅니다.

02 '서울 노포'가 모두 정확하게 포함되어 검색되는 것을 확인할 수 있습니다. 검색 결과의 수도 줄어든 것을 확인할 수 있습니다.

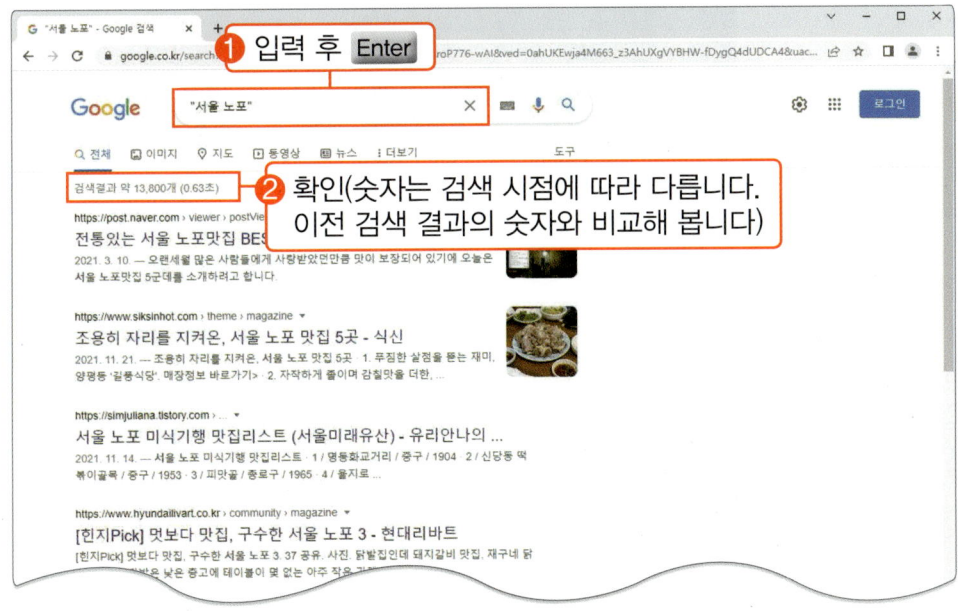

검색어에서 단어 제외하기 : [–]

01 **큰따옴표(" ")는 삭제**하고 **검색어 중 '서울' 앞에 '–'를 입력**하고 Enter 키를 누릅니다.

02 '서울'이라는 단어가 제외된 결과가 나타나는 것을 확인할 수 있습니다.

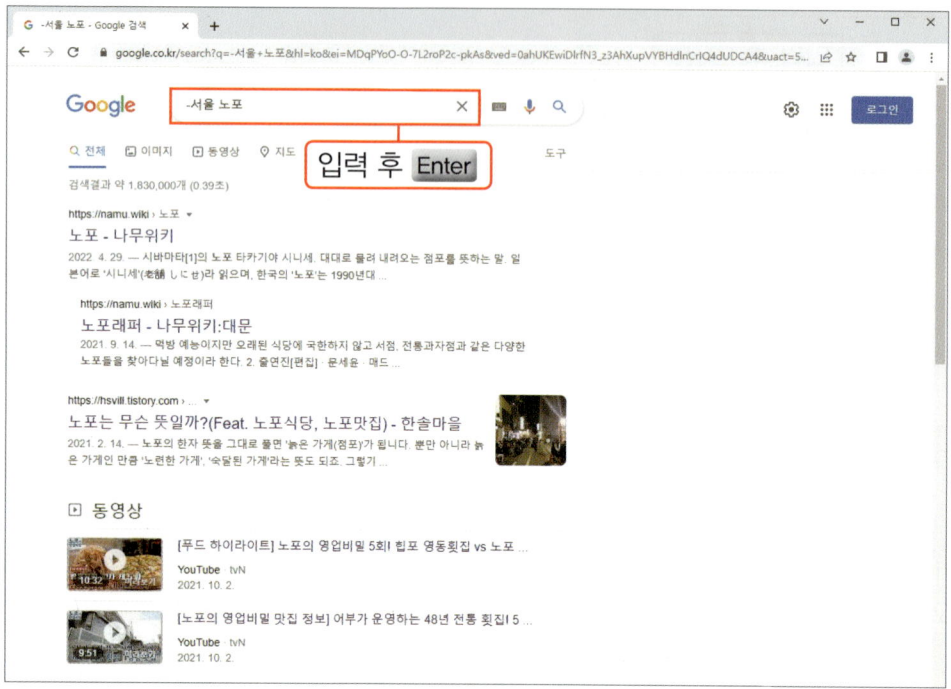

배움터 고급검색

검색어 입력란 오른쪽 [설정(⚙)] 버튼을 누르면 검색어에 연산자를 입력하지 않고 구글에서 지원하는 [고급검색] 기능을 활용할 수도 있습니다.

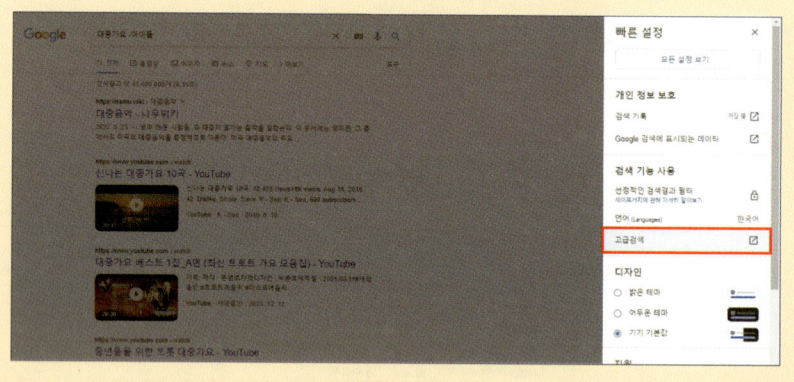

다음은 '–' 연산자를 입력했을 때의 '고급검색' 화면입니다. '다음 단어 제외'에 입력되어 있는 것을 확인할 수 있습니다. 이곳을 이용하여 범위를 설정하거나 포함할 것, 제외할 것을 입력하면 각각 알맞은 연산자가 자동으로 표시됩니다.

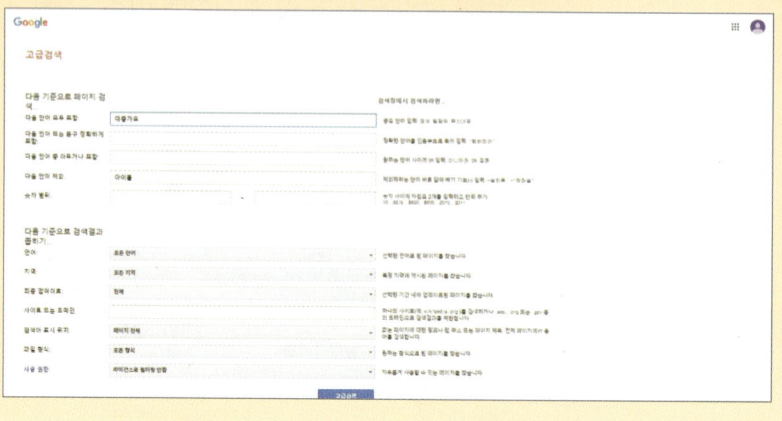

둘 중 하나만 일치하는 단어 검색하기 : OR

01 검색 입력란에 '**서울 OR 노포**'를 입력하고 Enter 키를 누릅니다.

02 '서울'이라는 단어나 '노포'라는 단어 중 하나만 포함되어 있어도 검색 결과에 표시되는 것을 확인할 수 있습니다.

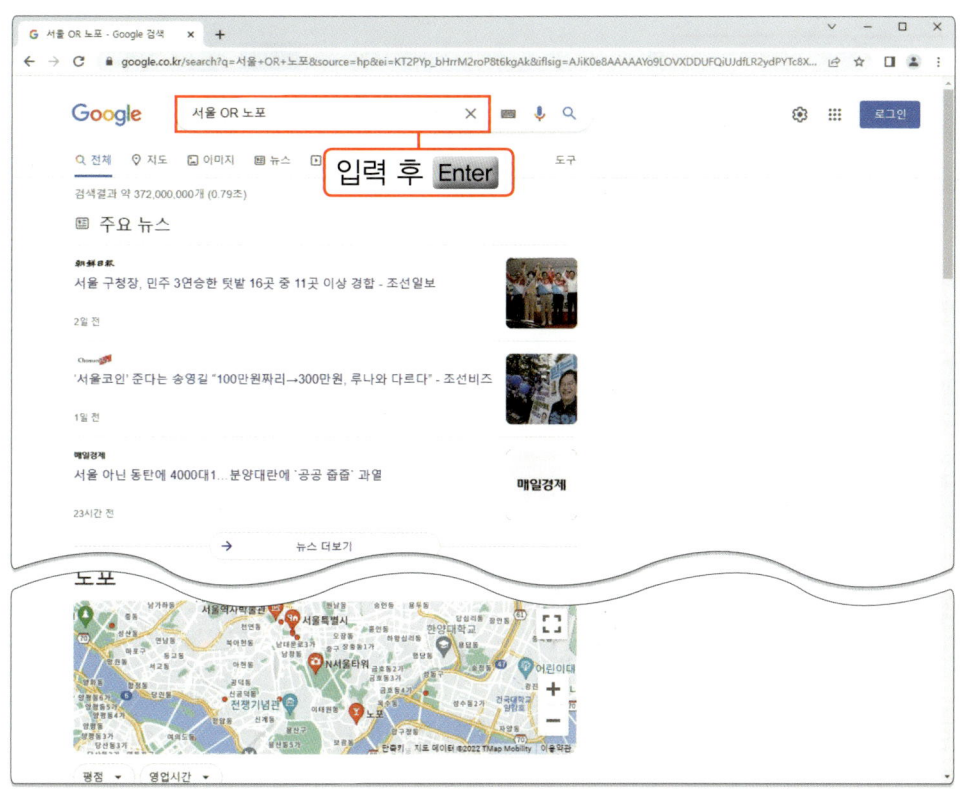

배움터 와일드 카드(*)

검색하고 싶은 단어가 잘 생각나지 않을 경우 '*' 연산자를 활용해보는 것도 좋습니다.

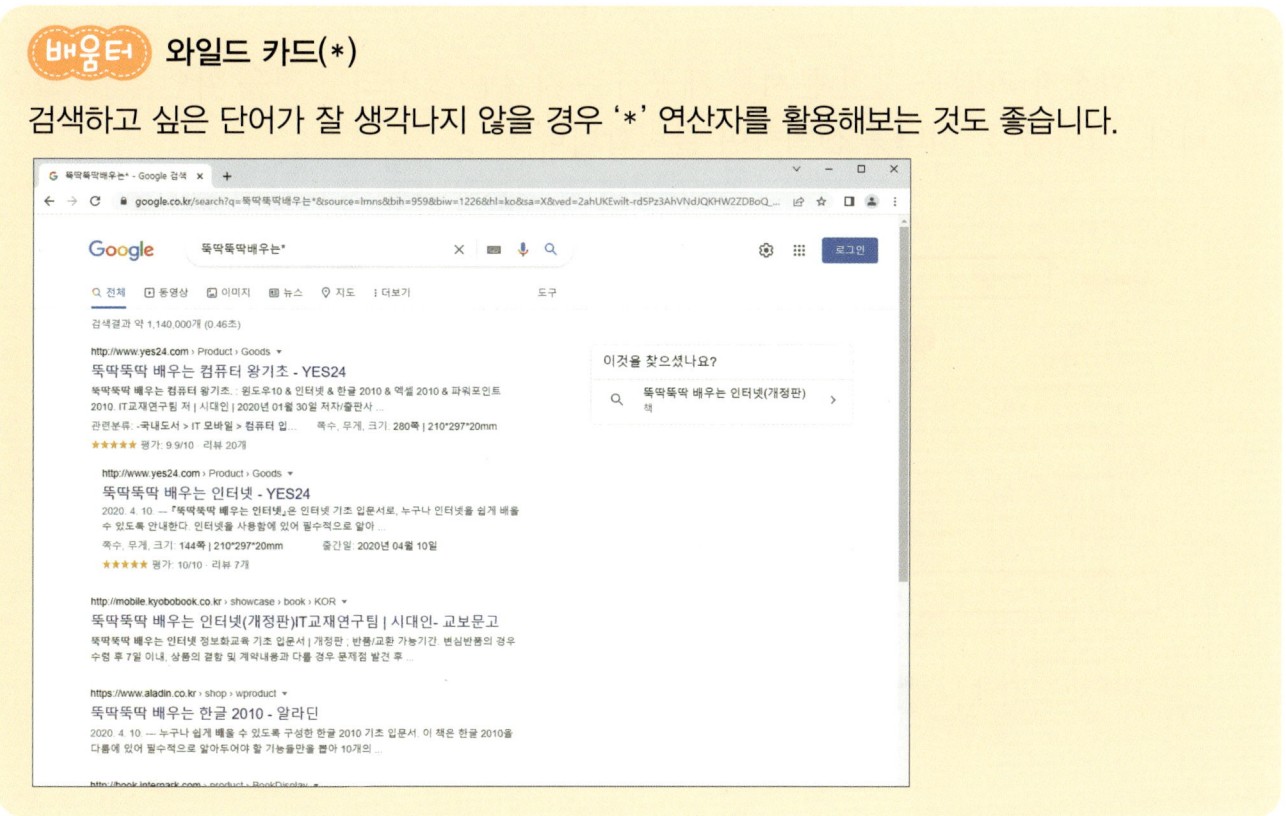

특정 사이트에서 검색하기 : [site:사이트명 검색어]

01 검색 입력란에 'site:naver.com 서울 노포'를 입력하고 Enter 키를 누릅니다.

02 '네이버'에서 제공하는 '서울 노포'와 관련된 자료만 표시되는 것을 확인할 수 있습니다.

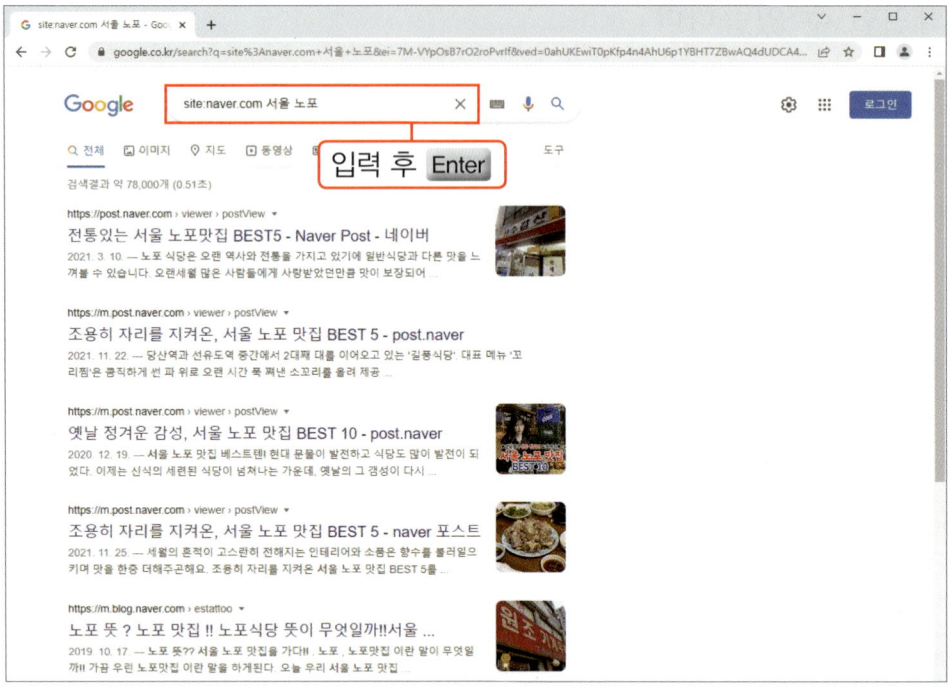

파일 형식으로 검색하기 : [filetype:확장자명 검색어]

01 검색 입력란에 'filetype:pdf 서울 노포'를 입력하고 Enter 키를 누릅니다.

02 'pdf' 확장자 파일을 가진 문서를 제공하는 자료만 표시되는 것을 확인할 수 있습니다. 결과물 중 **하나를 선택**하여 클릭합니다.

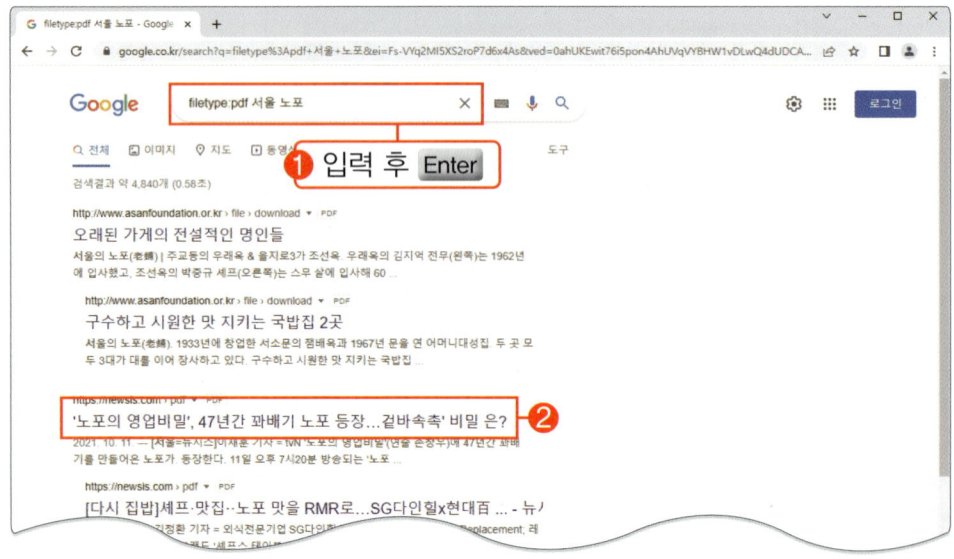

03 하단에 파일명이 표시되면 **파일명 옆의 ^ 버튼을 클릭**하고 **[열기]를 선택**합니다.

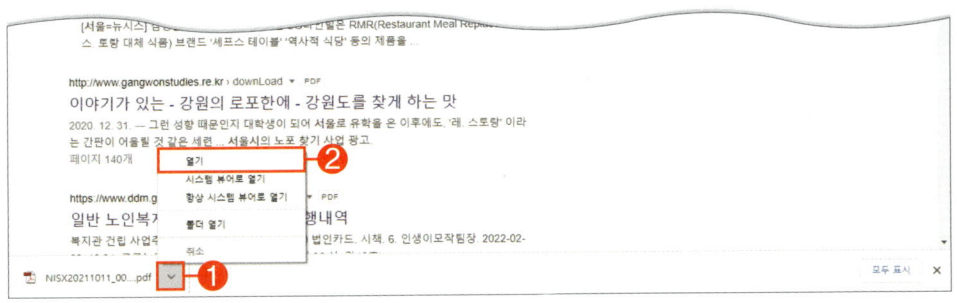

04 선택한 파일의 내용을 확인합니다. 필요에 따라 해당 파일을 다운로드하거나 인쇄할 수 있습니다.

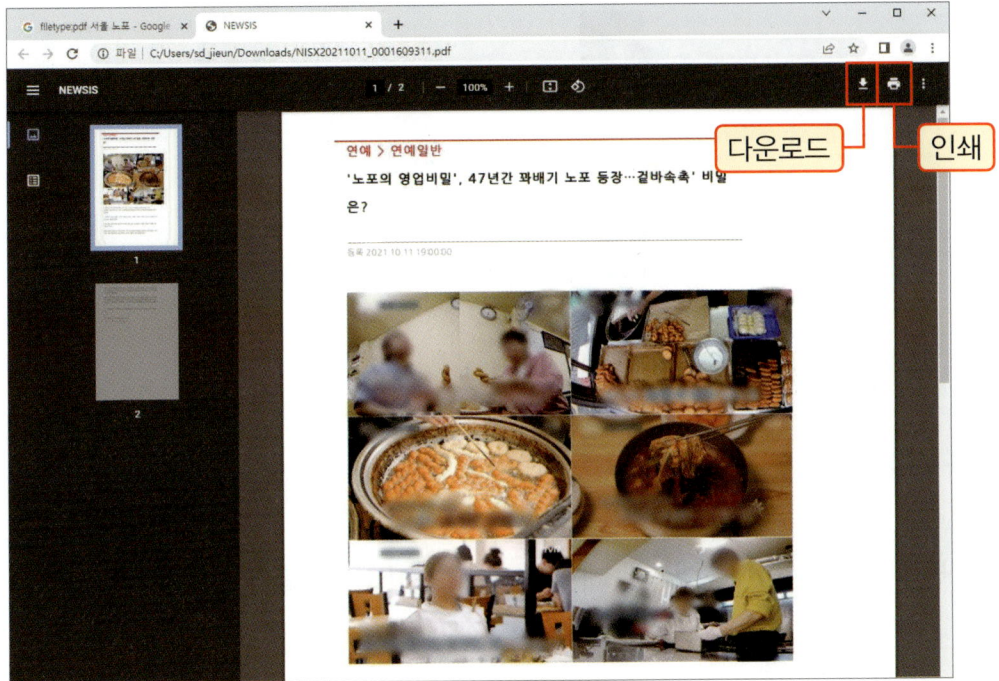

> **배움터** 검색은 빠르고 정확하게 자료를 찾는데 의의가 있습니다. 검색 사이트마다 각자의 독특한 검색 엔진을 가지고 자료를 검색하기 때문에 같은 키워드로 검색해도 다른 결과를 얻을 수 있습니다.

05 [탭 닫기(×)] 버튼을 클릭합니다.

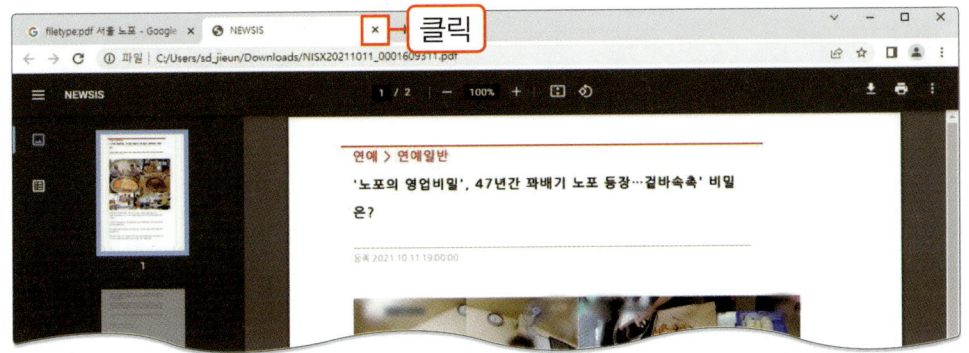

02 구글에서 이미지 검색하기

이미지 찾기

01 [Google 앱(▦)]-[검색]을 **선택**하거나 'www.google.co.kr'로 설정되어 있는 [홈페이지 열기(⌂)]를 클릭합니다.

사용자 설정에 따라 이곳을 클릭해도 됩니다.

02 이미지를 검색하려면 구글 검색 앱 페이지에서 **[이미지]를 클릭**합니다.

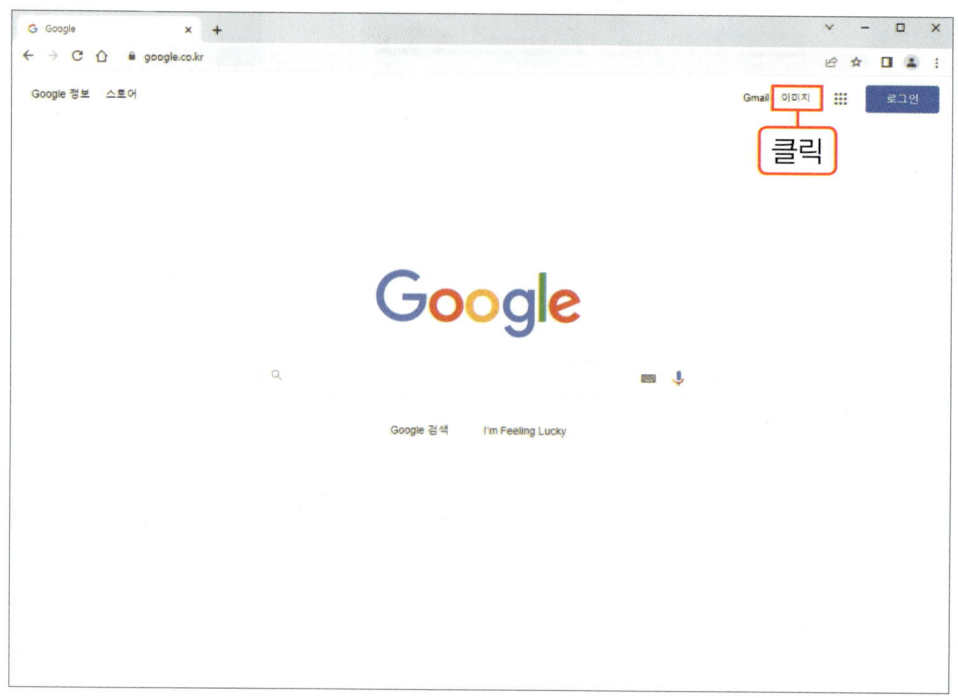

클릭

03 'Google 이미지' 페이지로 바뀌면 **검색 입력란에 '피크닉'을 입력하고** Enter **키를** 누릅니다.

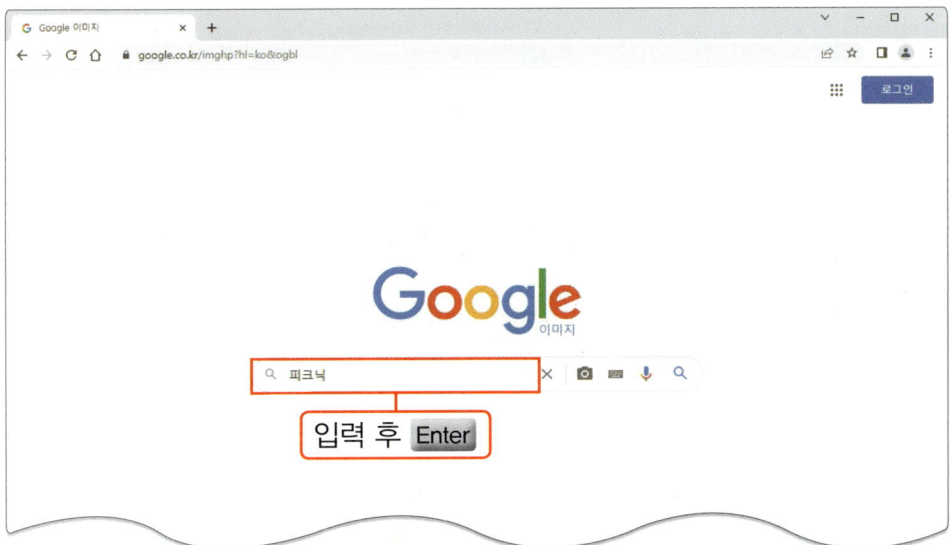

04 이미지 검색 자료만 나타나는 것을 확인할 수 있습니다.

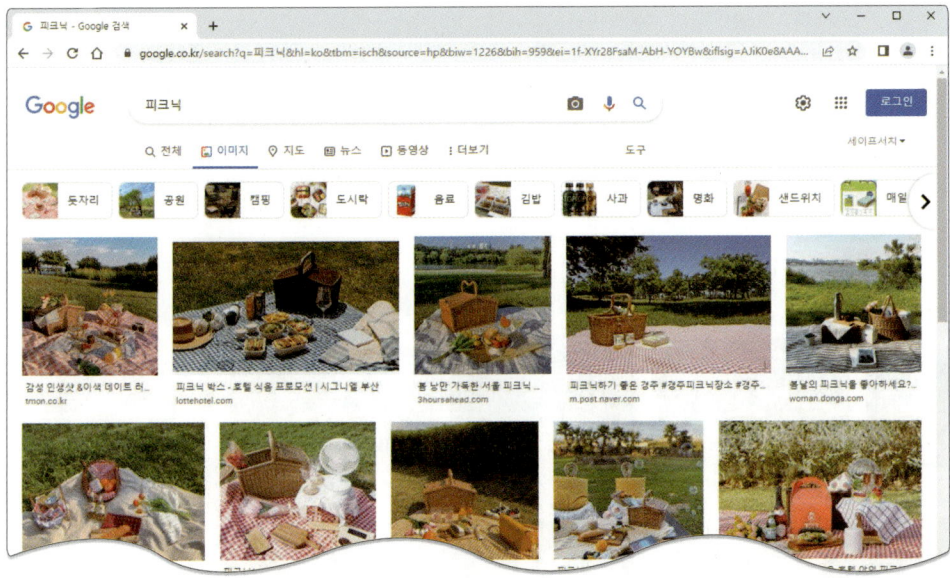

배움터 세이프서치

'세이프서치'를 설정하면 Google에서 성인용 콘텐츠(포르노 등 음란한 검색 결과)를 차단할 수 있습니다.

유형별 이미지 찾기

01 [도구]를 클릭하여 옵션 항목을 표시합니다.

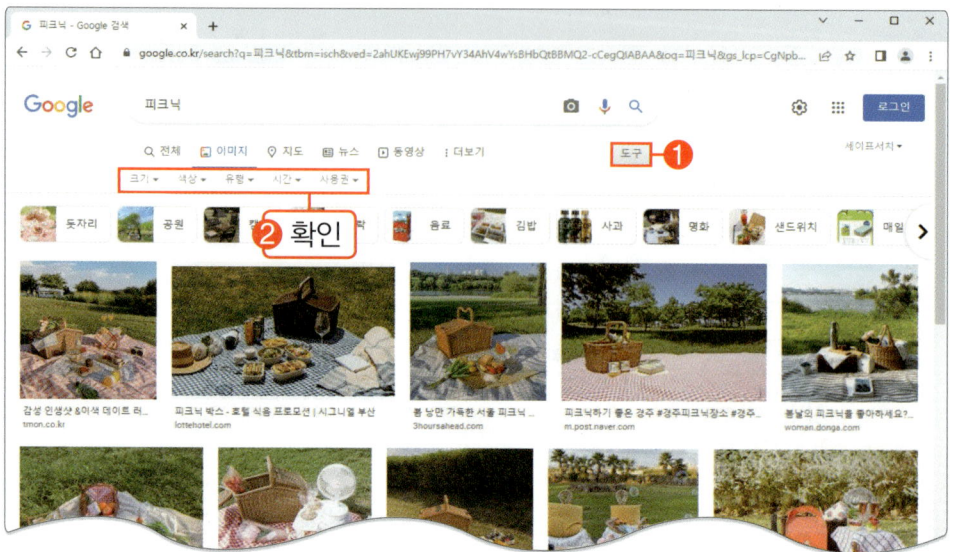

02 옵션 항목을 이용하여 검색 범위를 좁혀 보도록 하겠습니다. [유형]-[선화]를 선택합니다.

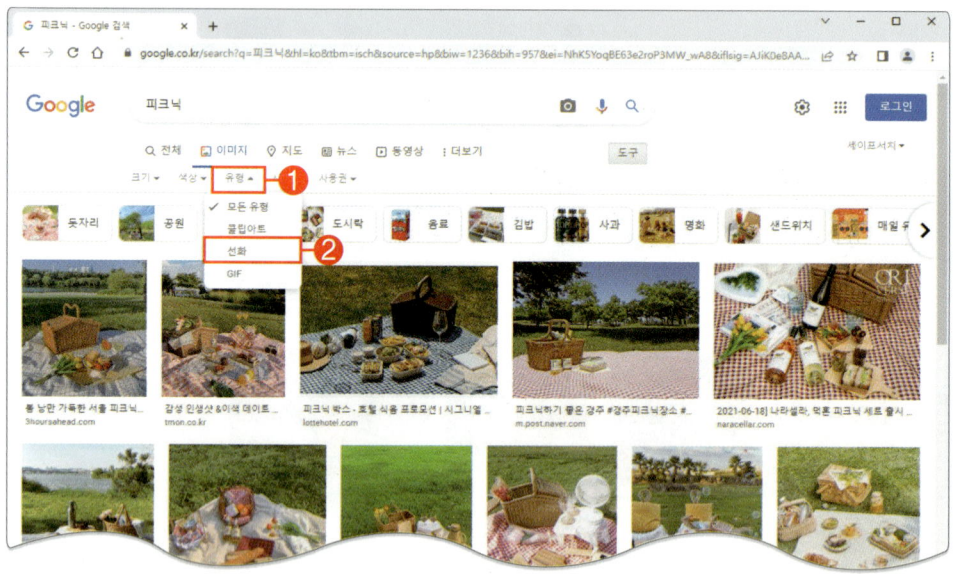

03 선화만 결과 화면에 표시됩니다.

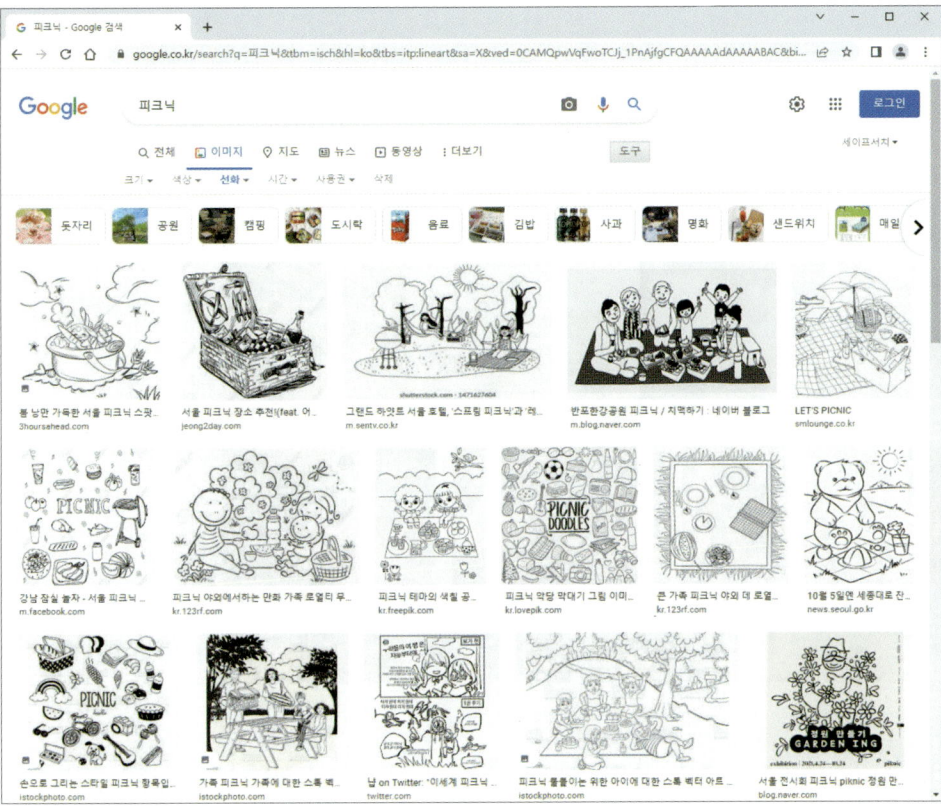

사용 권한별 이미지 찾아 다운받기

01 옵션 항목에서 [사용권]-[상업 및 기타 라이선스]를 선택합니다.

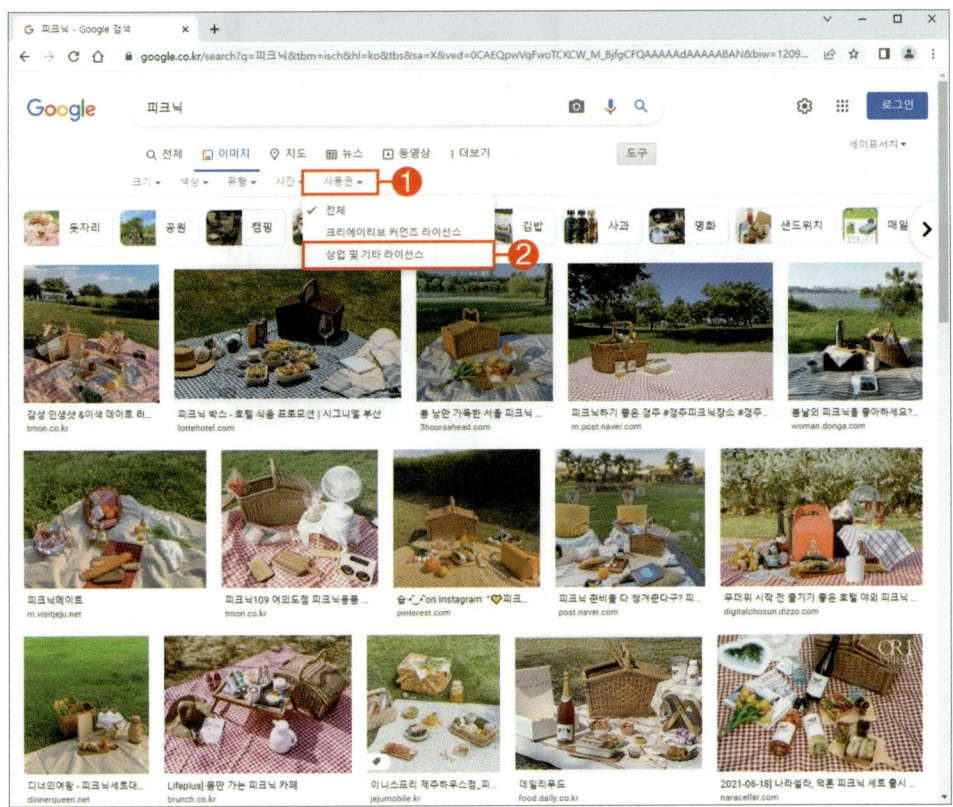

02 검색 결과가 나오면 마음에 드는 **이미지를 하나 선택**합니다.

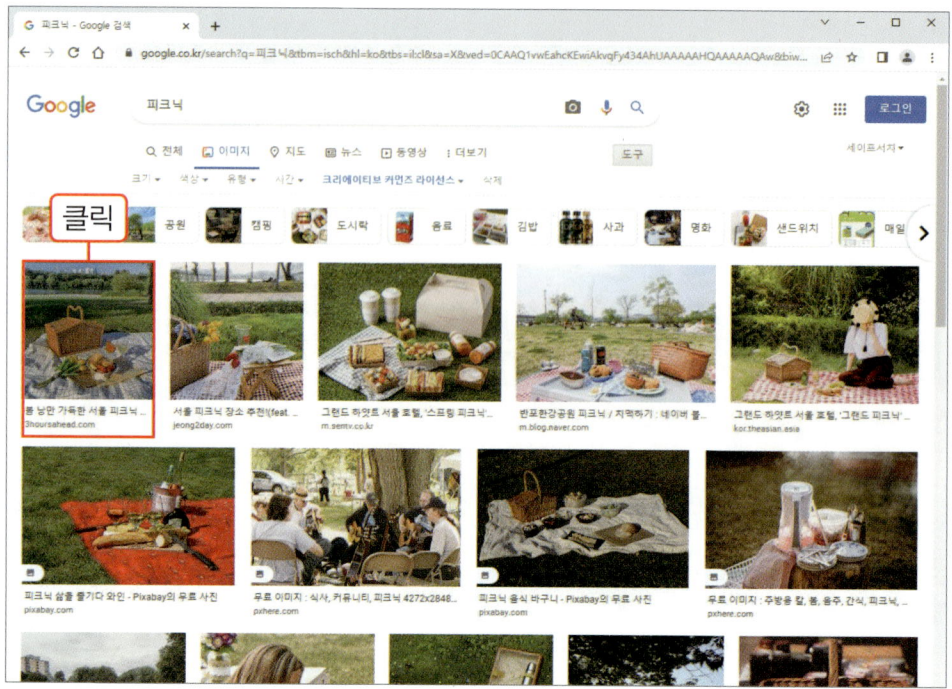

03 이미지 정보가 나타나면 [방문] 버튼을 클릭하거나 **미리 보기 화면을 클릭**합니다.

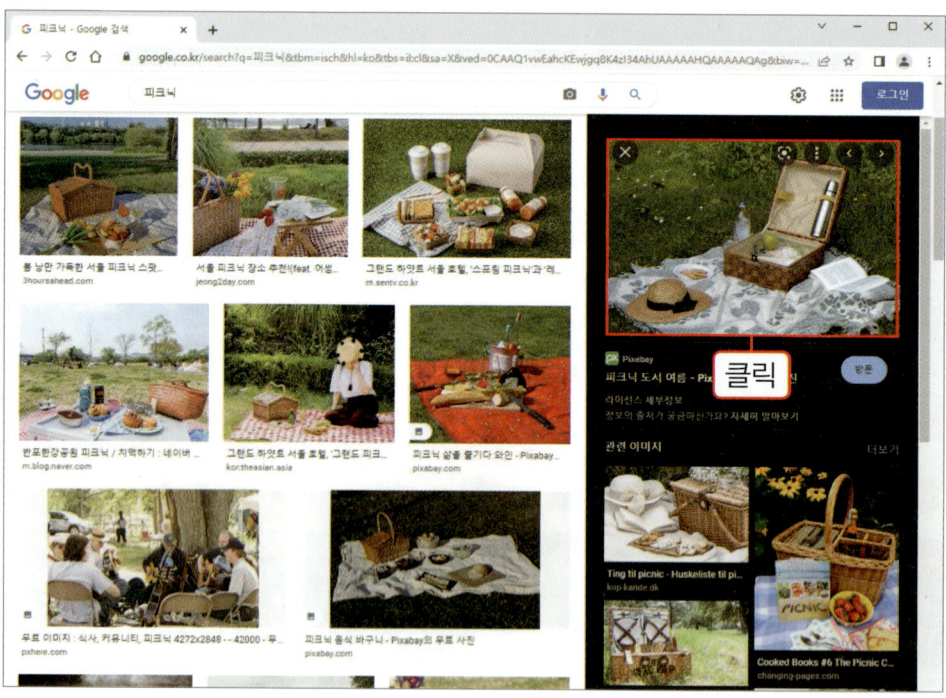

04 [무료 다운로드] 버튼을 클릭한 후, 해상도를 선택하고 [다운로드] 버튼을 클릭합니다. '다운로드' 대화상자가 나타나면 **체크 박스를 선택해 요청 사항을 수행**하고 [다운로드] 버튼을 클릭합니다.

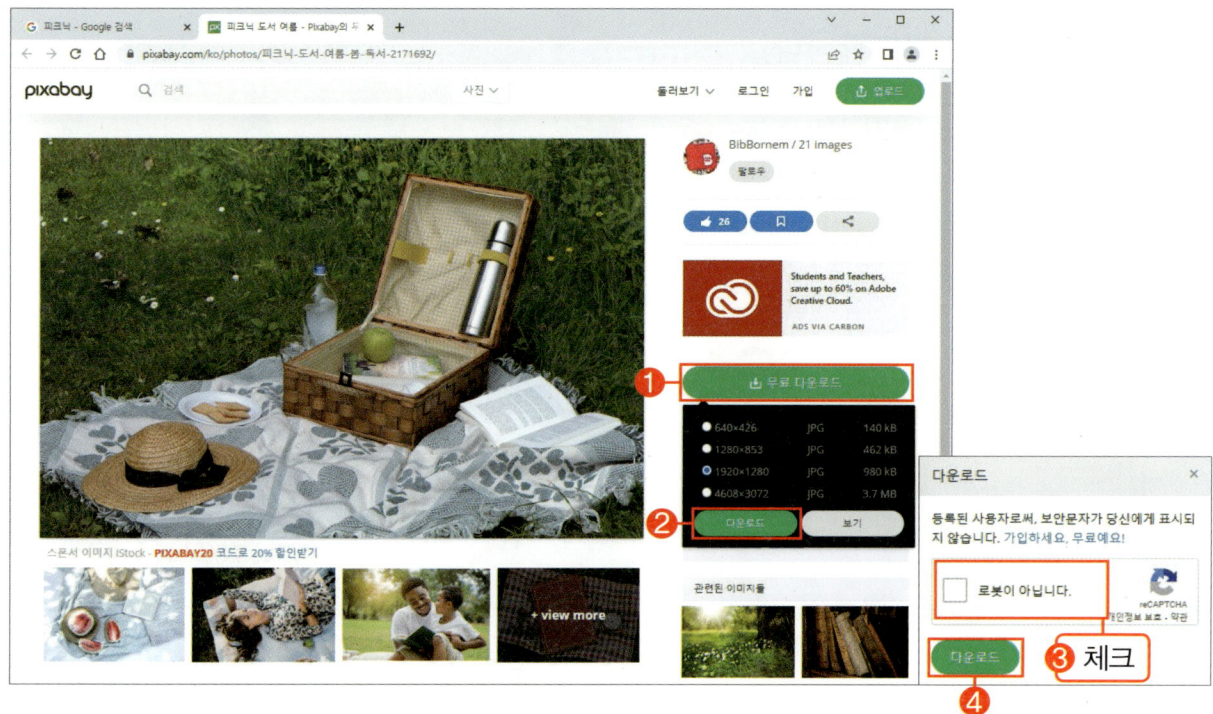

배움터 선택한 이미지에 따라 나타나는 웹 페이지가 다를 수 있습니다. 다운로드 과정도 다를 수 있으니 유의하세요.

05 화면 하단에 표시된 **파일명 옆의** ∧ **버튼을 클릭**하고 [폴더 열기]를 **선택**합니다. [다운로드] 폴더에 파일이 저장되어 있는 것을 **확인**할 수 있습니다.

04 구글 사용하기 : 구글 '검색' 앱 활용 • **59**

구글에서 이미지로 검색하기

01 불필요한 탭 창은 닫고, **구글의 이미지 검색 페이지로 이동**합니다. **이미지를 검색 입력란으로 드래그**합니다.

02 해당 이미지를 이용해 정보가 검색됩니다.

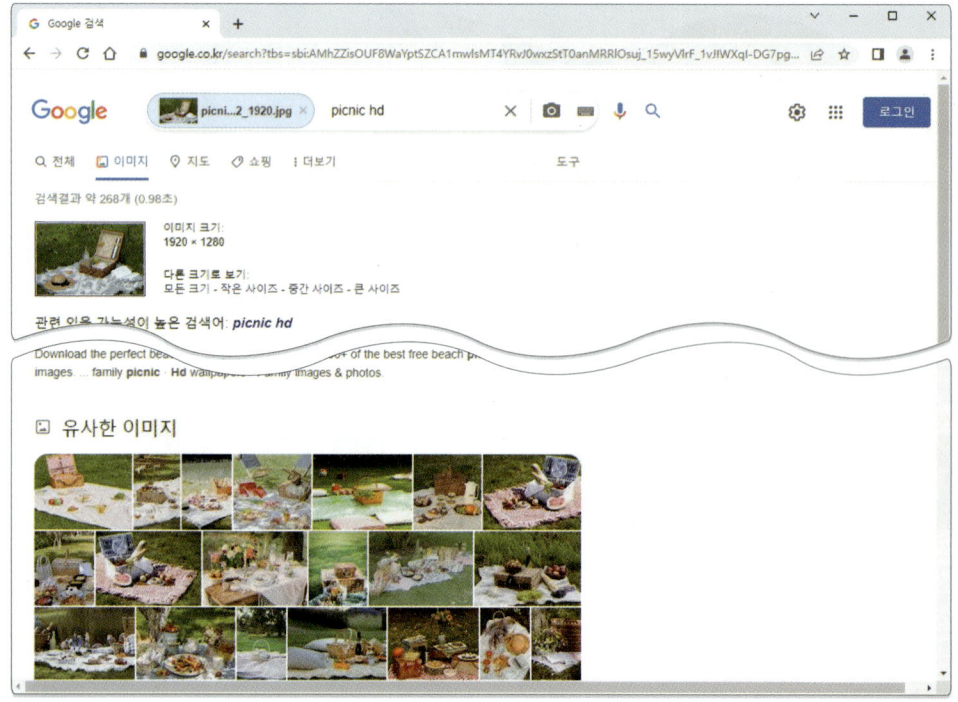

1. 구글 크롬에서 '서울 기록원'에 대한 정보 중 '네이버(www.naver.com)'에서 제공하는 자료만 찾아 결과를 표시해 봅니다.

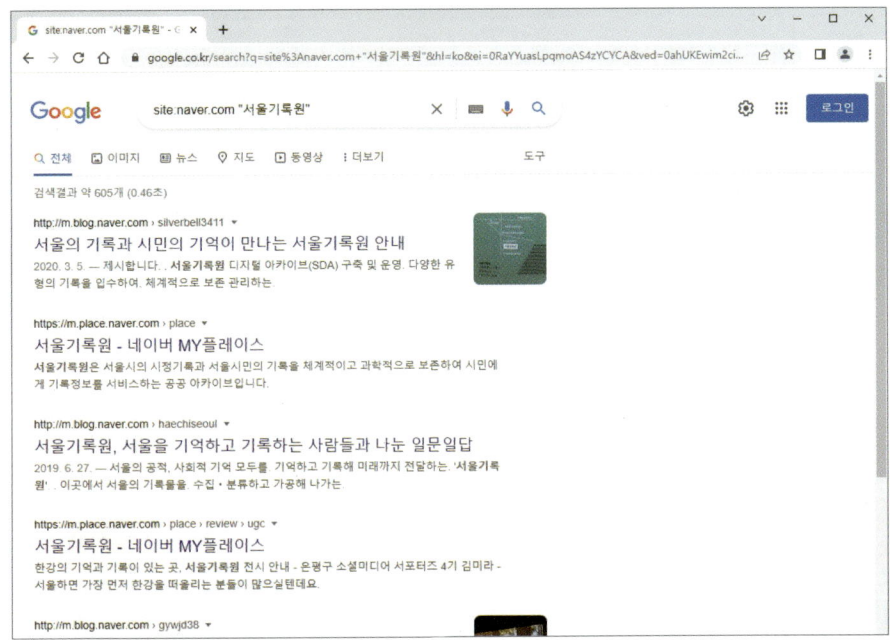

2. 구글 크롬에서 '화병'을 주제로 한 사진 중 '지난 1달' 이미지만을 찾아 결과를 표시해 봅니다.

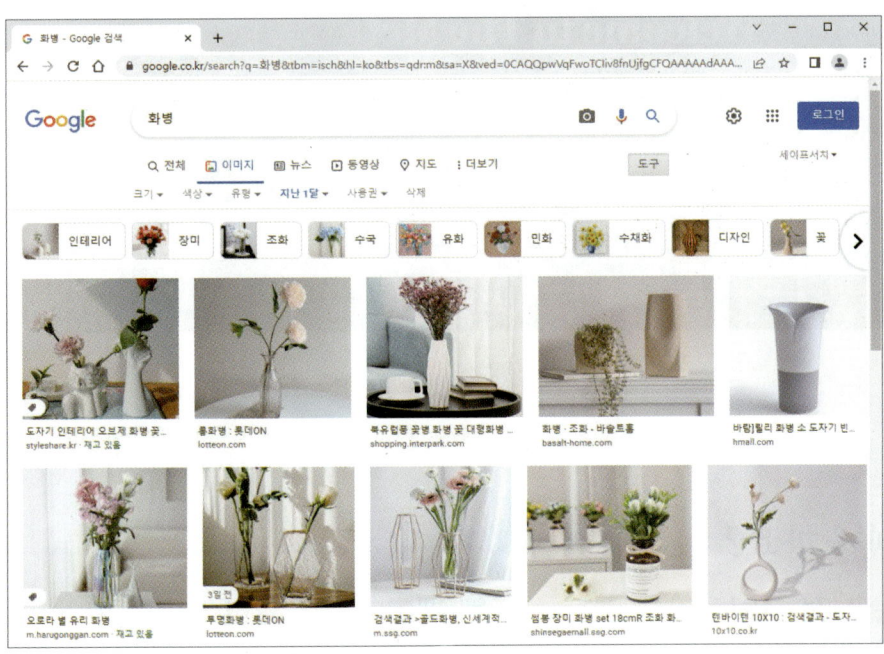

05 구글 '번역' 앱 사용하기

인터넷을 하다 보면 자신이 모르는 언어로 구성된 해외 웹 페이지를 방문해야 하는 경우가 생길 수도 있고, 일상 생활에서 외국어 사전이 필요할 때도 있습니다. 크롬의 자동 번역 기능과 구글의 '번역' 앱을 활용하여 사용자가 원하는 언어로 번역하는 방법에 대해 알아보겠습니다.

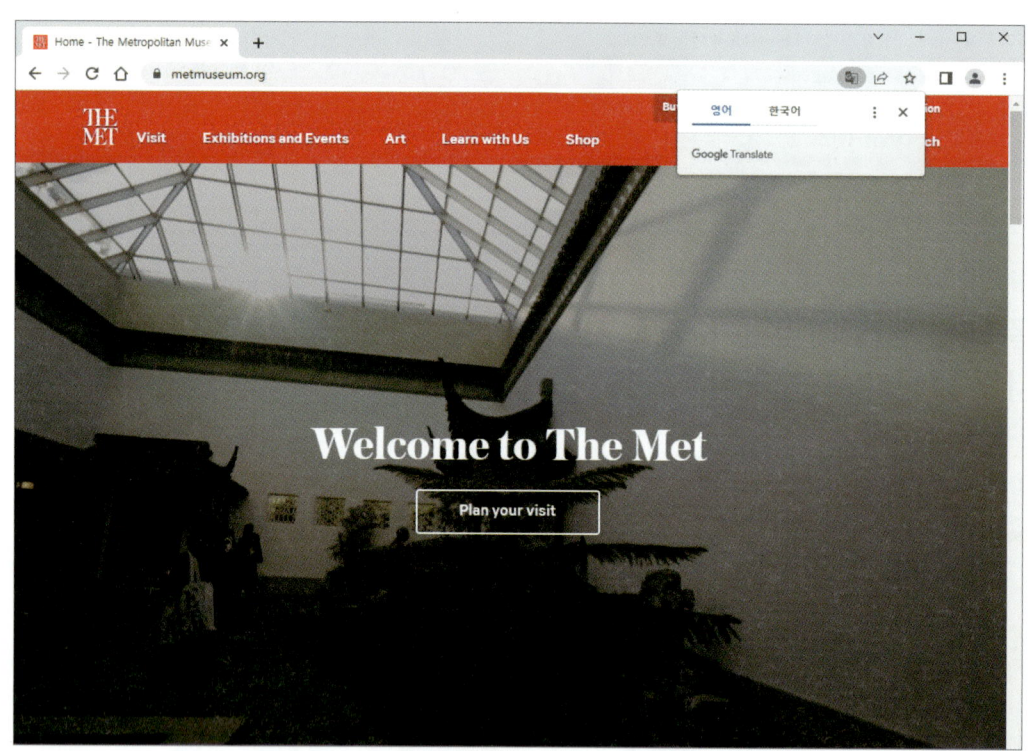

 무엇을 배울까요?

- ⇢ 자동 번역 기능 설정 확인하기
- ⇢ 자동 번역 언어 추가하기
- ⇢ 웹 페이지 번역하기
- ⇢ 웹 페이지 원문으로 되돌리기
- ⇢ '번역' 앱 활용하여 번역하기

 ## 자동 번역 설정하기

01 크롬을 실행하고 [Chrome 맞춤설정 및 제어(⋮)]–[설정]을 선택합니다.

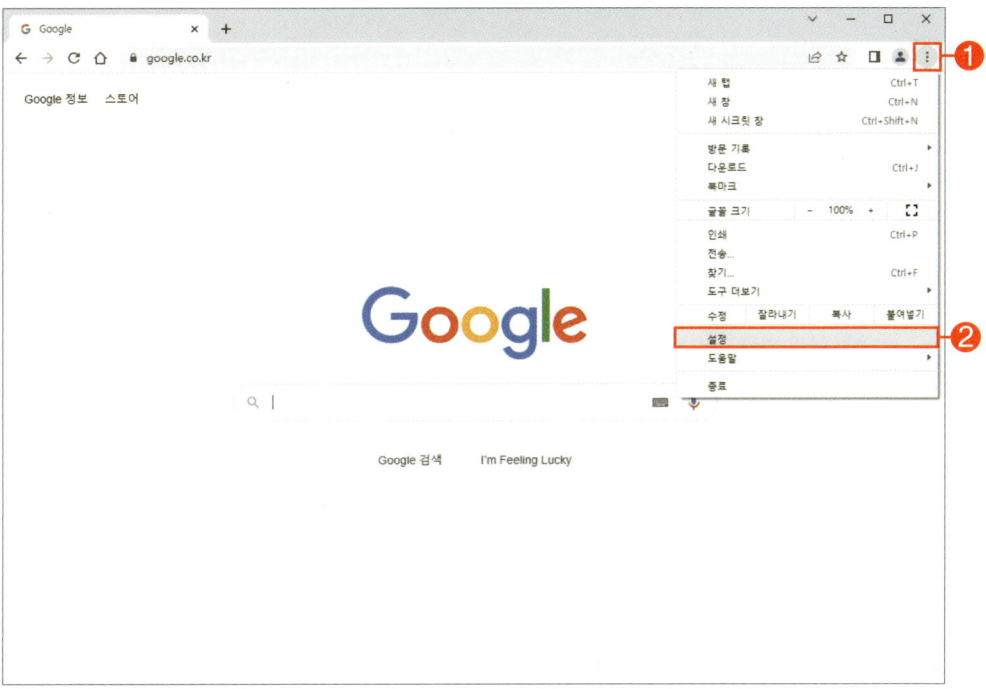

02 [설정] 탭이 나타나면 왼쪽 메뉴의 **[언어]**를 클릭합니다.

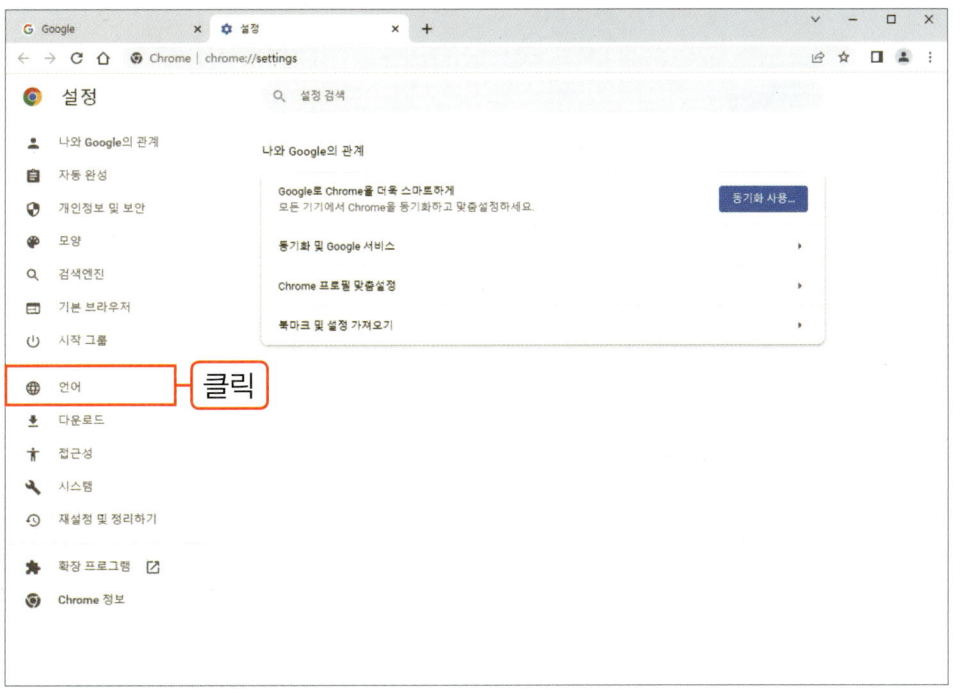

03 상세 옵션이 표시됩니다. 현재 [한국어]가 크롬의 표시 언어로 사용 중임을 확인할 수 있습니다.

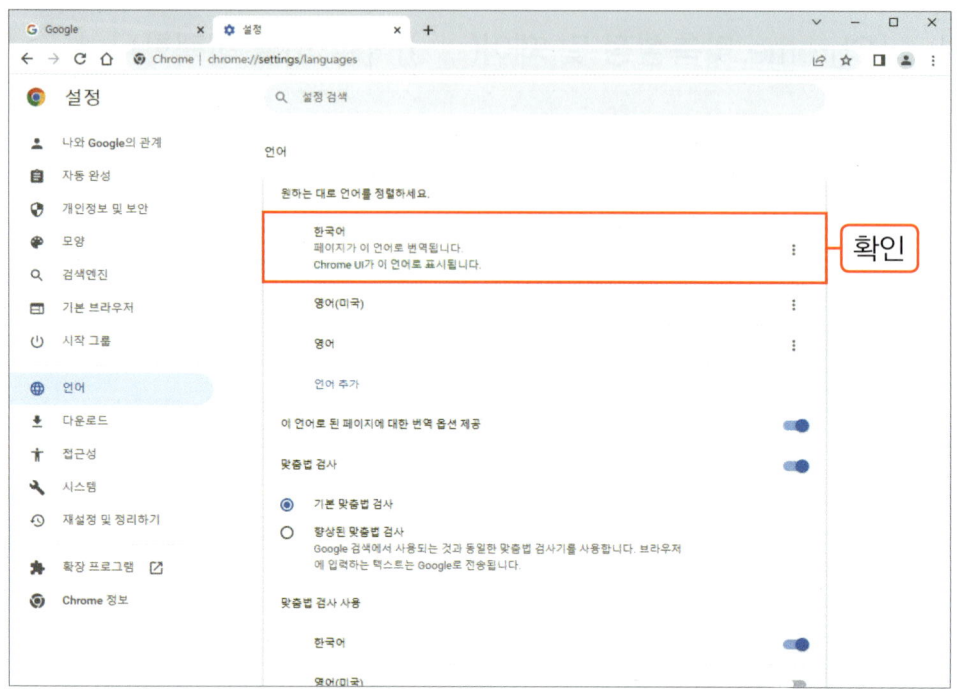

04 [이 언어로 된 페이지에 대한 번역 옵션 제공]이 활성화되어 있는지를 확인합니다.

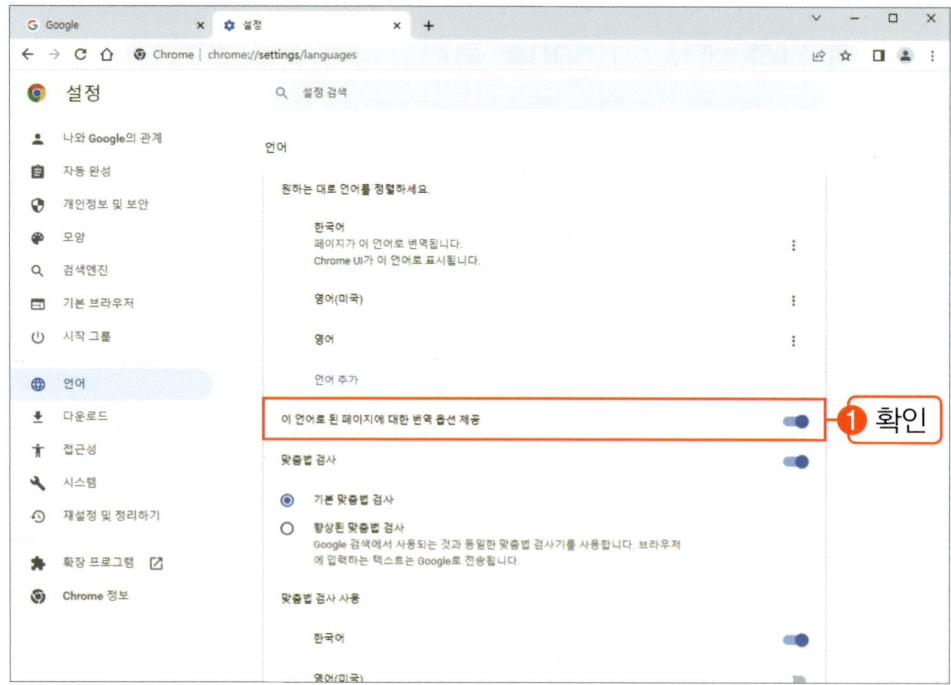

05 [영어(미국)]의 [추가 작업(:)]을 클릭해 [이 언어로 된 페이지에 대한 번역 옵션 제공]에 체크가 되어 있는지를 확인합니다.

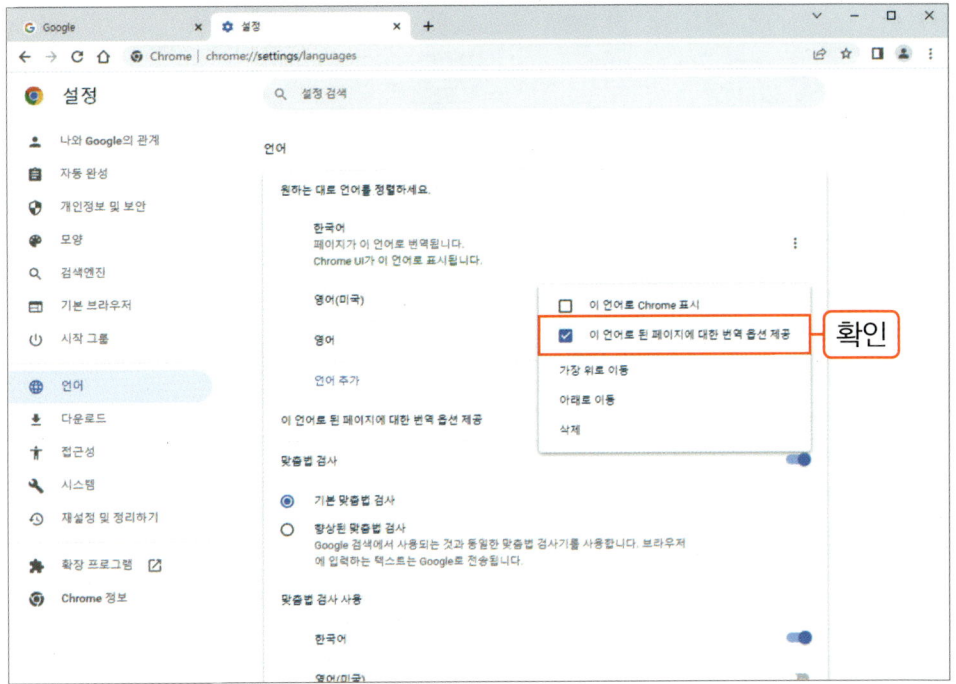

06 다른 나라 언어의 번역 옵션을 제공하려면 **[언어 추가]**를 클릭합니다.

07 '언어 추가' 대화상자가 나타나면 **[일본어]**를 찾아 선택하고 **[추가]** 버튼을 클릭합니다.

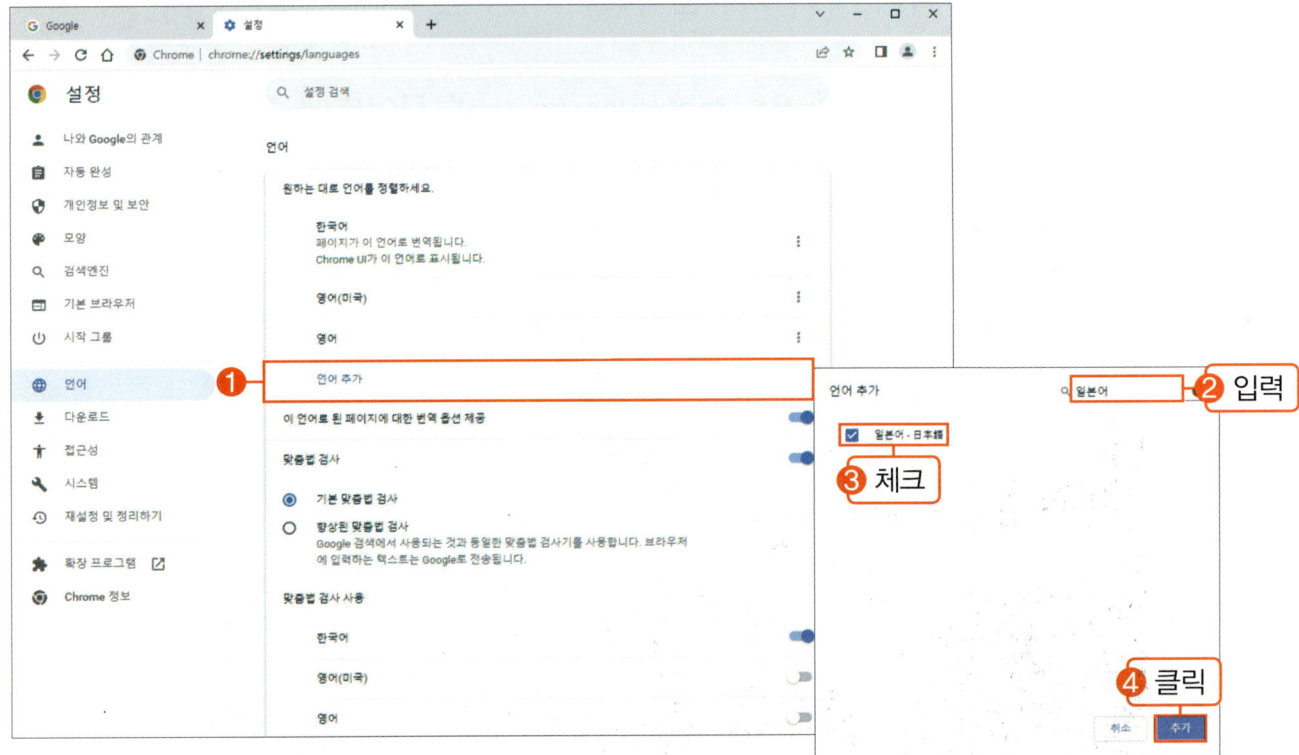

08 목록에 '일본어'가 추가된 것을 확인할 수 있습니다. '일본어'의 [추가 작업(⋮)]을 클릭해 [이 언어로 된 페이지에 대한 번역 옵션 제공]에 체크합니다.

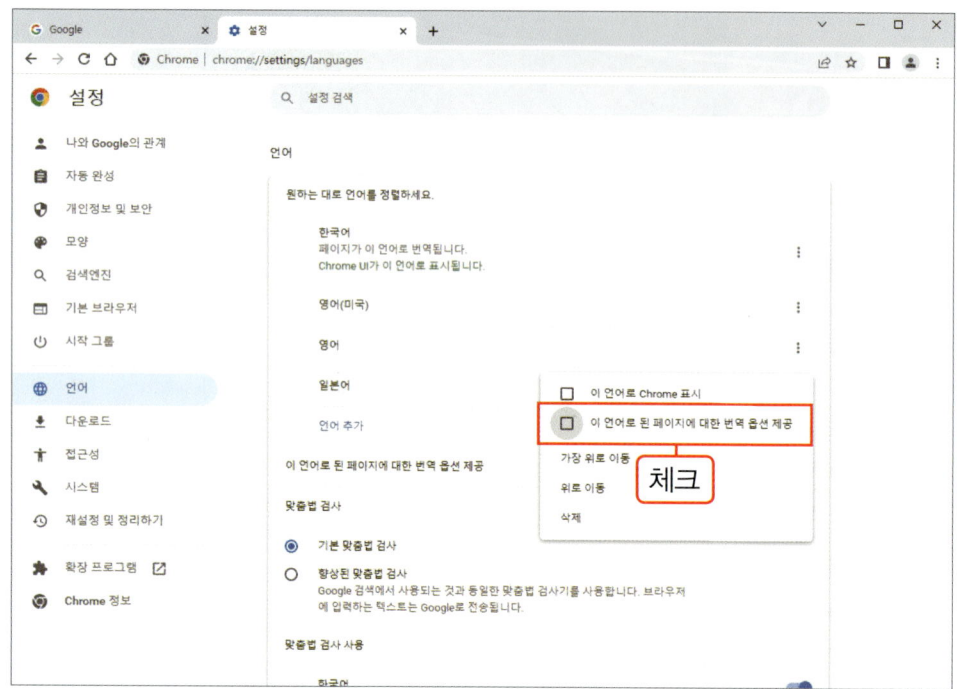

09 [설정] 탭의 [탭 닫기(×)] 단추를 클릭합니다.

02 다른 나라 사이트에 접속하여 자동 번역 기능 활용하기

01 '메트로폴리탄 미술관(www.metmuseum.org)' 사이트에 접속합니다. 화면 상단 [Google Translate] 메시지가 나타나면 [한국어] 버튼을 클릭합니다.

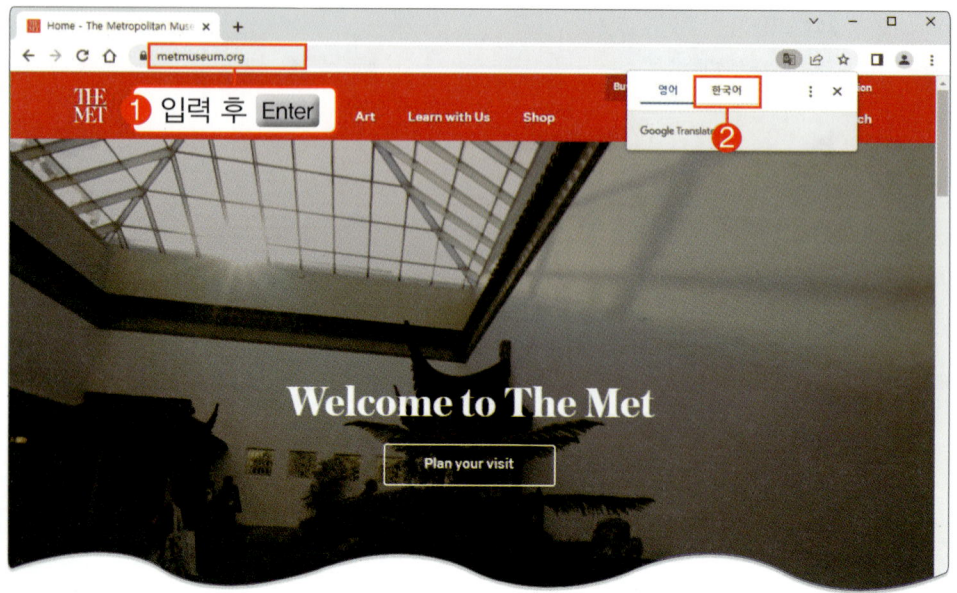

02 한국어로 번역되어 나타나는 것을 확인합니다.

03 주소 검색 창의 **[이 페이지 번역하기(　)]를 클릭하여 [영어] 버튼을 클릭**하면 번역하기 전의 페이지로 다시 되돌릴 수 있습니다.

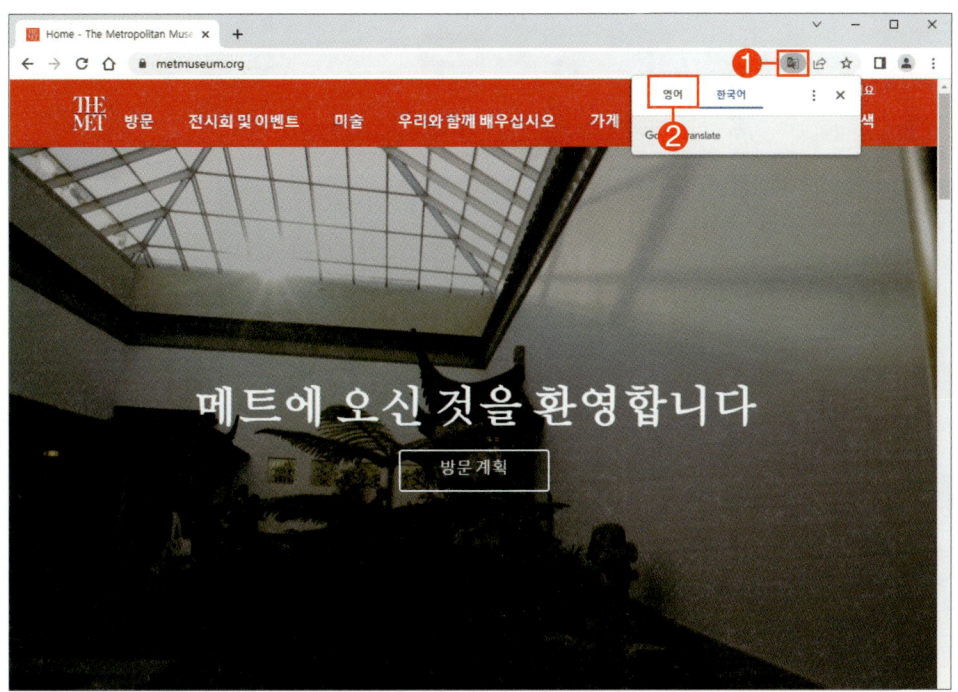

> **배움터** 번역된 결과가 정확하지 않을 수 있음에 유의합니다.

> **배움터**
>
> [이 페이지 번역하기(　)]를 클릭한 후, [옵션] 버튼을 클릭하고 [다른 언어 선택]을 클릭하면 [번역 타겟 언어]를 다른 나라 언어로 수정할 수도 있습니다.

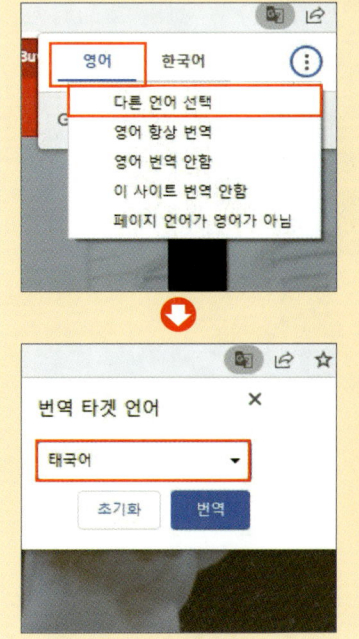
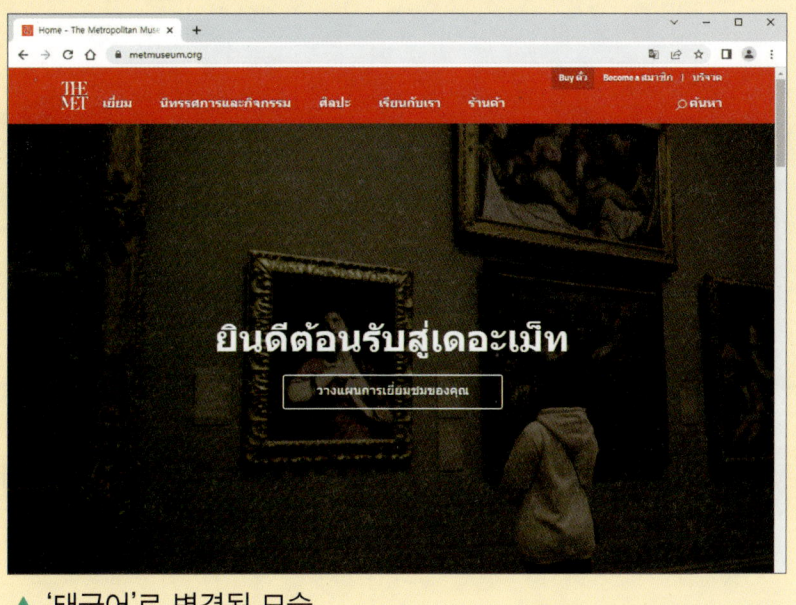

▲ '태국어'로 변경된 모습

04 이번에는 '**도쿄 디즈니랜드(www.tokyodisneyresort.jp)**' 사이트에 접속해 봅니다. 화면 상단 [Google Translate] 메시지가 나타나면 **[한국어] 버튼을 클릭**합니다. 메시지가 숨겨지면 주소 검색 창의 [이 페이지 번역하기(　)]를 클릭해 선택합니다.

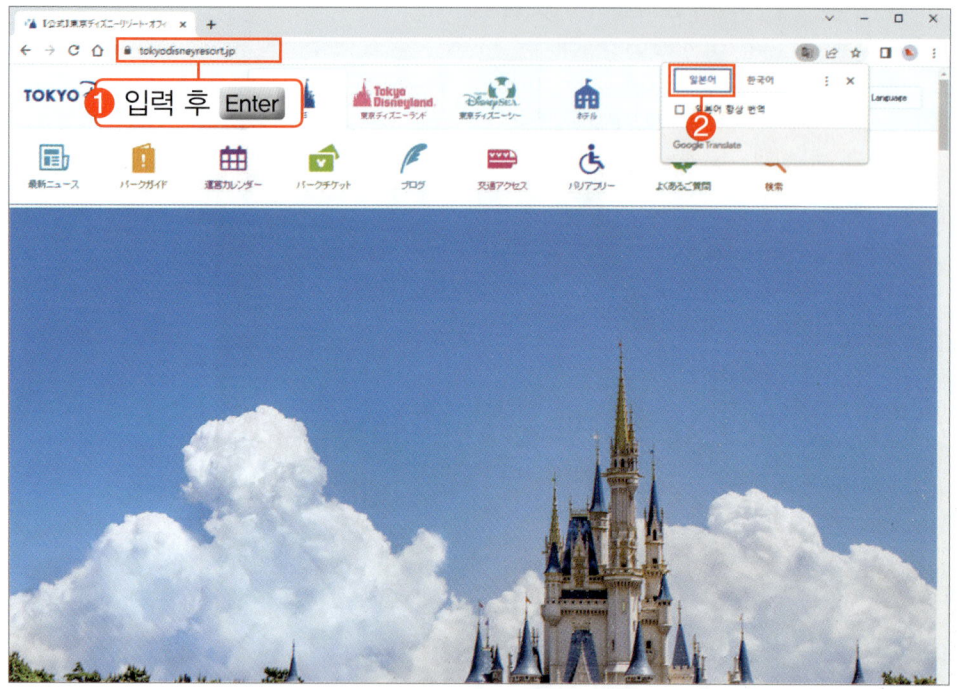

05 번역되어 나타나는 것을 확인합니다.

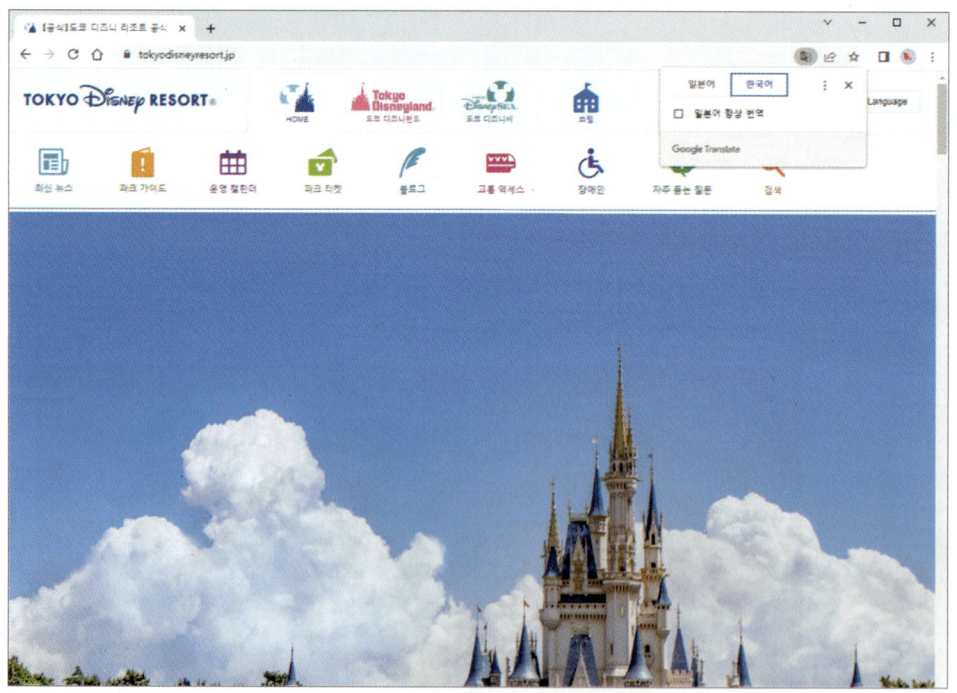

> 배움터 이미지에 입력된 경우 번역되지 않고 그대로 표현됩니다.

구글 '번역' 앱 활용하기

01 'www.google.co.kr'로 설정되어 있는 [홈페이지 열기(⌂)]를 클릭합니다. [Google 앱(▦)]을 클릭하고 [번역]을 선택합니다.

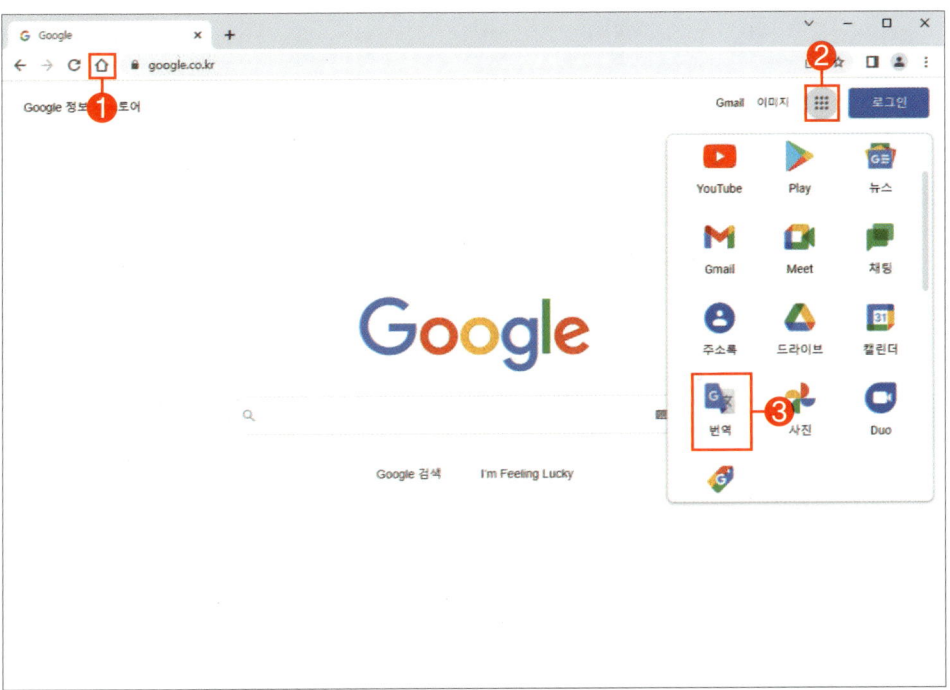

02 구글 '번역' 앱 서비스 페이지가 나타나면 **입력할 언어를 [한국어]로 선택**합니다. 오른쪽의 번역 언어는 자동으로 [영어]로 변경됩니다.

03 한국어 입력란에 **'우리는 쿠바로 여행갑니다.'를 입력**합니다. 오른쪽에 자동으로 번역된 내용이 나타납니다.

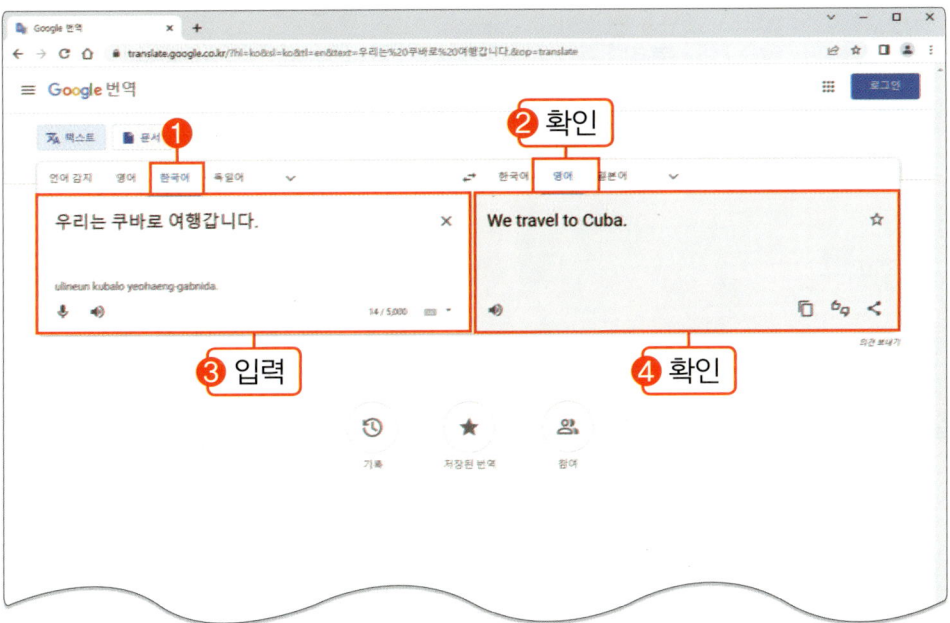

04 오른쪽 번역 언어 끝에 ▼(펼침 버튼)을 클릭합니다. [프랑스어]를 선택합니다.

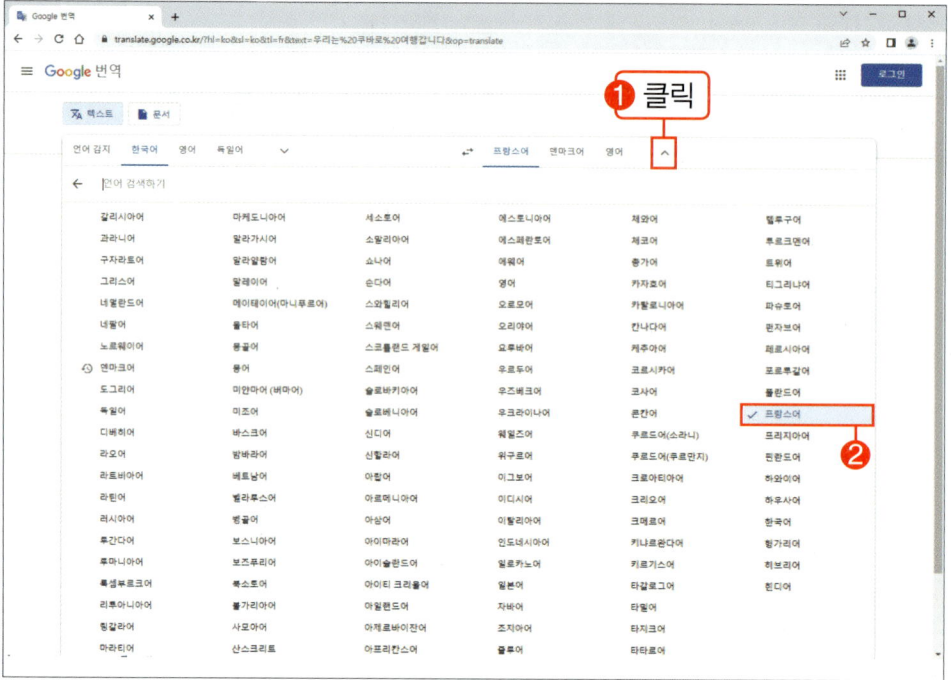

05 선택한 다른 나라의 언어로 번역된 것을 확인할 수 있습니다. [듣기(🔊)]를 클릭하면 소리를 들어 볼 수도 있습니다.

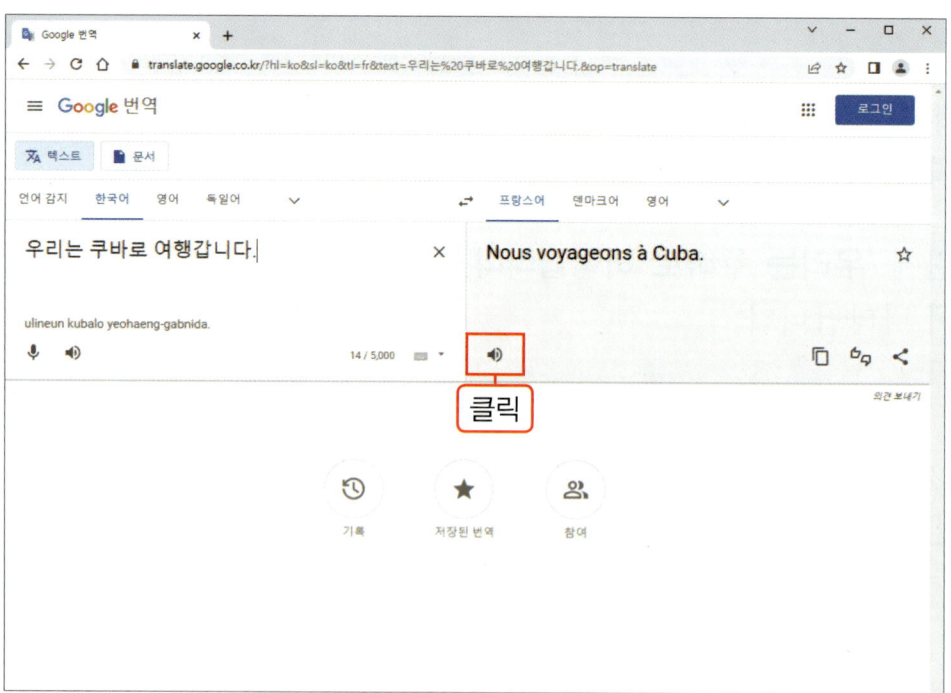

배움터 번역된 결과가 정확하지 않을 수 있음에 유의해야 합니다.

1 '미국자연사박물관(www.amnh.org)' 사이트에 접속하여 한국어로 번역해 봅니다.

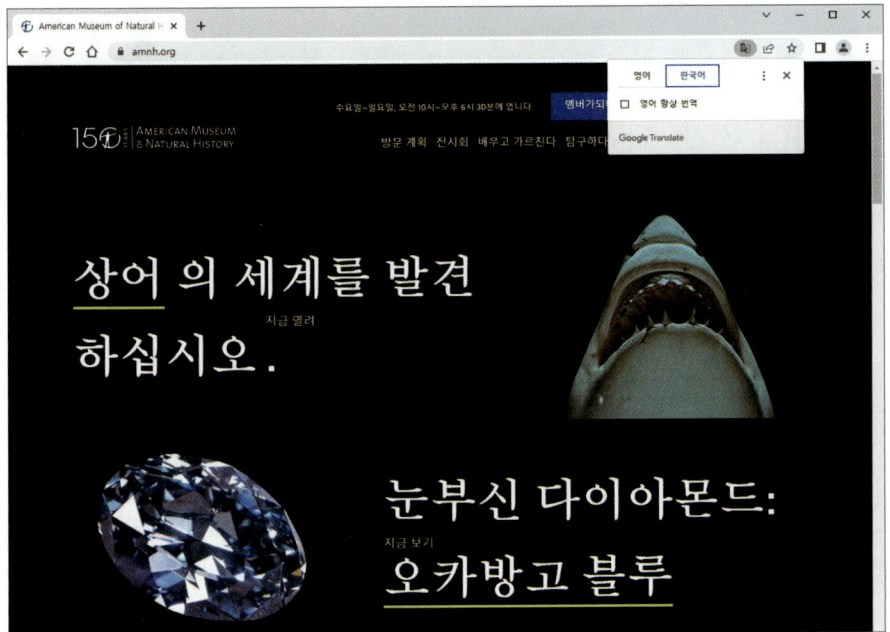

도움터

주소 검색 창의 [이 페이지 번역하기( )]가 나타나지 않으면 해당 웹 페이지 화면에서 아무 곳이나 마우스 오른쪽 버튼을 클릭하면 바로 가기 메뉴가 나타납니다. [한국어(으)로 번역]을 선택해 봅니다.

2 구글 '번역' 앱 서비스를 활용하여 다음과 같이 [한국어]를 [영어]로 번역해 봅니다.

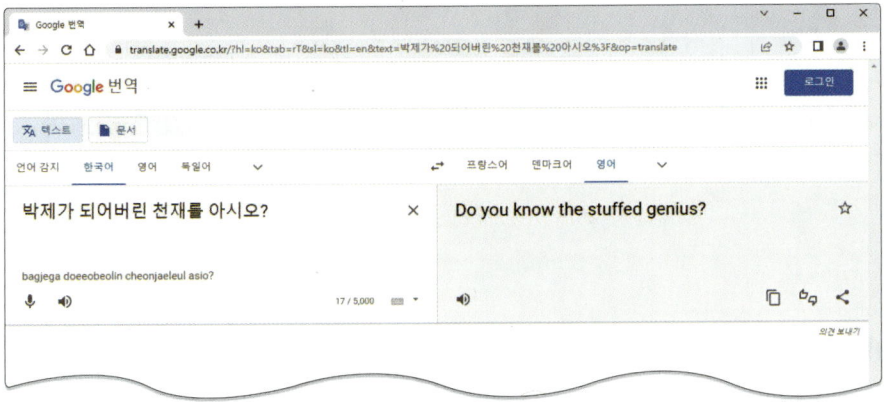

06 구글 '지도' 앱 사용하기

구글의 '지도' 앱을 활용하여 검색 장소의 주변, 이동 방법 및 소요 시간 등의 정보를 알아보는 방법에 대해 알아보겠습니다. 위성으로 보는 방법과 스트리트 뷰를 이용하는 방법을 통해 좀 더 생동감 있는 정보를 획득하는 방법에 대해서도 살펴보겠습니다.

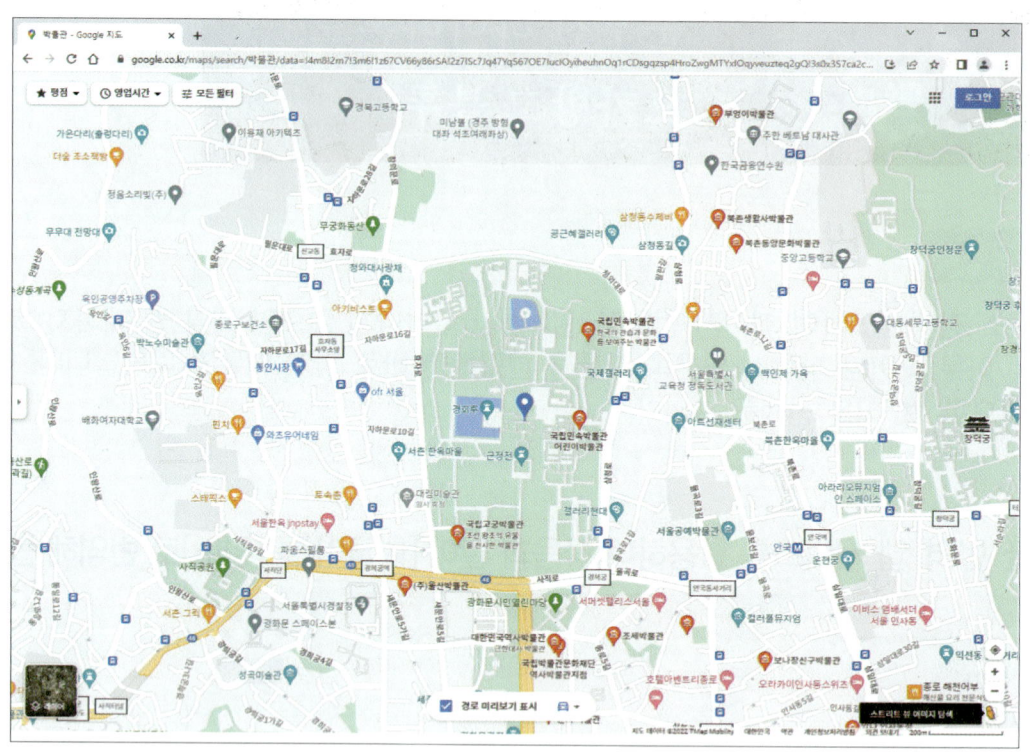

무엇을 배울까요?

- '지도' 앱을 활용하여 위치 찾기
- '지도' 앱을 활용하여 경로 및 예상 도착 시간 알아보기
- '지도' 앱을 활용하여 주변 살펴보기

구글 '지도' 앱 실행하기

01 크롬을 실행하고 구글 홈페이지에서 [Google 앱()]-[지도]를 선택합니다.

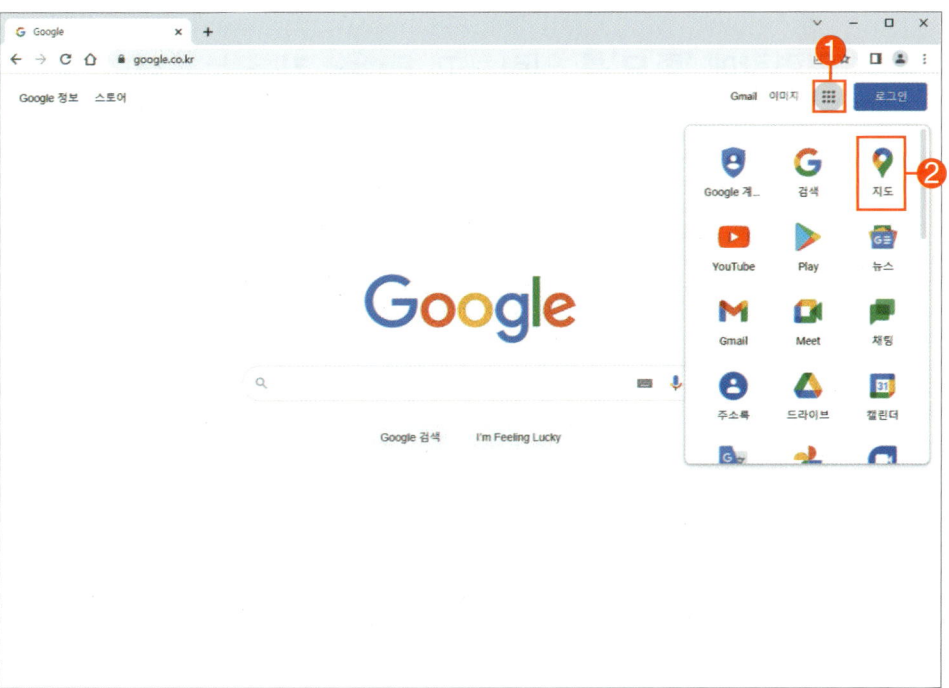

02 구글 '지도' 앱 서비스 페이지가 열립니다.

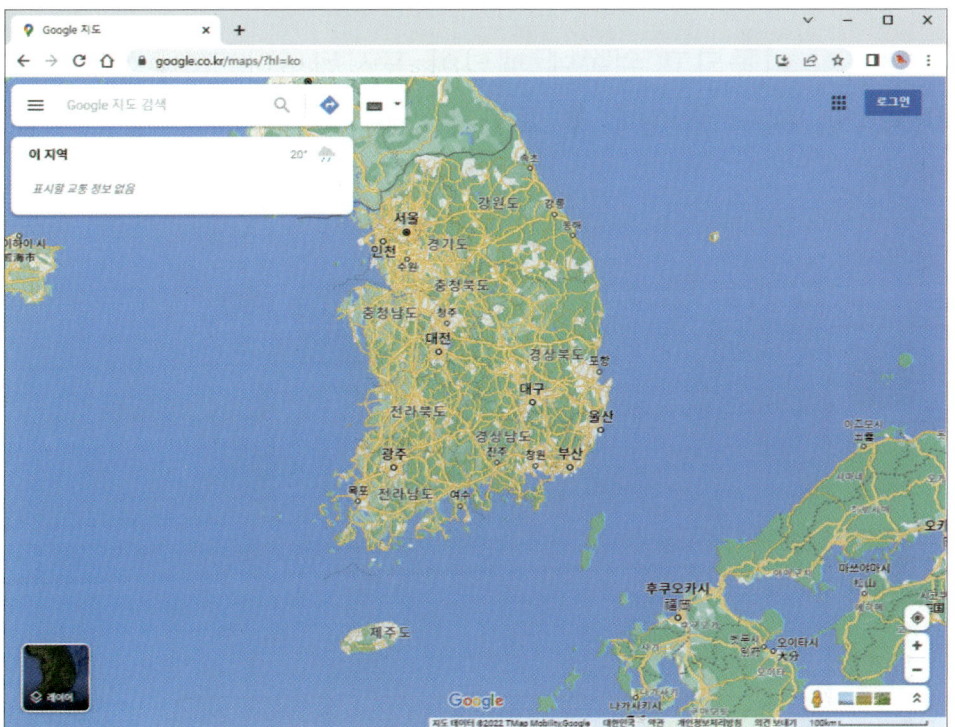

06 구글 '지도' 앱 사용하기 • **73**

구글 지도로 위치 찾기

🖱 핵심어로 위치 찾기

01 'Google 지도 검색' 입력란에 '종묘'를 입력하고 Enter 키를 누릅니다.

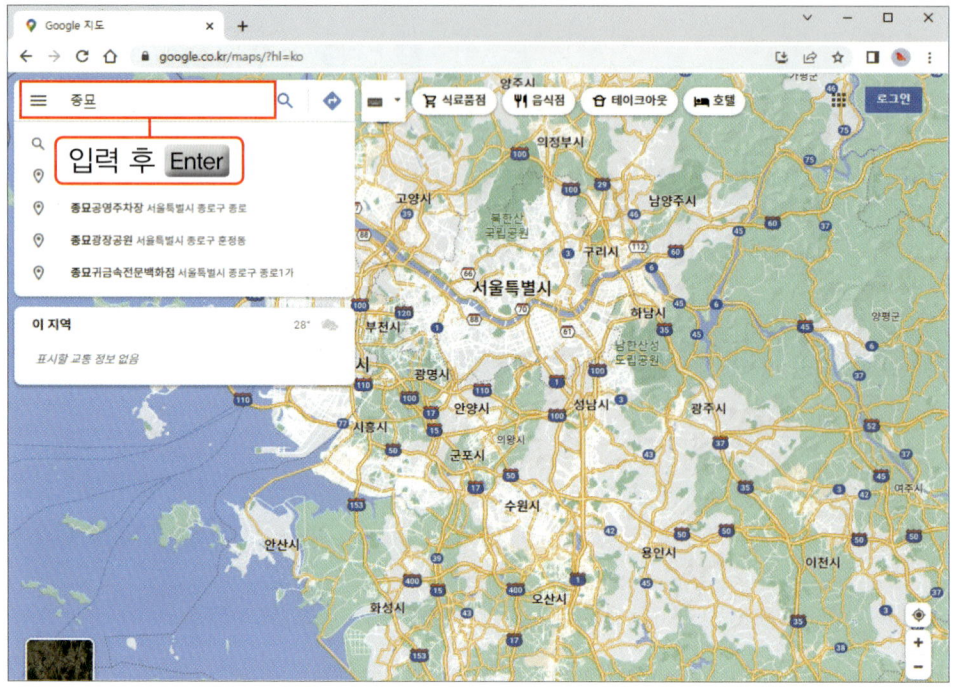

02 해당 지역으로 화면이 이동되고 왼쪽에 패널이 표시됩니다. **마우스 포인터(🖑)를 목록으로 이동**하면 지도 화면에 📍 표시가 선택 항목의 위치에 나타납니다. **'종묘'를 클릭**합니다.

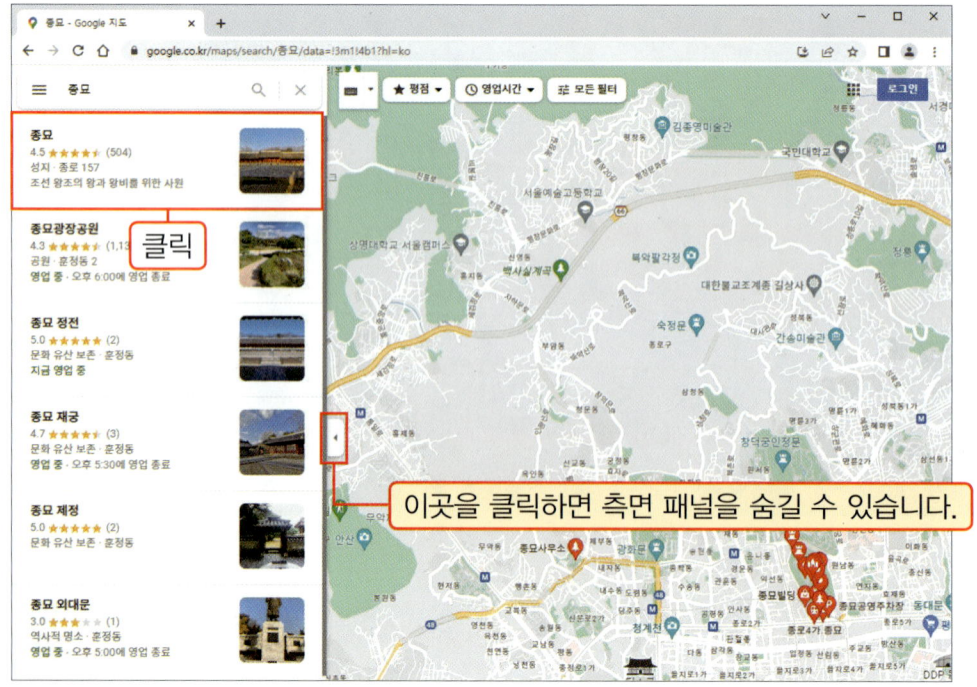

03 패널에 선택한 항목의 자세한 정보가 표시됩니다.

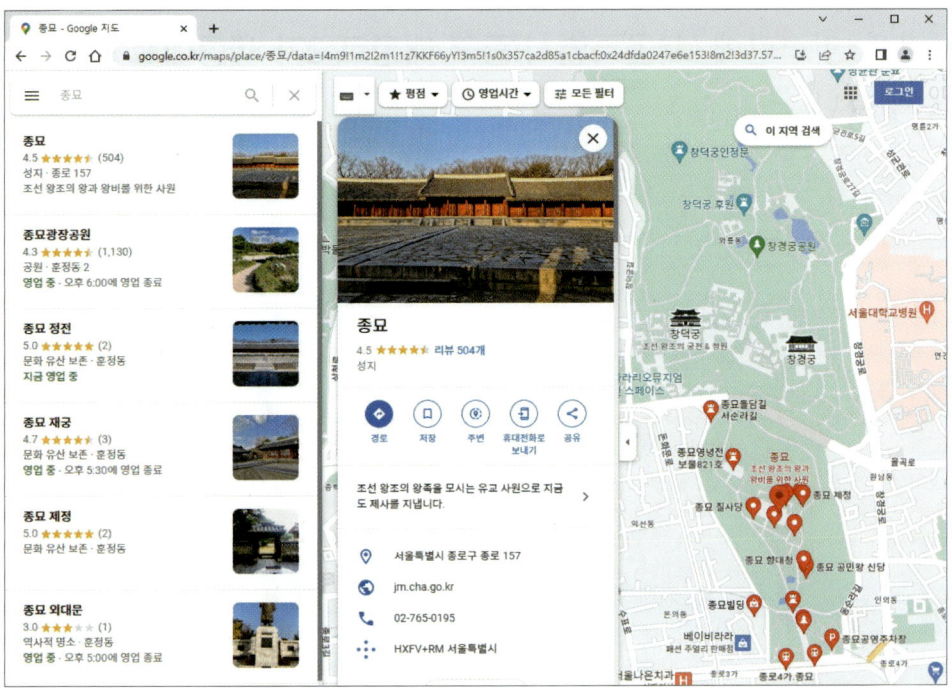

04 **패널의 오른쪽 막대를 아래로 드래그**하거나 마우스의 휠을 아래로 드래그하여 관련 정보들을 확인할 수 있습니다. 지도 화면 오른쪽 아래의 확대/축소 버튼 중 ➖ **를 클릭**해 지도 화면을 축소합니다.

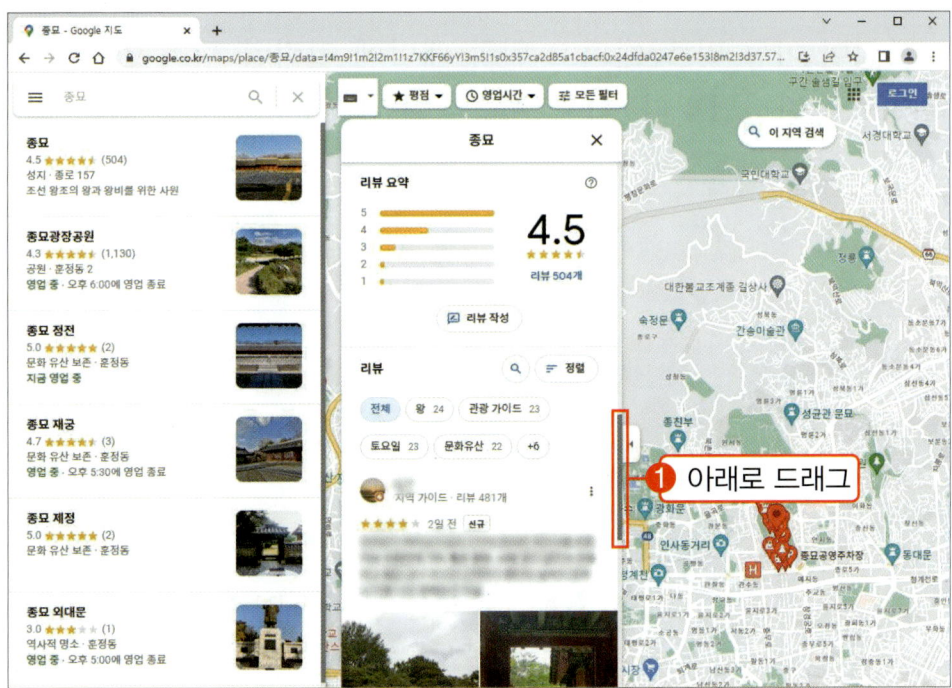

05 다른 방법으로 위치를 찾아보기 위해 여기서는 'Google 지도 검색' 입력란 옆의 **[검색 결과 지우기(✕)]를 클릭**합니다.

주소로 위치 찾기

01 'Google 지도 검색' 입력란에 **'서울특별시 중구 태평로 2가 세종대로 99'**를 입력하고 Enter 키를 누릅니다.

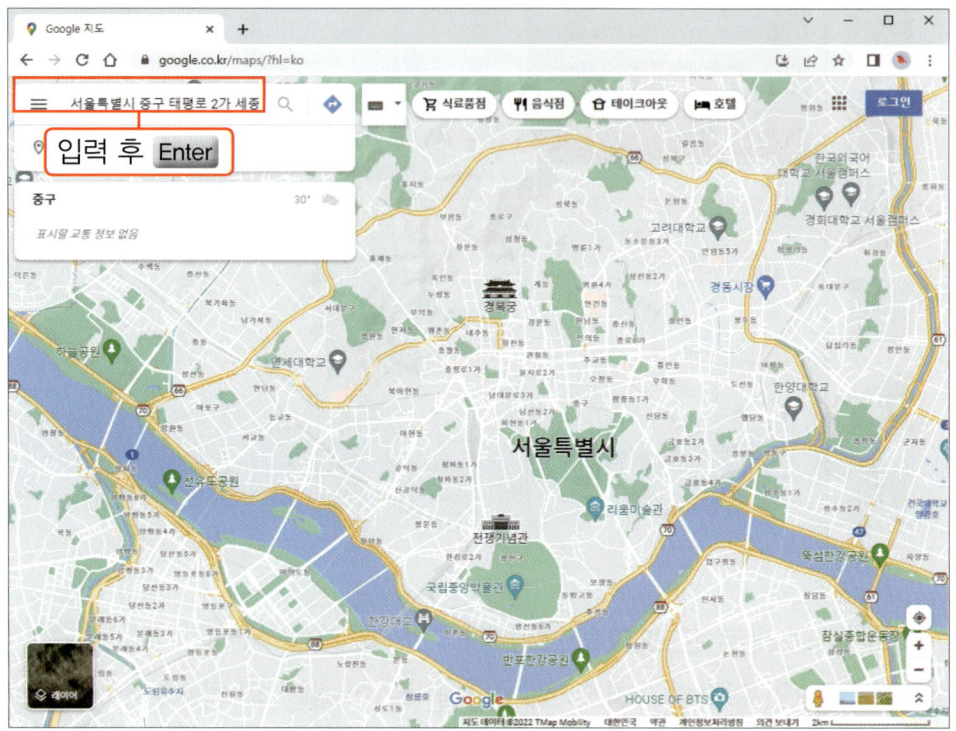

02 해당 지역으로 화면이 이동 및 확대되고 왼쪽 패널에 입력한 주소 인근의 대표적인 지점들이 목록으로 나타납니다. **대한문을 클릭**합니다.

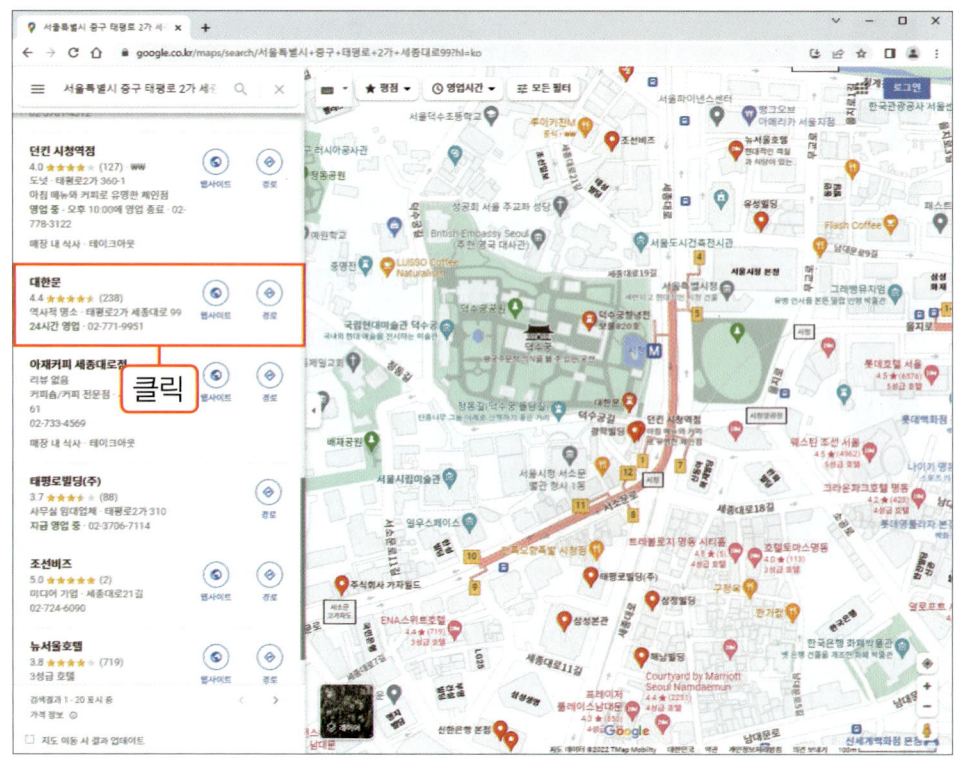

03 선택한 항목의 자세한 정보가 표시됩니다.

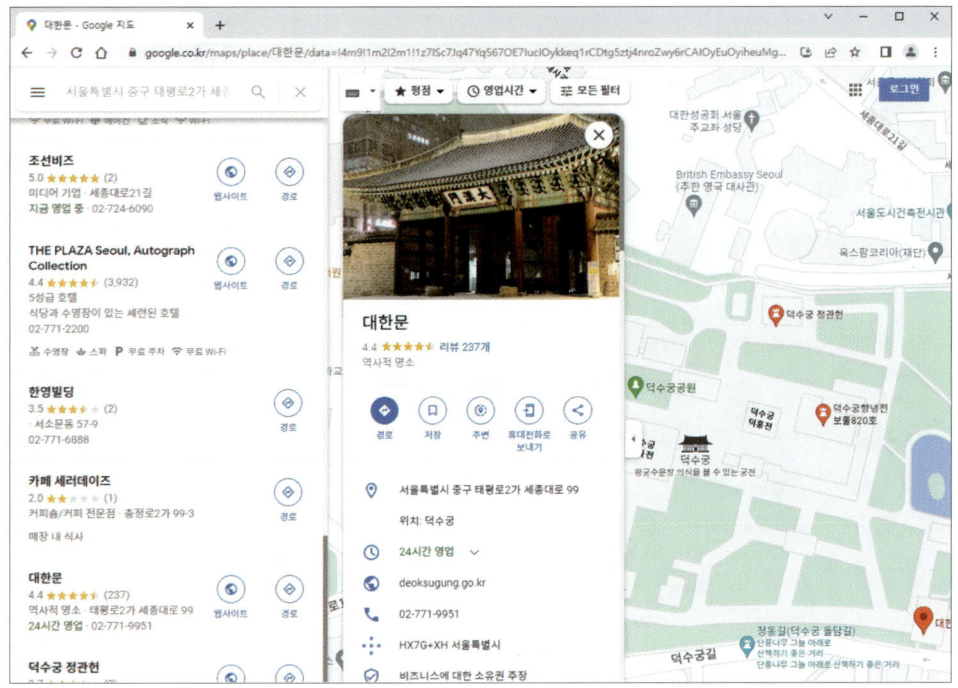

04 'Google 지도 검색' 입력란 옆의 [검색 결과 지우기(×)]를 클릭합니다.

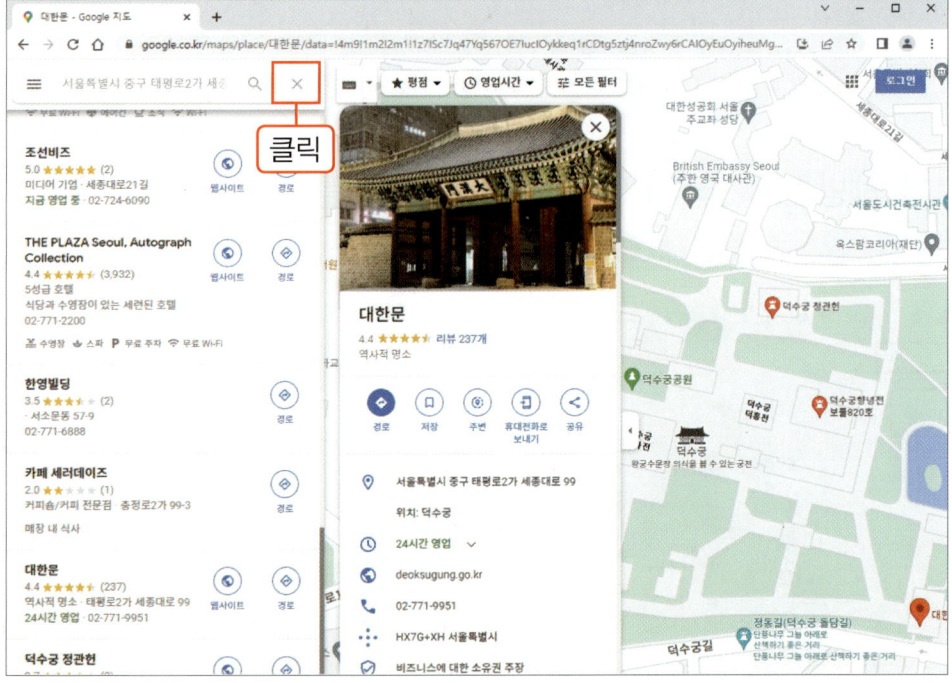

- 구글 계정으로 로그인하면 측면 패널에 표시된 '저장' 기능을 사용할 수 있습니다. 검색한 지도의 위치 정보를 나만의 지도에 등록할 수 있어 '나만의여행맵', '맛집투어', '역사유적지' 등의 주제별로 제작하여 활용할 수 있습니다.
- 계정으로 로그인하는 방법은 '7장'에서 알아봅니다.

구글 지도로 길 찾기

🖱 경로 및 이동 수단, 예상 경과 시간 확인하기

01 'Google 지도 검색' 입력란 옆의 [길찾기(◆)]를 클릭합니다.

02 출발지 입력란에 '해방촌오거리'를 입력하고 Enter 키를 누릅니다.

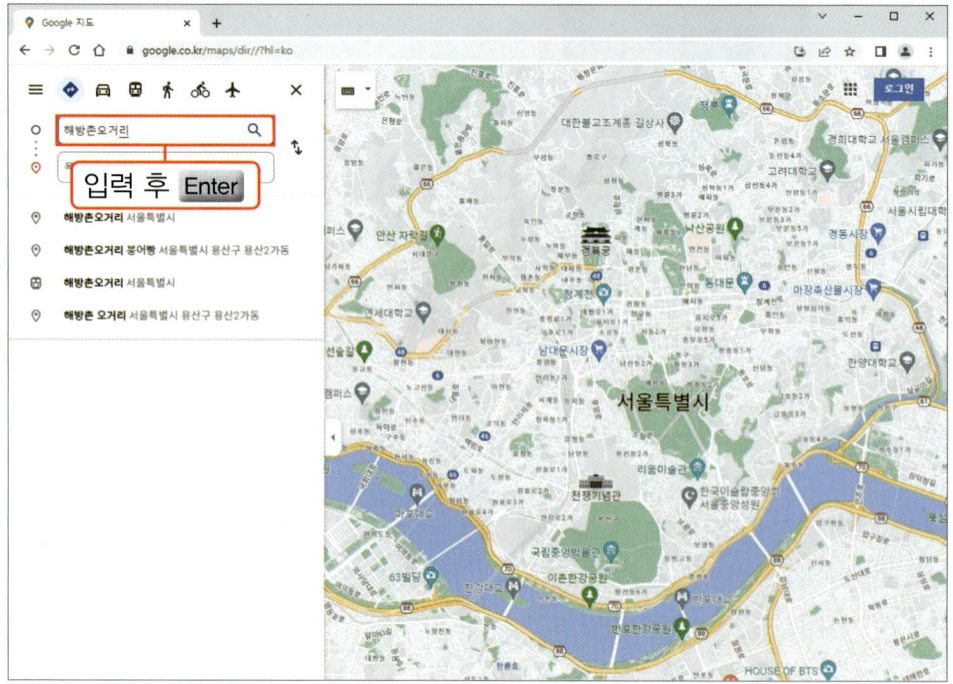

78 • NEW 스마트한 생활을 위한 구글 크롬 기초&활용

03 목적지 입력란으로 커서가 이동되면 **'용산공원'을 입력**하고 Enter 키를 누릅니다.

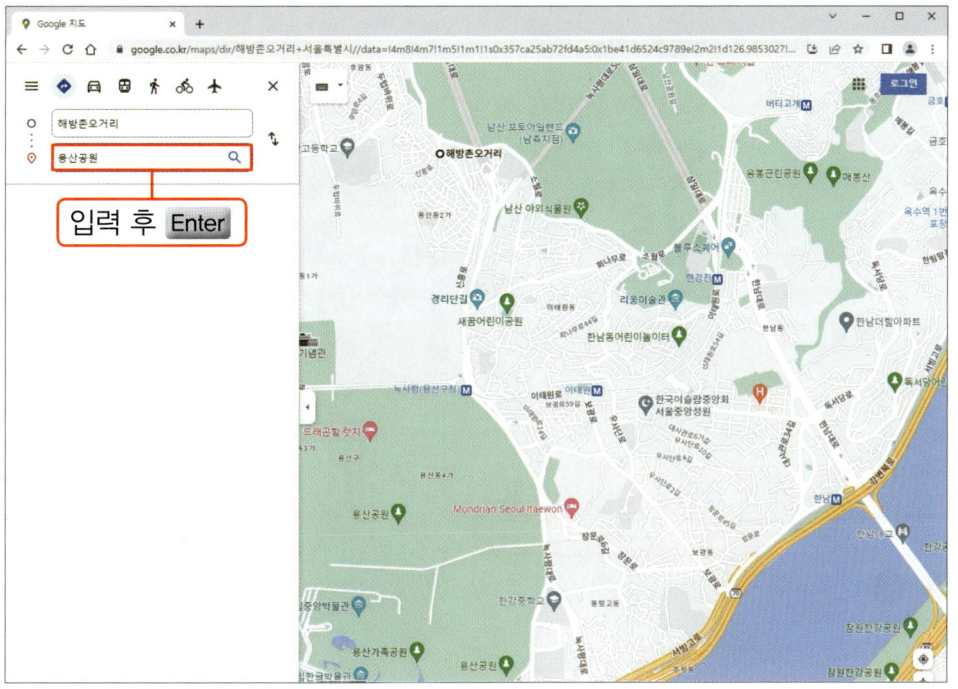

04 추천 이동 수단을 이용한 경로가 나타납니다. 여러 경로가 표시될 경우 목적지까지의 최적 경로가 항상 가장 먼저 나타나며, 다른 경로는 지도에 회색으로 표시됩니다. **회색 선을 클릭**해 지도 화면의 선택 경로를 변경합니다.

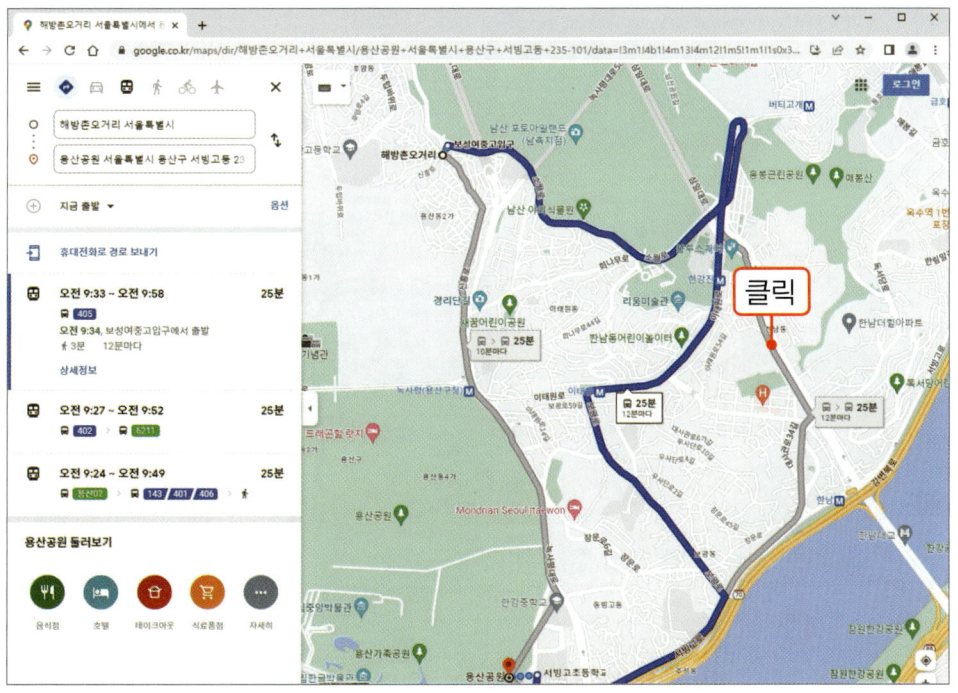

> **배움터** 검색 시점의 최적 경로가 표시되므로 같은 경로라 하더라도 지도 화면에 표시되는 경로가 교재 이미지와 다를 수 있습니다.

05 회색 선이 색상 선으로 변경되는 것을 확인할 수 있습니다.

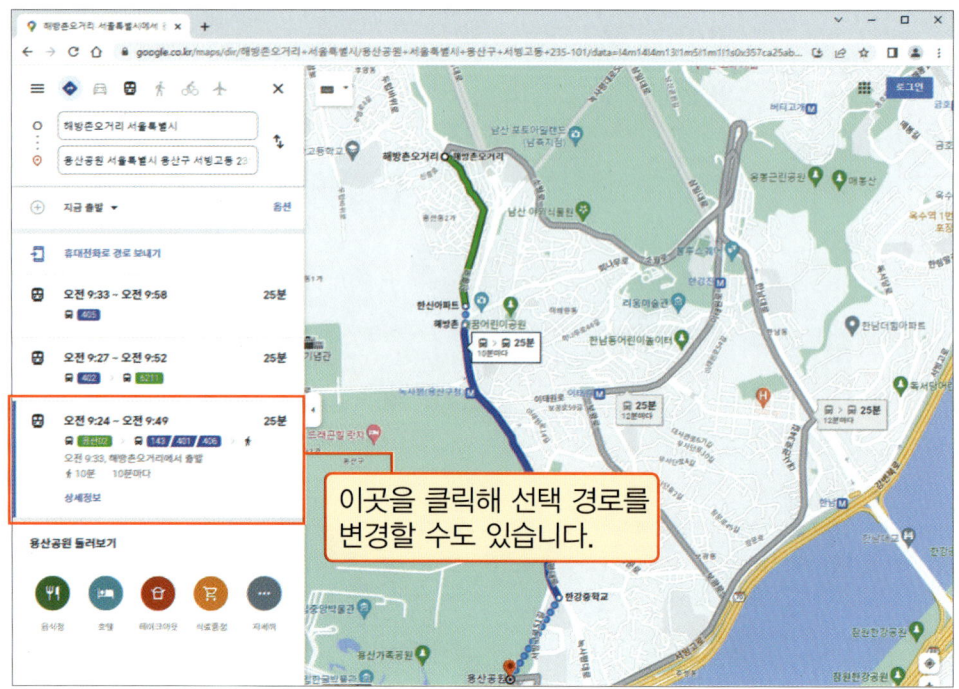

이곳을 클릭해 선택 경로를 변경할 수도 있습니다.

지정 시간대의 이동 정보 및 상세 경로 확인하기

01 [지금 출발]을 클릭해 [출발시간]을 선택하고 시간을 지정합니다.

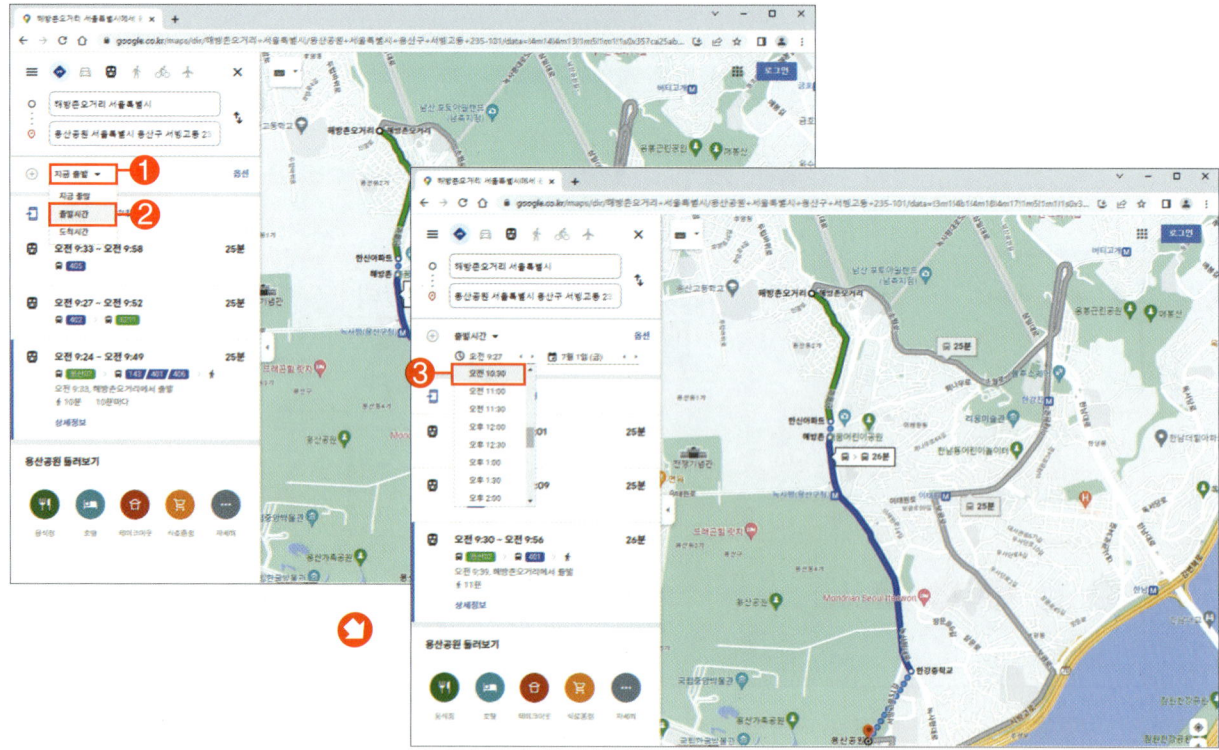

02 길찾기 목록 중 **선택한 항목의 [상세정보]를 클릭**하면 자세한 정보를 확인할 수 있습니다.

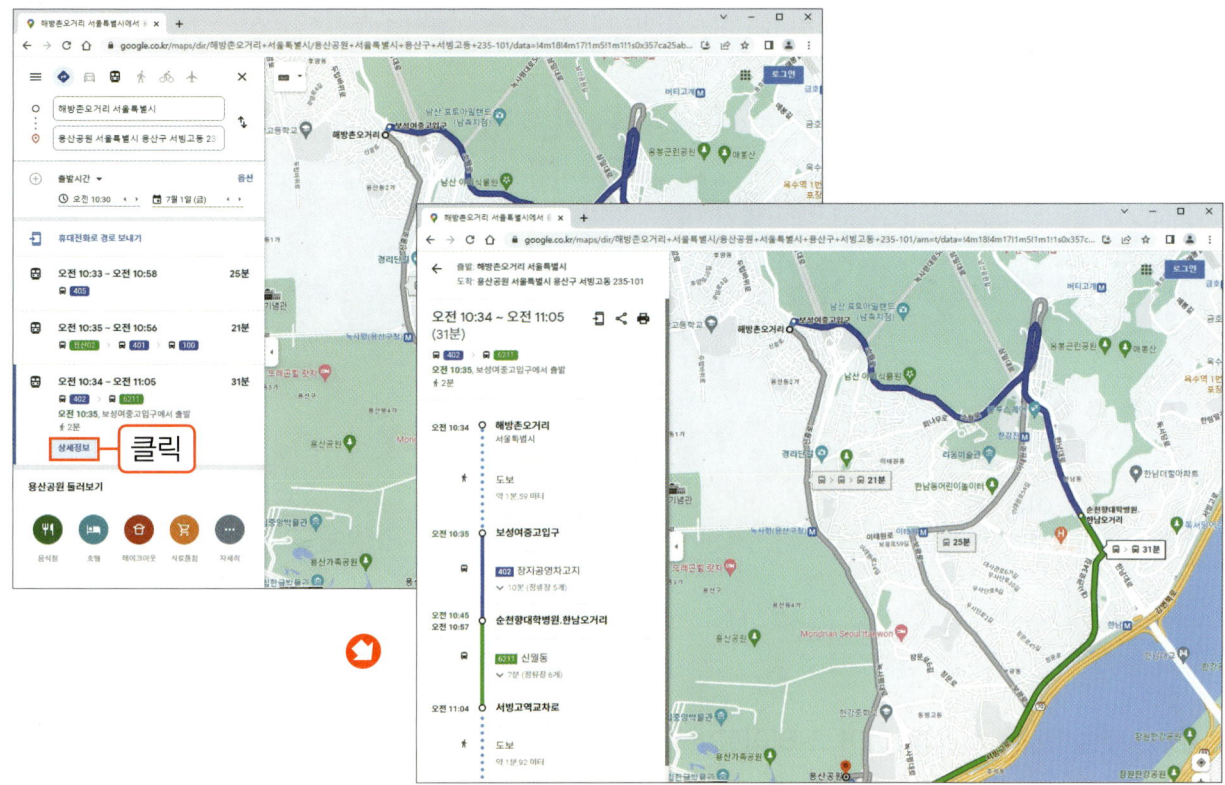

> 배움터 예상 시간은 현재 도로 상황 등에 따라 달라질 수 있습니다.

03 [뒤로(←)]를 클릭하고 [경로 모드 닫기(×)]를 선택합니다.

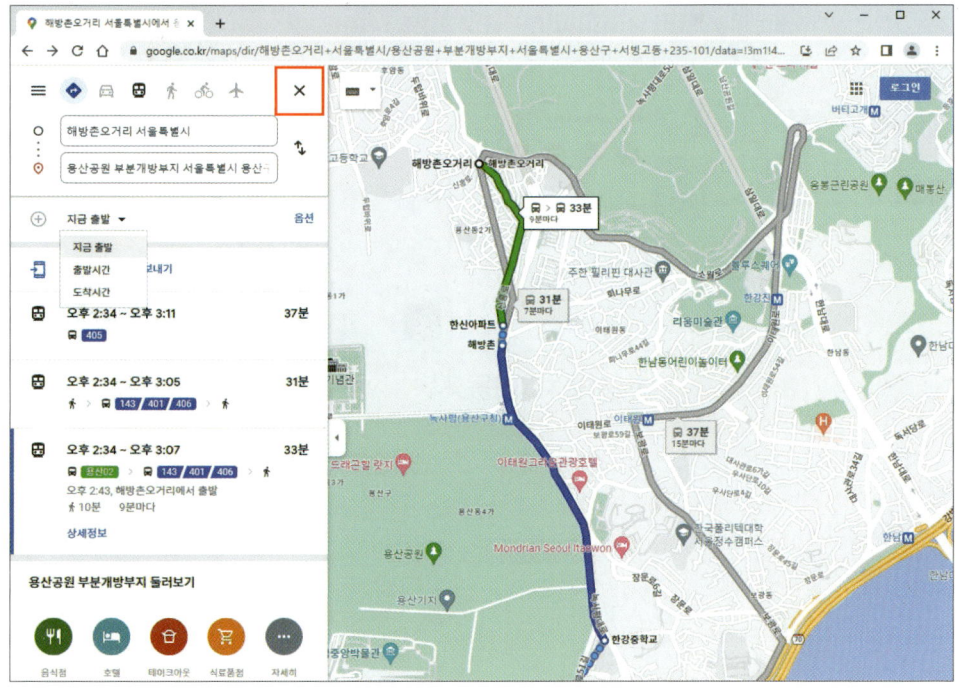

06 구글 '지도' 앱 사용하기 • 81

배움터 구글의 '지도' 앱은 해외 여행 시 유용하게 활용할 수 있습니다.

예 에펠탑에서 루브루박물관까지

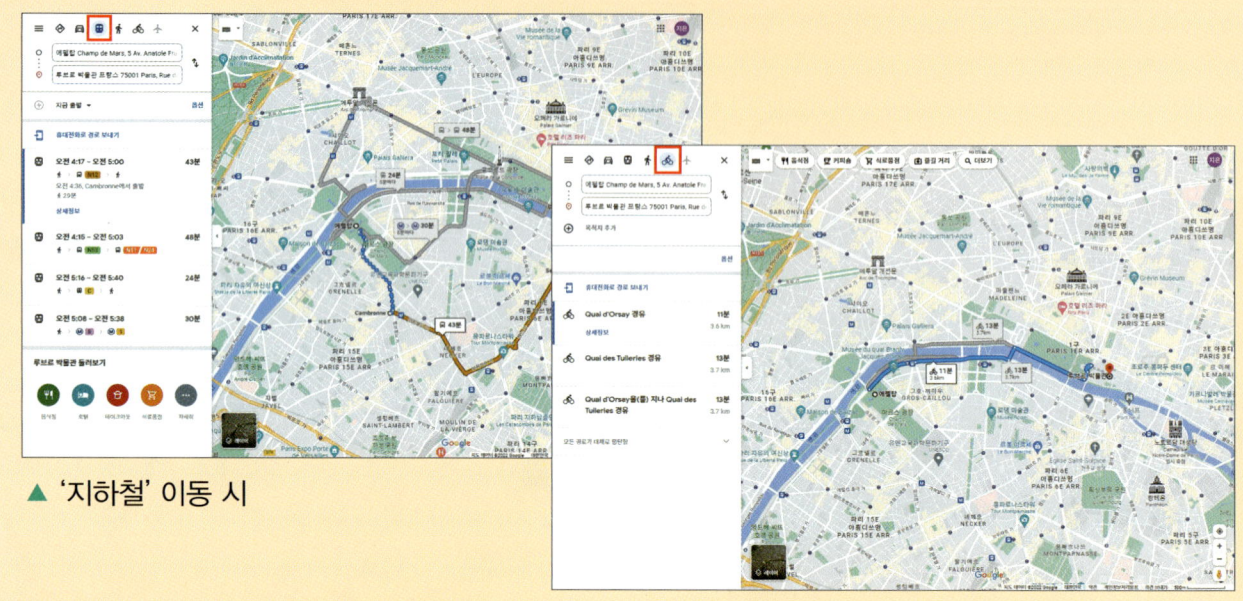

▲ '지하철' 이동 시

▲ '자전거' 이동 시

예 센트럴파크에서 엠파이어 스테이트 빌딩까지

▲ '도보' 이동 시

▲ '자동차' 이동 시

검색 위치 주변 살펴보기

주변 검색하기

01 'Google 지도 검색' 입력란에 '경복궁'을 입력하고 Enter 키를 누릅니다. 측면 패널에서 **'경복궁'을 클릭**하고 자세한 정보가 표시되면 **[주변]을 클릭**합니다.

02 주변 검색 입력란에 **'박물관'**을 입력하고 Enter 키를 누릅니다.

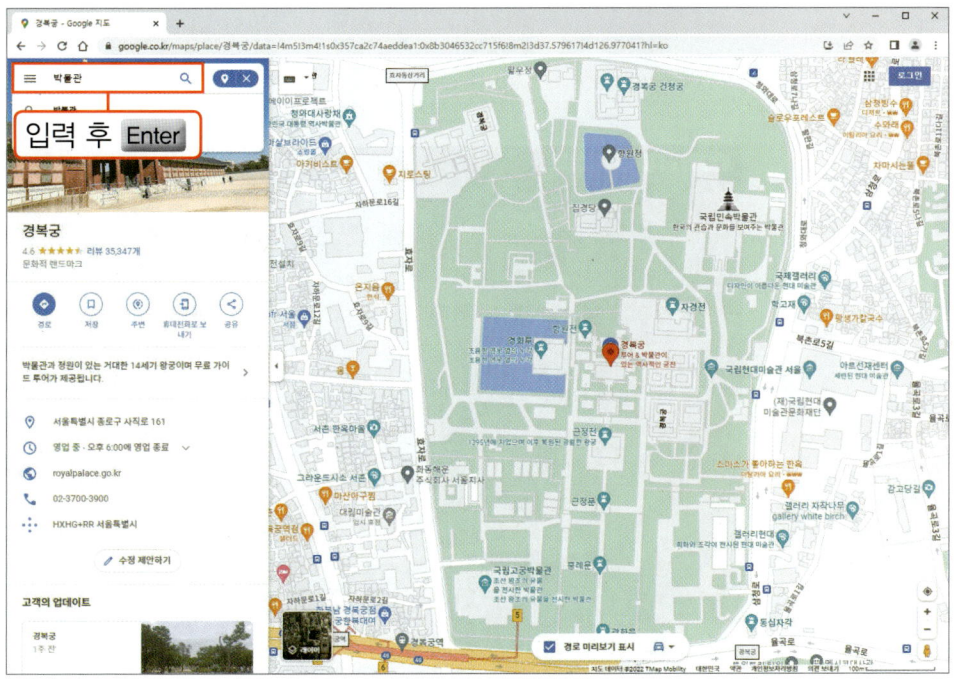

03 경복궁 주변의 박물관들이 표시됩니다.

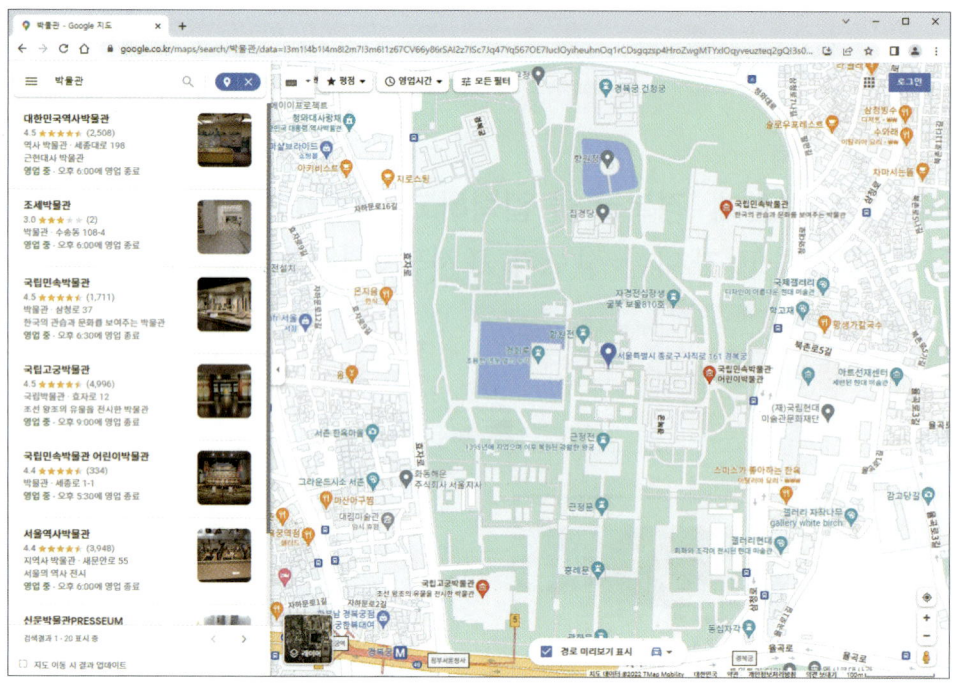

위성으로 보기

01 [측면 패널 접기(◀)]를 클릭하여 왼쪽 패널을 숨긴 후, 지도 화면 왼쪽 하단의 [위성]을 클릭합니다. 위성 화면으로 지도가 표시됩니다.

02 위성 화면 왼쪽 하단의 [지도]를 클릭해 원래 화면으로 돌아갑니다.

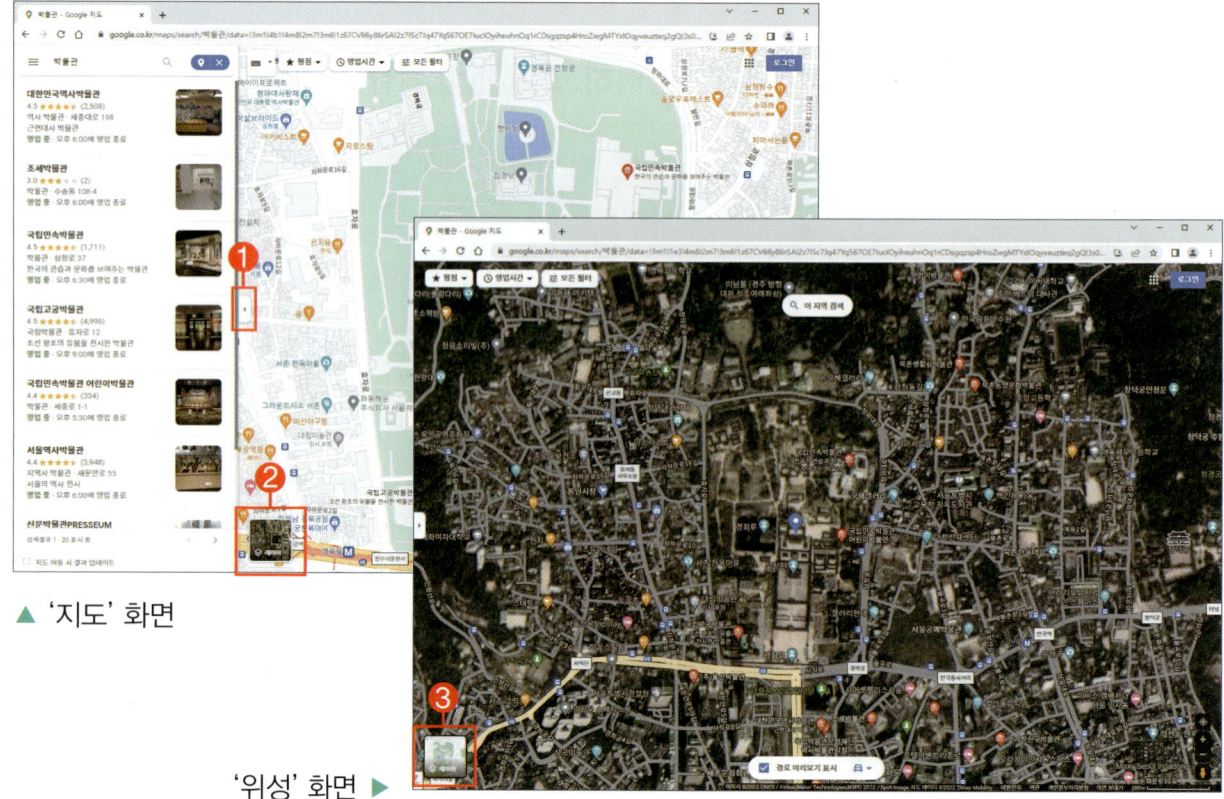

▲ '지도' 화면

'위성' 화면 ▶

스트리트 뷰 이미지로 탐색하기

01 [스트리뷰 이미지 탐색( )]을 클릭합니다.

02 스트리트 뷰가 실행되면 **탐색하고 싶은 곳을 클릭**합니다.

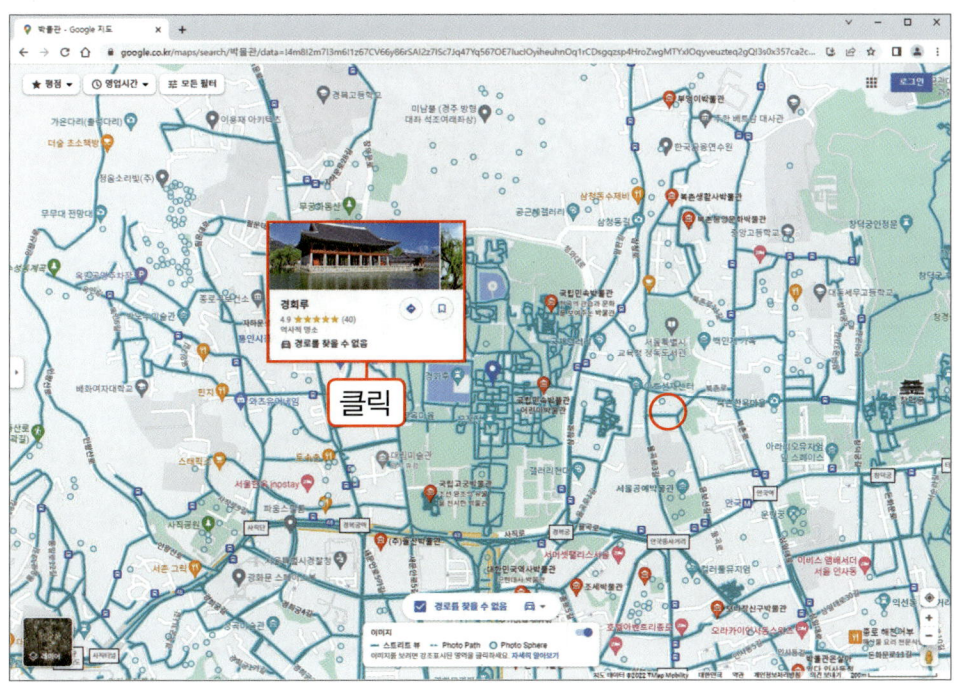

06 구글 '지도' 앱 사용하기 • **85**

03 스트리트 뷰가 실행됩니다. 회전 방향을 수정하기 위해 **나침반 모양의 왼쪽 화살표를 클릭**합니다.

04 시계 반대 방향으로 화면이 회전합니다.

05 도로 위의 마우스 포인터에 **방향 화살표가 나타나면 클릭**합니다. 선택한 방향으로 화면이 전진하는 것을 확인할 수 있습니다.

06 같은 방법으로 **몇 번 클릭**하여 이동합니다.

07 이번에는 **화면을 누른 채 상하좌우로 드래그**하여 주변 상황을 살펴봅니다.

1 '서울특별시 송파구 잠실동 47' 주변의 '테마파크' 위치를 표시한 위성 사진을 확인해 봅니다.

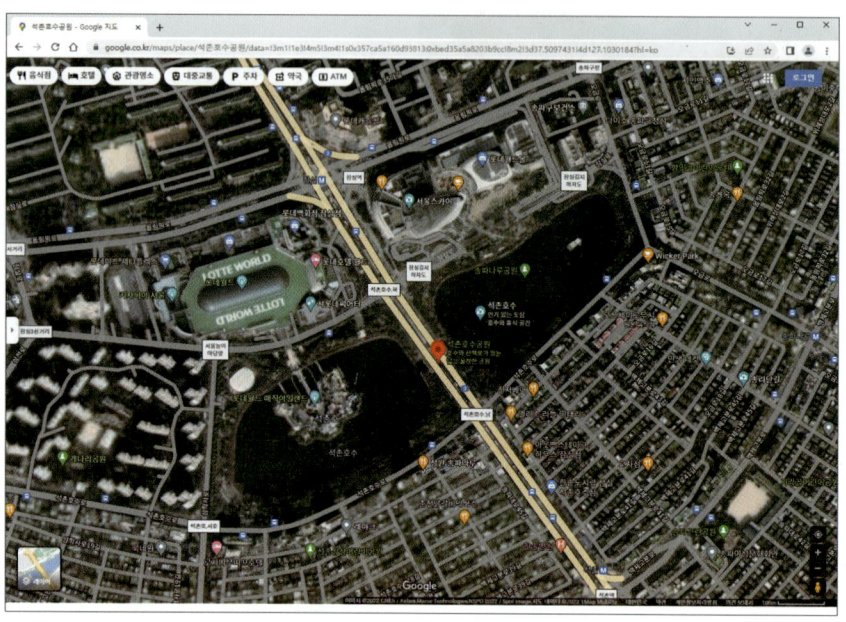

구글의 '지도' 앱 서비스 실행 → 주소 입력 → '석촌호수공원' 선택 → '주변' 선택 후 '테마파크' 검색 → 측면 패널 숨기기 → 왼쪽 하단의 '위성' 클릭

2 '영국 박물관'에서 '빅 밴'까지 가는 운전 경로를 찾아 봅니다.

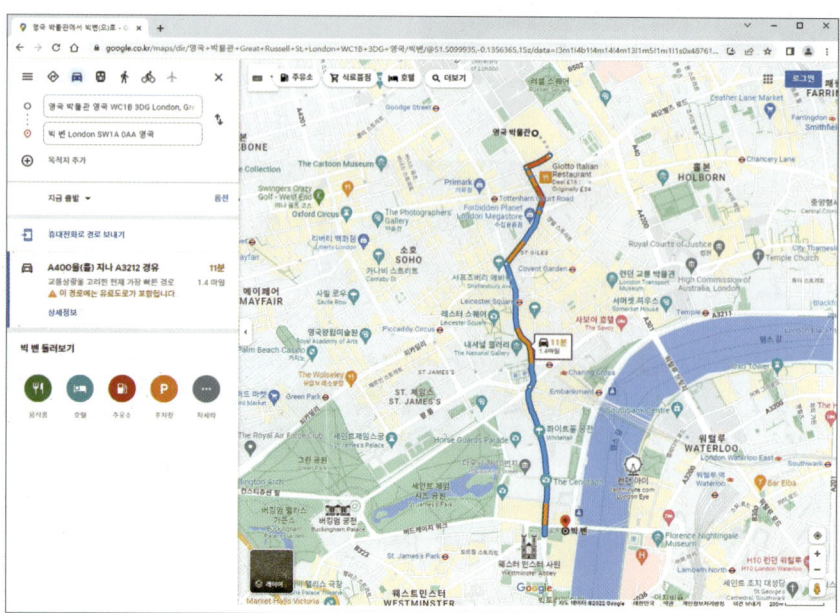

07 나만의 '뉴스' 앱 환경 만들기

구글에서는 구글 계정으로 로그인해야만 사용할 수 있는 서비스를 제공합니다. 또한 구글 계정을 활용하면 사용자별로 크롬 환경 및 서비스 일부를 저장해 나만의 정보를 구축할 수 있으며, 컴퓨터뿐만 아니라 스마트폰 등의 다른 기기에서도 여러 가지 기능을 공유할 수 있습니다. 이번 장에서는 구글 계정을 만드는 방법과 '뉴스' 앱의 활용 방법에 대해 살펴보겠습니다.

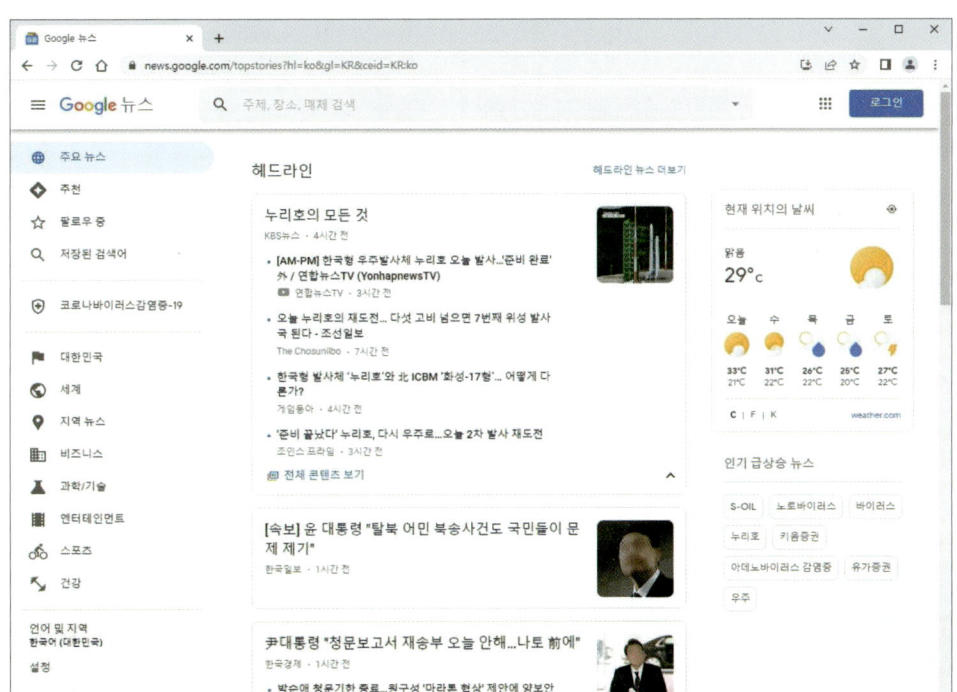

무엇을 배울까요?

- ⋯ 구글 계정 만들기
- ⋯ 구글 계정 로그인/로그아웃하기
- ⋯ '뉴스' 앱 시작하기
- ⋯ 나만의 뉴스 라이브러리 만들기

구글 계정 만들기

01 크롬을 실행하고 구글 홈페이지에서 [로그인] 버튼을 클릭합니다.

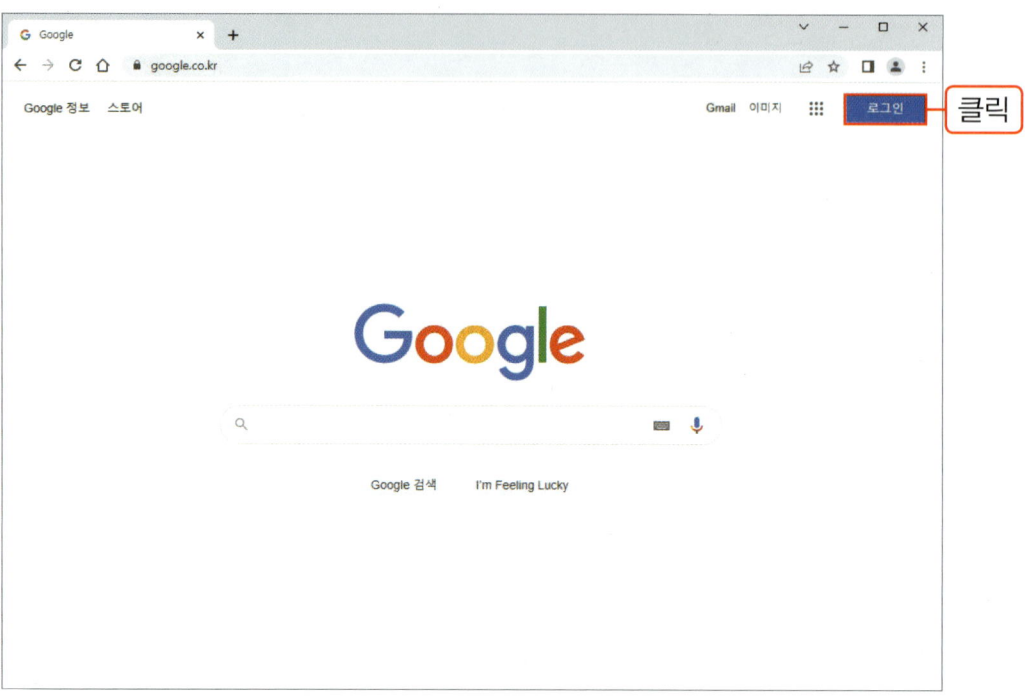

02 '로그인' 페이지가 나타나면 [계정 만들기]를 클릭합니다.

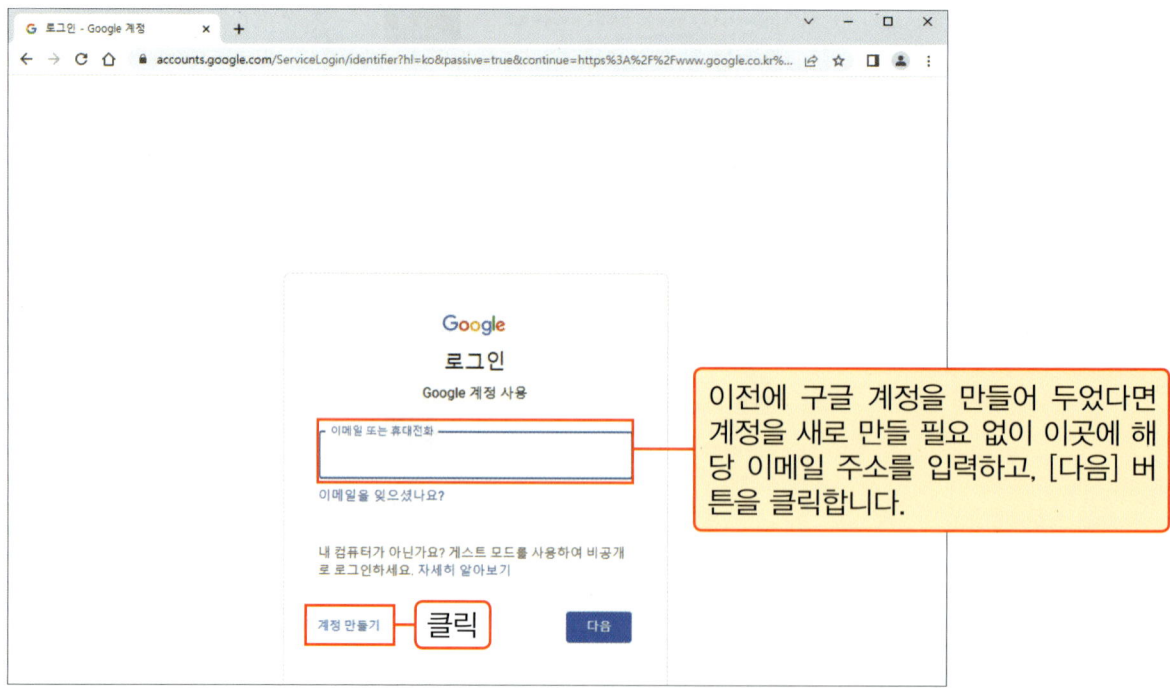

이전에 구글 계정을 만들어 두었다면 계정을 새로 만들 필요 없이 이곳에 해당 이메일 주소를 입력하고, [다음] 버튼을 클릭합니다.

배움터 [계정 만들기]가 안 보이고, 다른 사람 이메일이 표시되어 있는 경우

01 다음과 같이 다른 사람의 계정이 표시된 경우, 계정 정보 오른쪽의 ⌄ 버튼을 클릭합니다.

02 계정 선택 페이지가 나타나면 [다른 계정 사용]을 클릭합니다.

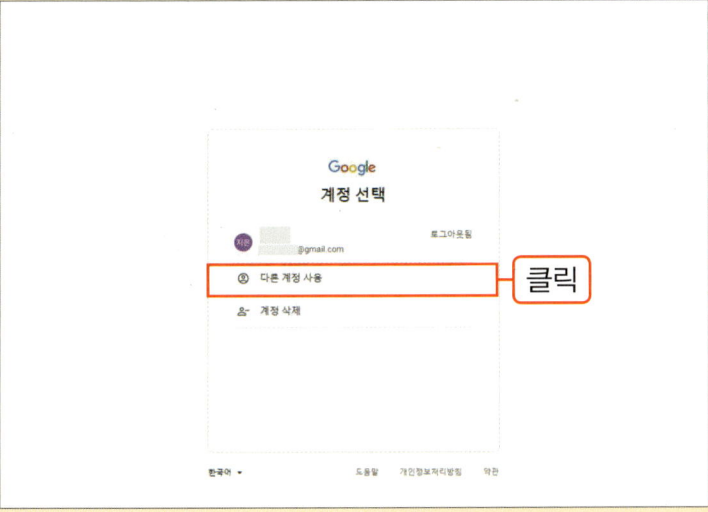

03 새로운 계정으로 로그인할 수 있는 페이지가 나타납니다.

03 'Google 계정 만들기' 페이지가 나타나면 **요청 정보를 입력**하고 [다음] 버튼을 클릭합니다.

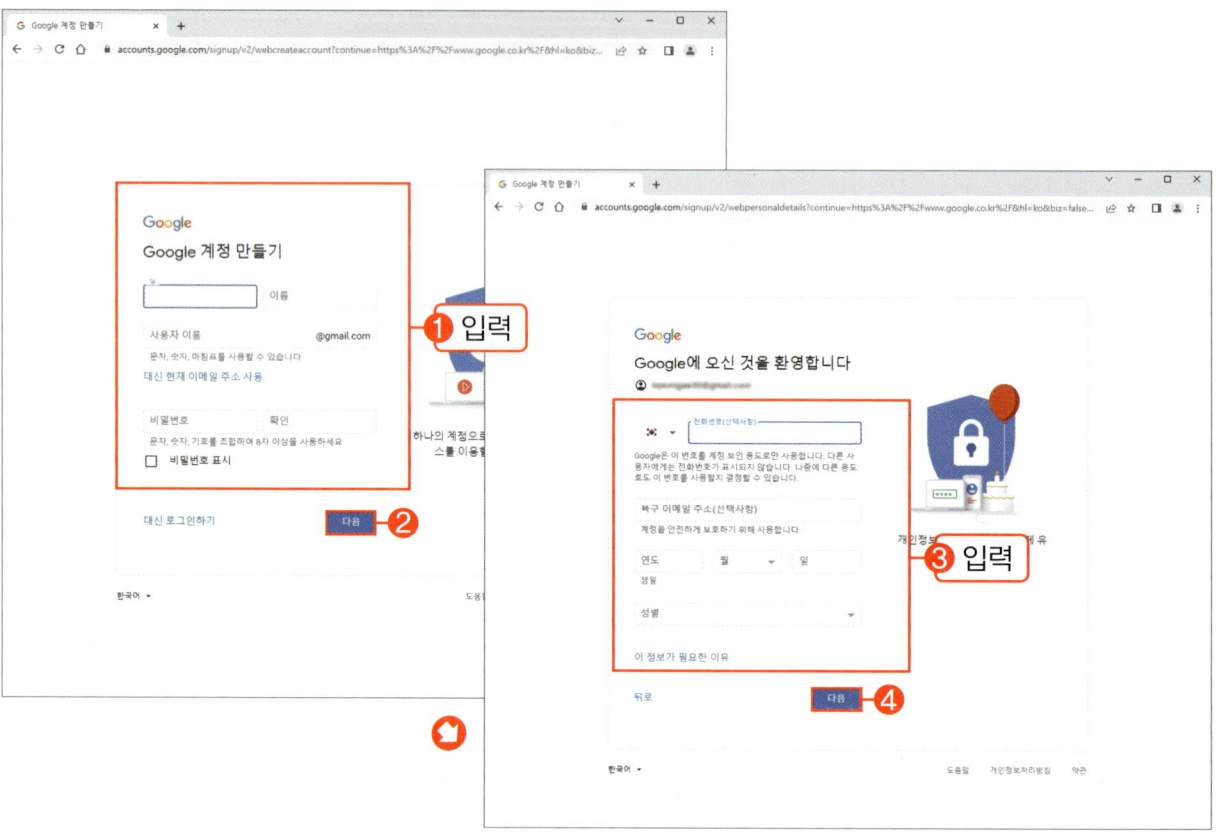

04 '개인정보 보호 및 약관' 페이지가 나타나면 **읽어보고 [계정 만들기] 버튼을 클릭**합니다.

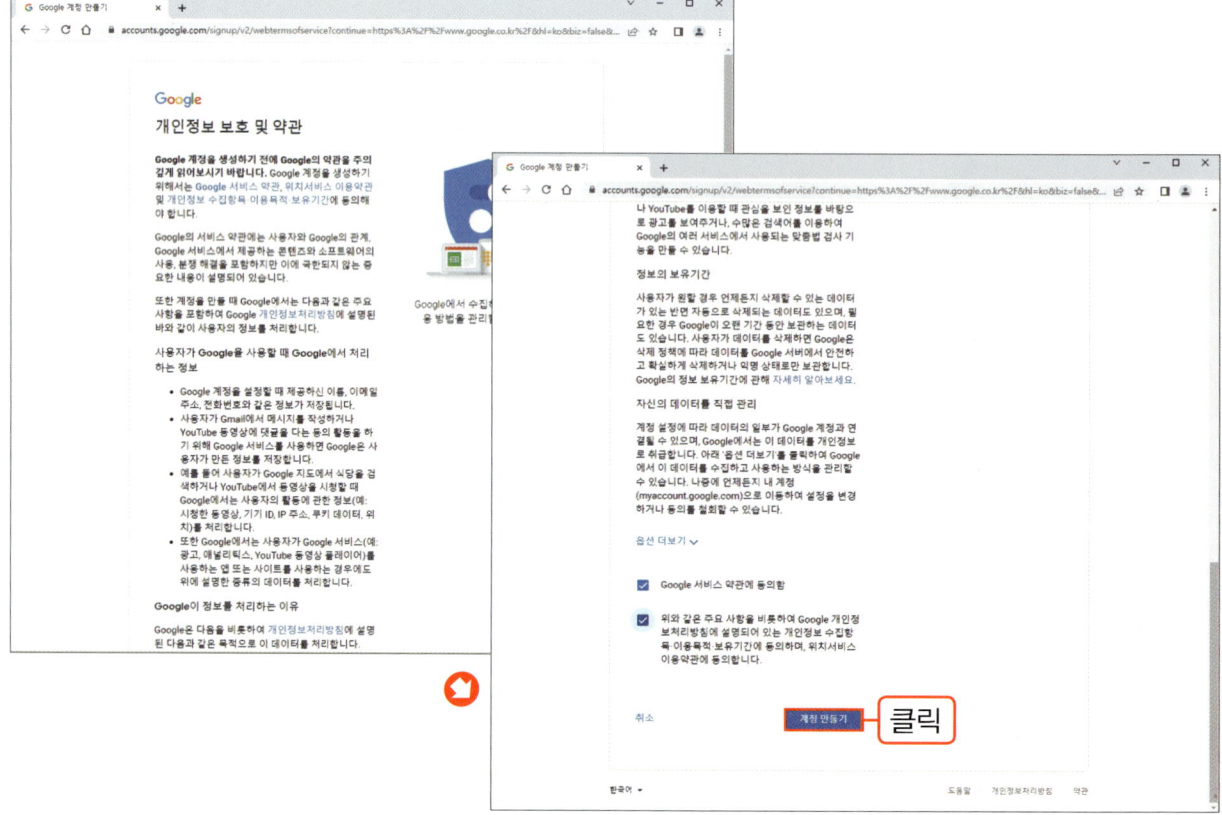

05 구글의 첫 페이지로 돌아갑니다. 자동으로 로그인되어 [로그인] 버튼 대신에 자신의 이름이 입력되어 있는 것을 확인할 수 있습니다.

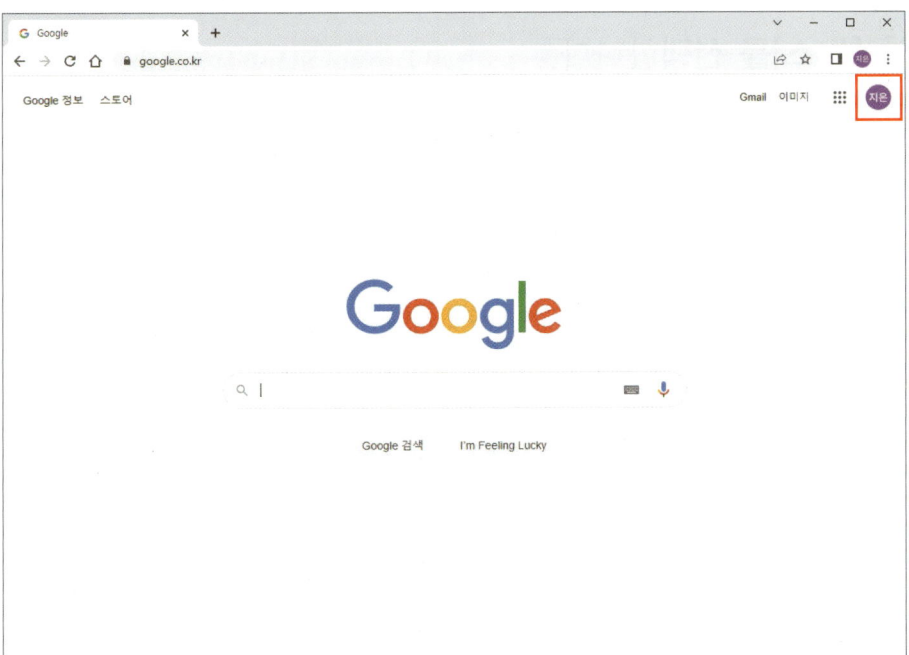

06 이름 부분을 클릭하고 [로그아웃] 버튼을 클릭합니다.

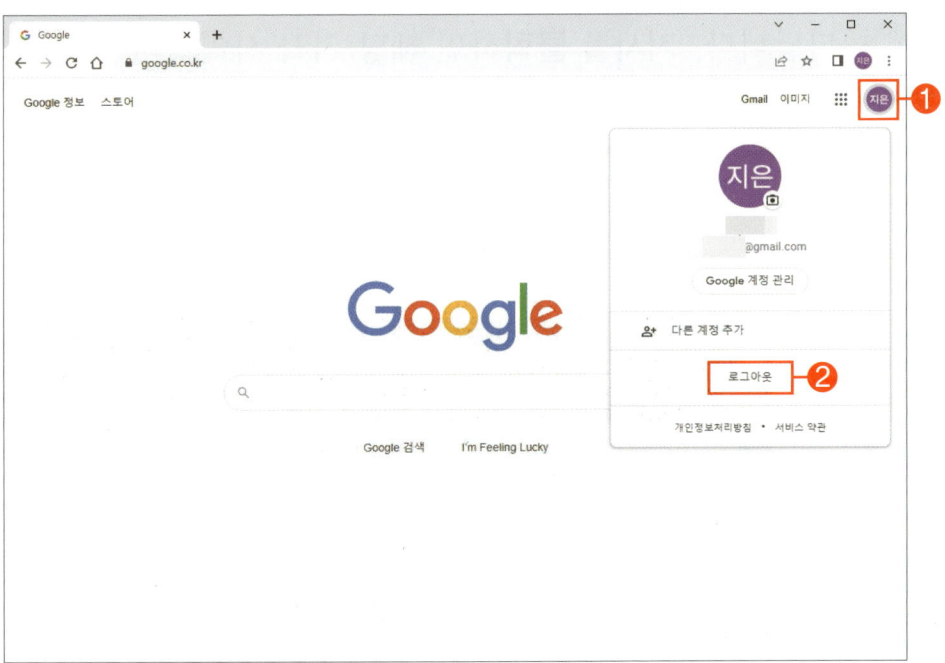

> **배움터** 로그아웃을 하지 않으면 로그인이 유지됩니다. 여러 사람이 함께 사용하는 컴퓨터의 경우 사용이 끝나면 잊지 말고 로그아웃합니다.

 '뉴스' 앱으로 뉴스 보기

01 [Google 앱(▦)]-[뉴스]를 선택합니다.

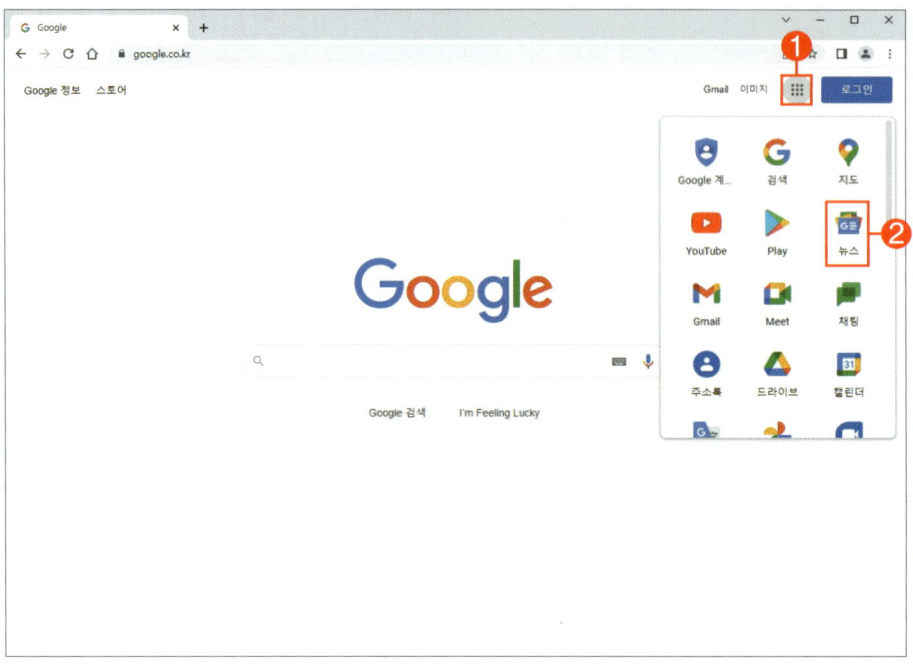

02 주요 뉴스 목록이 나타납니다. **기사를 클릭**하면 해당 기사 사이트의 탭이 새로 열립니다.

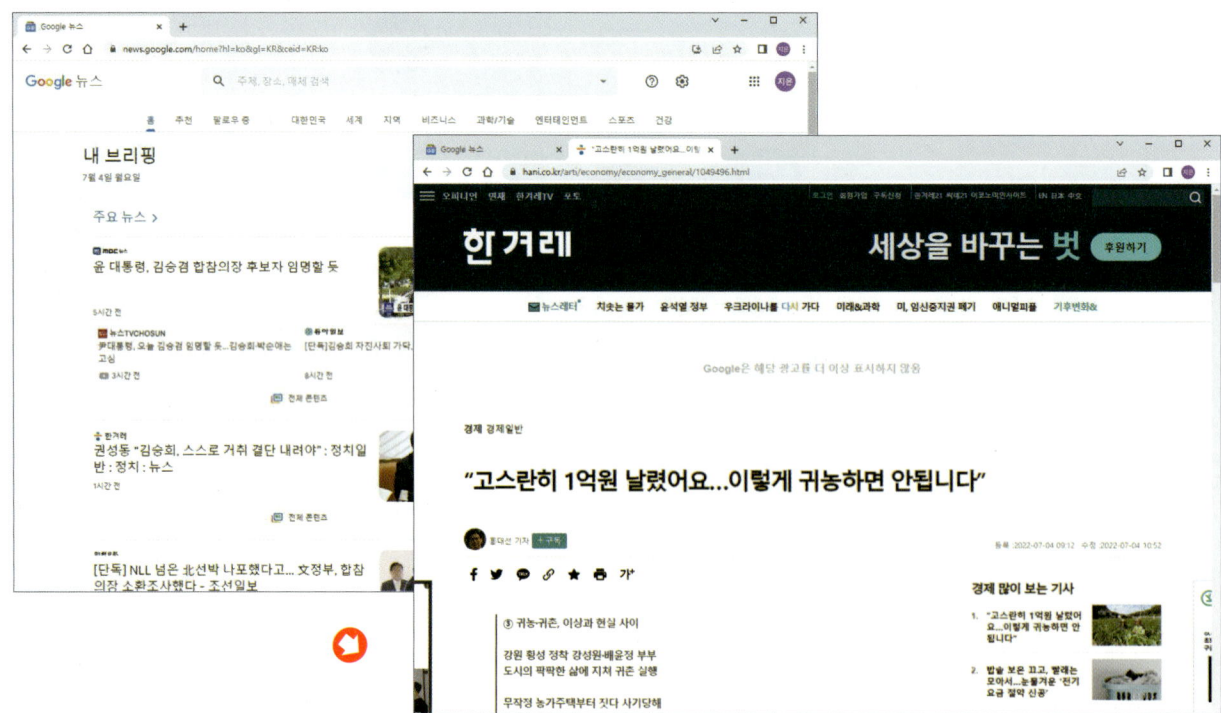

03 [탭 닫기(×)] 버튼을 클릭해 기사가 표시된 페이지 탭은 닫아 줍니다.

 ## 03　나만의 뉴스 라이브러리 만들기

로그인하기

01 [로그인] 버튼을 클릭합니다.

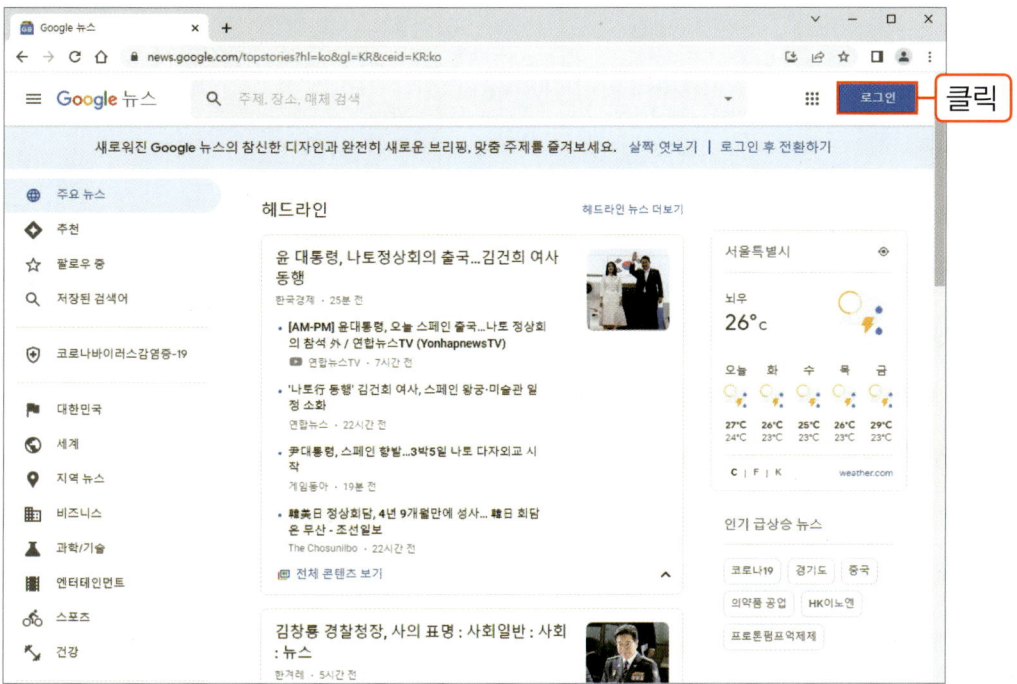

02 로그인 화면이 나타납니다. 사용자의 메일 주소가 맞으면 **비밀번호를 입력**하고, **[다음] 버튼을 클릭**합니다.

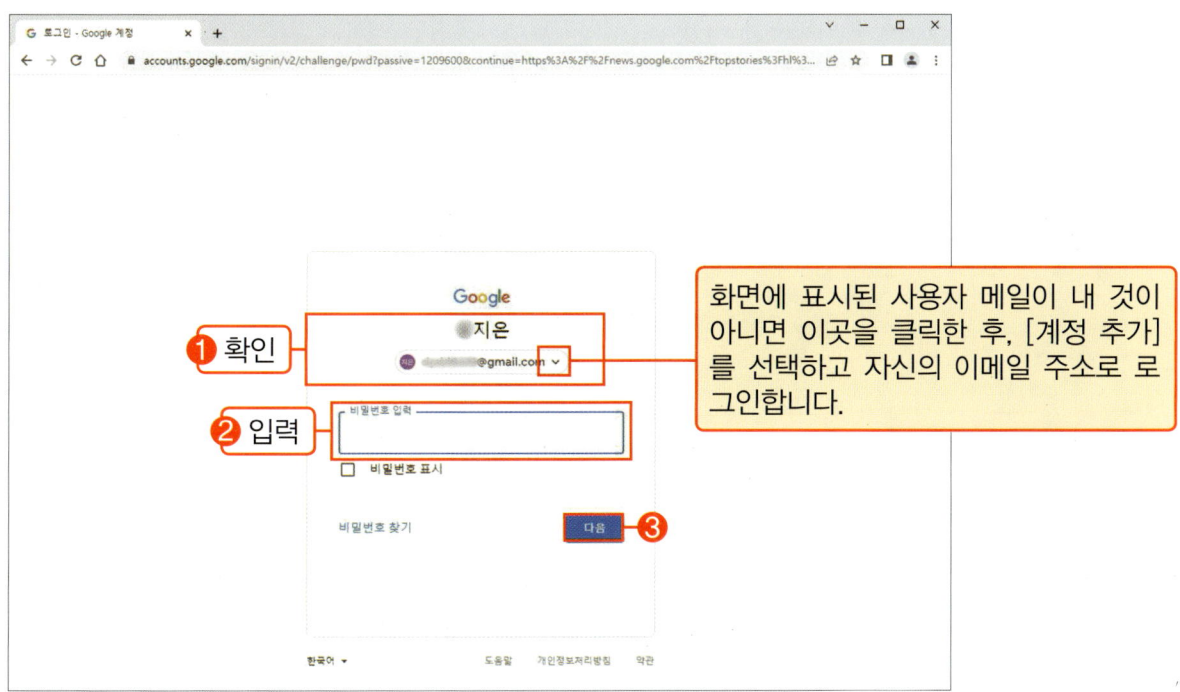

배움터 크롬이 기억하는 계정 정리하기

01 크롬에 등록된 계정이 여러 개일 경우 계정 선택 페이지가 나타납니다. 계정을 선택하면 해당 계정의 로그인 화면이 표시됩니다. 항목을 제거하려면 [계정 삭제]를 클릭합니다.

02 ID 옆에 ⊖ 표시가 나타납니다. 삭제할 항목의 ⊖를 클릭합니다.

03 다시 한번 삭제 확인 메시지가 나타납니다. [예, 삭제합니다.]를 선택합니다.

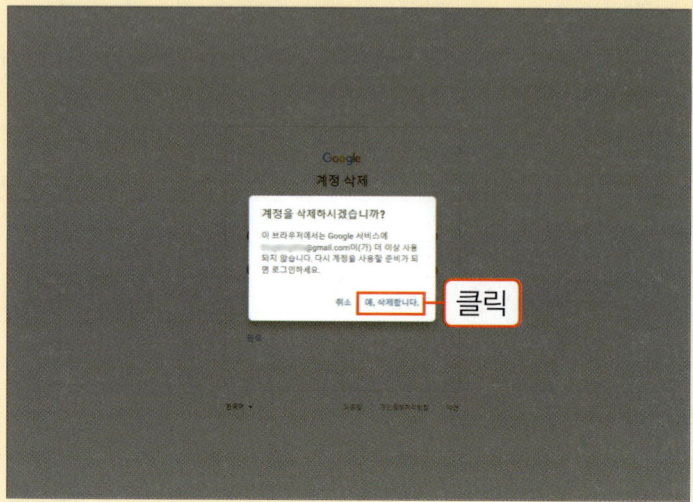

관심 있는 뉴스만 골라 보기

01 '뉴스' 앱 화면의 왼쪽에서 **[스포츠]를 선택**합니다.

02 [스포츠] 화면이 나타납니다. 화면 오른쪽의 **[팔로우] 버튼을 클릭**해 스포츠 주제를 팔로우 합니다.

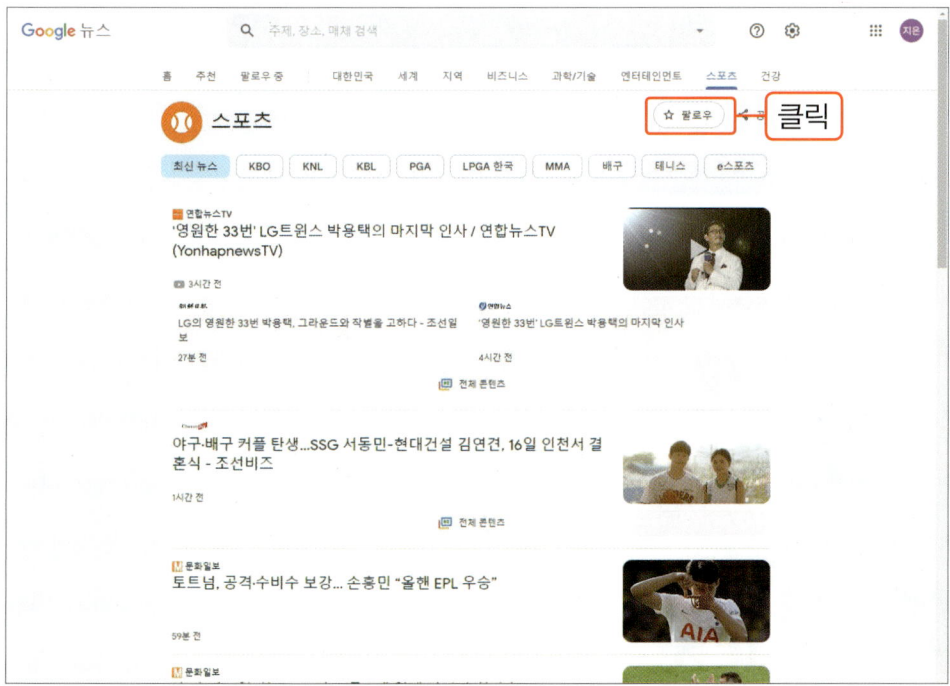

03 [팔로우 중]으로 버튼이 바뀐 것을 확인할 수 있습니다.

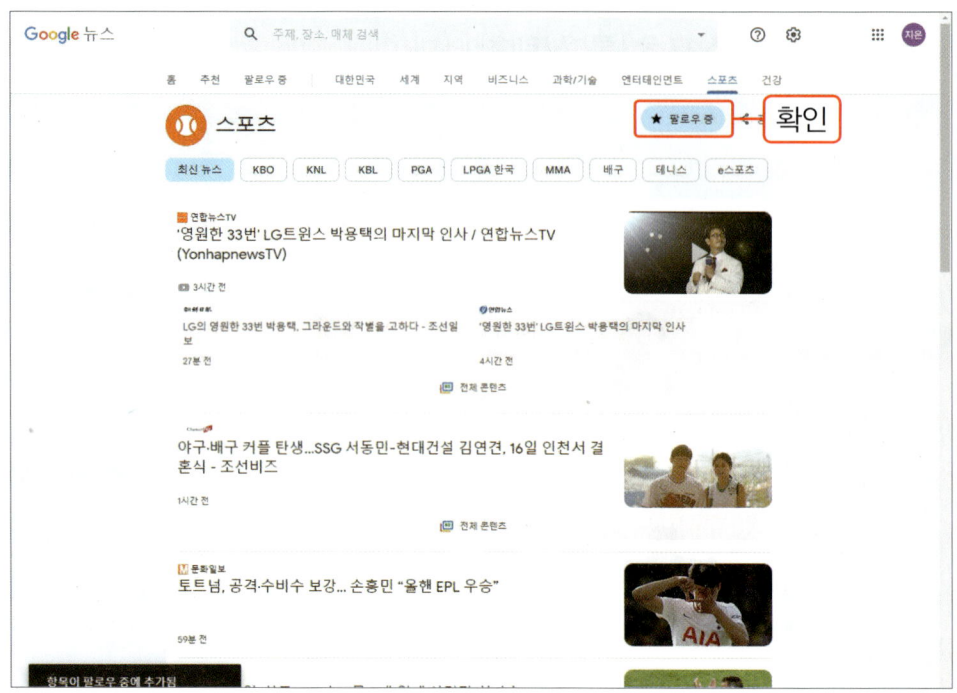

배움터 '팔로우 중'인 뉴스의 주제를 확인하고 싶다면 뉴스 검색창 아래 [팔로우 중] 버튼을 클릭합니다. 라이브러리에서 현재 팔로우하고 있는 주제의 확인이 가능하며 주제를 삭제할 수도 있습니다.

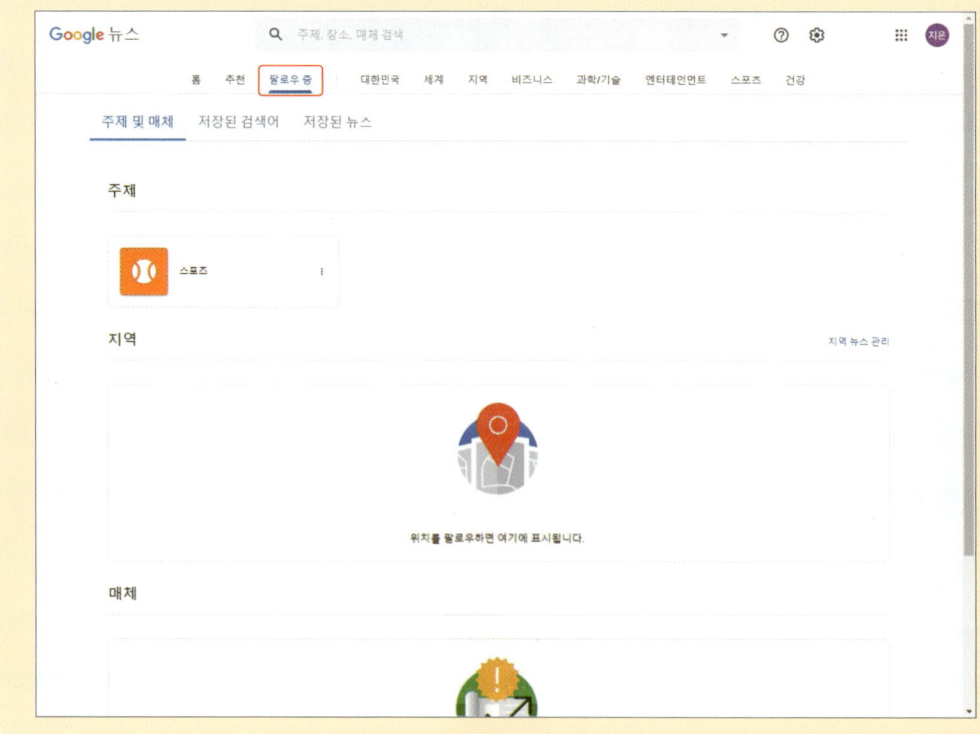

관심 있는 지역 뉴스 확인하기

01 '뉴스' 앱 화면의 상단 **[팔로우 중]을 클릭**합니다. '주제 및 매체'의 '지역'에서 **[지역 뉴스 관리]를 클릭**합니다.

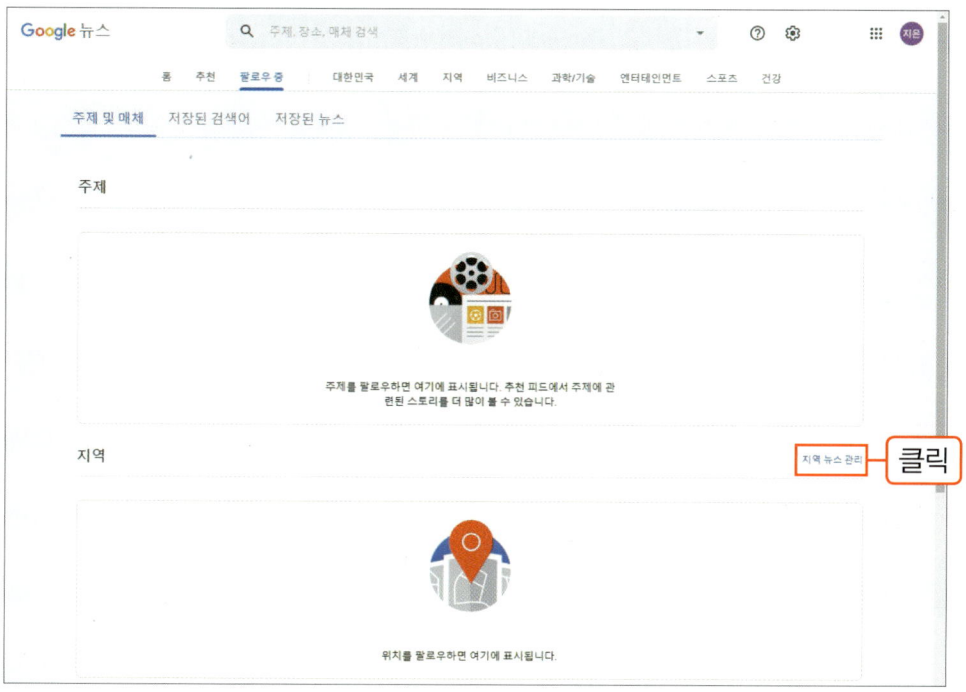

02 지역 뉴스 관리의 검색어 입력란에 **'인천광역시'를 입력**하고 Enter 키를 누른 뒤 검색 결과를 클릭합니다.

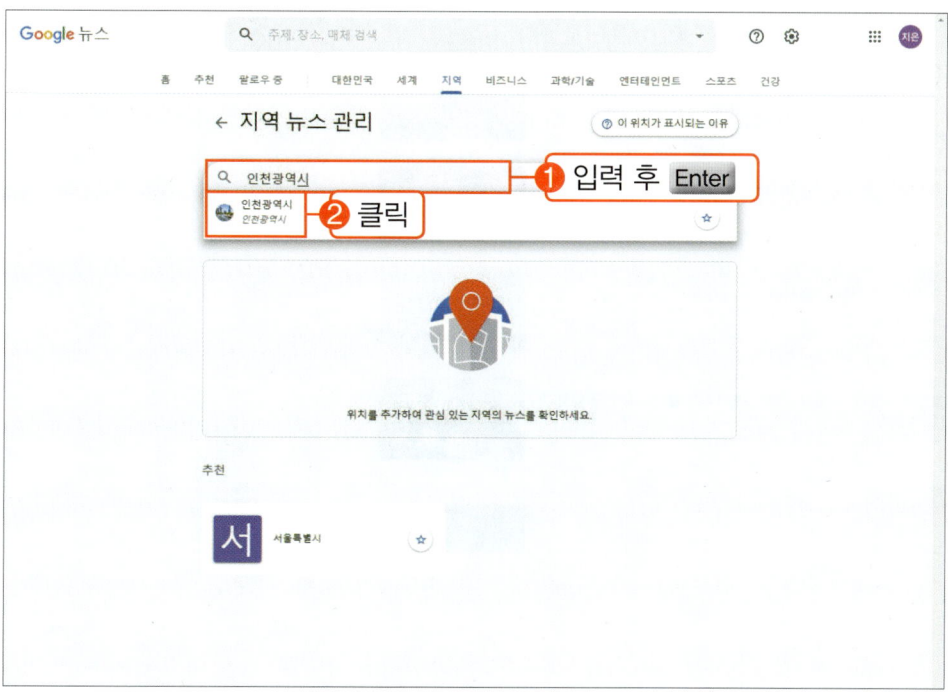

03 [팔로우 중]을 클릭합니다. '지역' 아래에 인천광역시가 추가된 것을 확인할 수 있습니다.

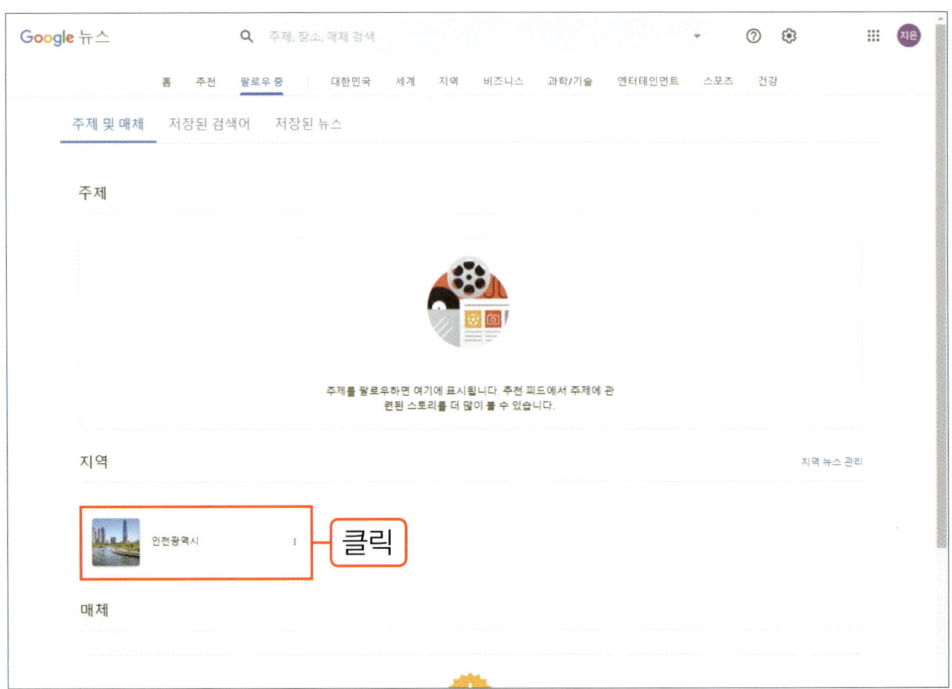

04 화면의 상단 [지역]을 클릭합니다. '인천광역시'의 뉴스만 모아 보여줍니다.

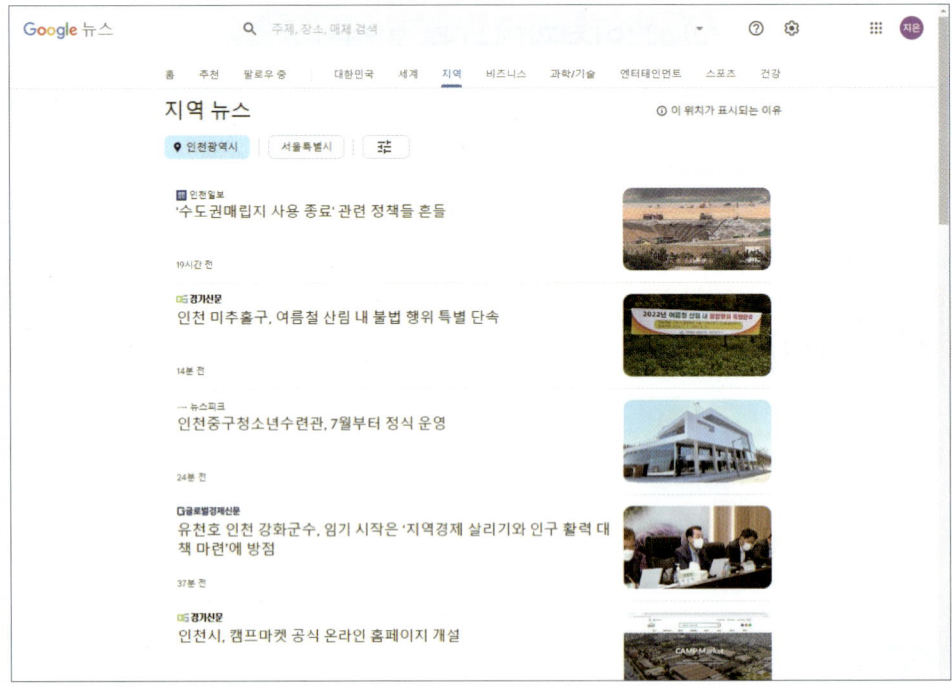

1 다음과 같이 '과학/기술' 주제를 팔로우 해 봅니다.

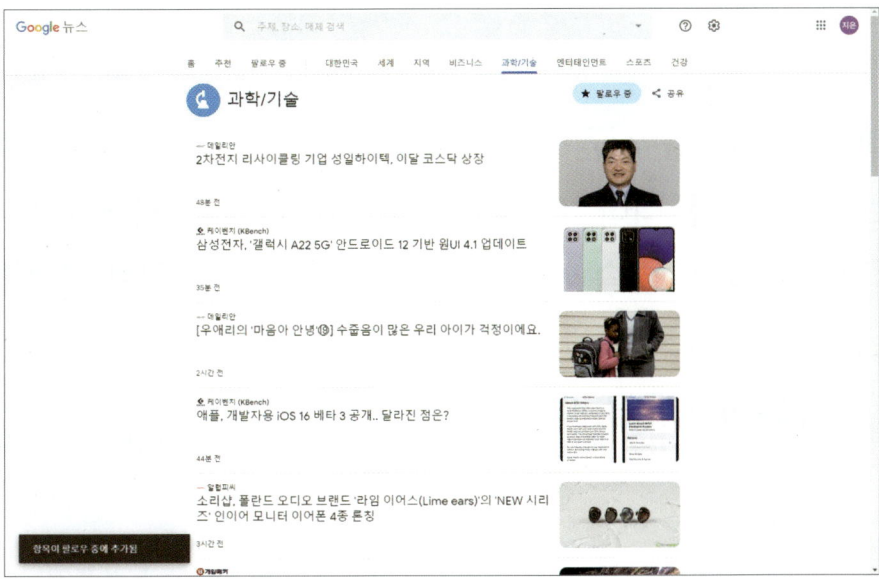

2 '지역 뉴스' 부분에 '부산광역시'를 추가해 봅니다.

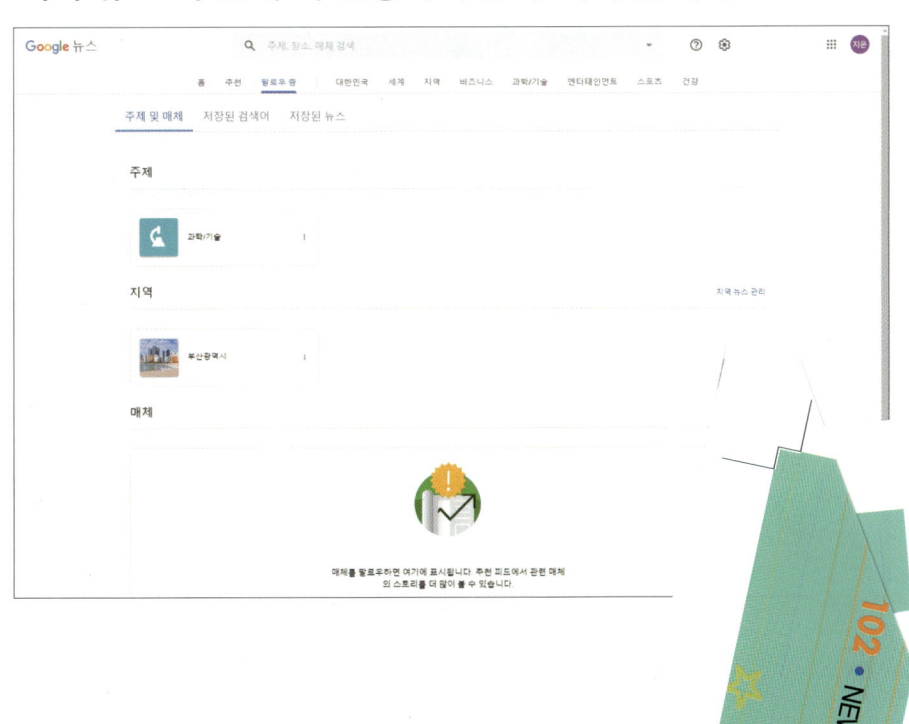

08 구글 'Gmail' 앱 사용하기

다양한 사이트에서 메일 서비스를 지원하고 있습니다. 기본적인 기능들은 유사하지만, 각 서비스별로 조금씩 다릅니다. 이번 장에서는 구글에서 지원하는 'Gmail' 앱 서비스에 대해 살펴보며, 메일 발송 시 자동으로 서명(발송자 정보)이 삽입되도록 하는 방법과 주소록을 이용하여 단체 메일을 발송하는 방법, 메일 관리를 위한 라벨 지정 방법 등에 대해 알아보겠습니다.

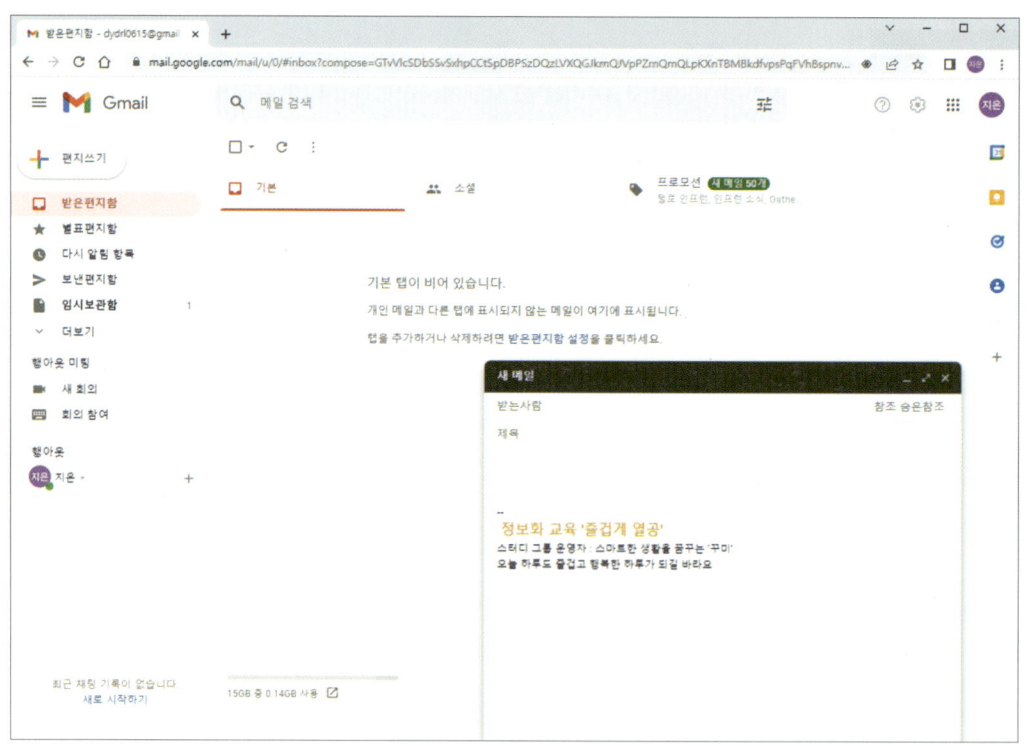

 무엇을 배울까요?

- 서명 삽입하여 메일 쓰기
- 메일에 약식 URL 링크 삽입하기
- 메일에 이모티콘 삽입하기
- 주소록에 연락처 추가하기
- 단체 메일 발송하기
- 받은 메일 확인하고 답장 보내기
- 라벨 표시하여 메일 구분하기
- 메일 삭제하기

구글 'Gmail' 앱 실행하기

01 크롬을 실행한 후, 구글 홈페이지에서 [Gmail]을 클릭합니다.

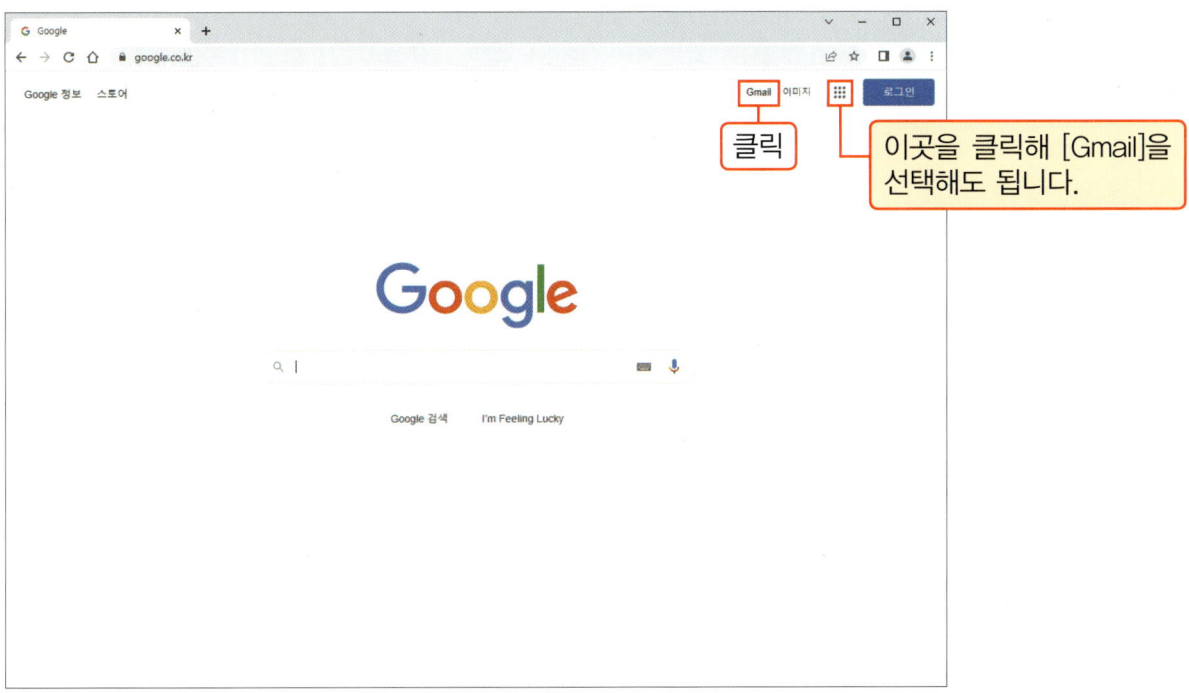

02 Google 계정 로그인 화면이 나타납니다. 본인 계정이 맞으면 **비밀번호를 입력**하고 [다음] 버튼을 클릭합니다.

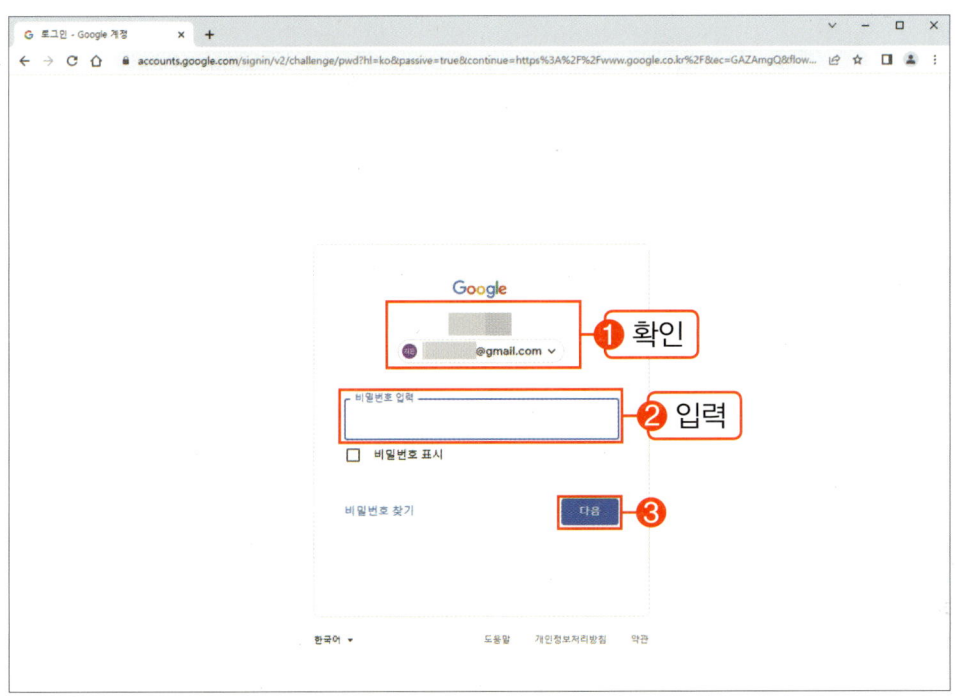

배움터 [로그인] 버튼을 클릭하여 로그인한 후 [Gmail]을 선택해도 됩니다.

03 로딩 화면이 나타나고 Gmail의 받은 편지함 화면으로 이동합니다. 처음 실행한 경우 Gmail 설정 창이 나타납니다. 오른쪽 상단의 ✖를 클릭합니다.

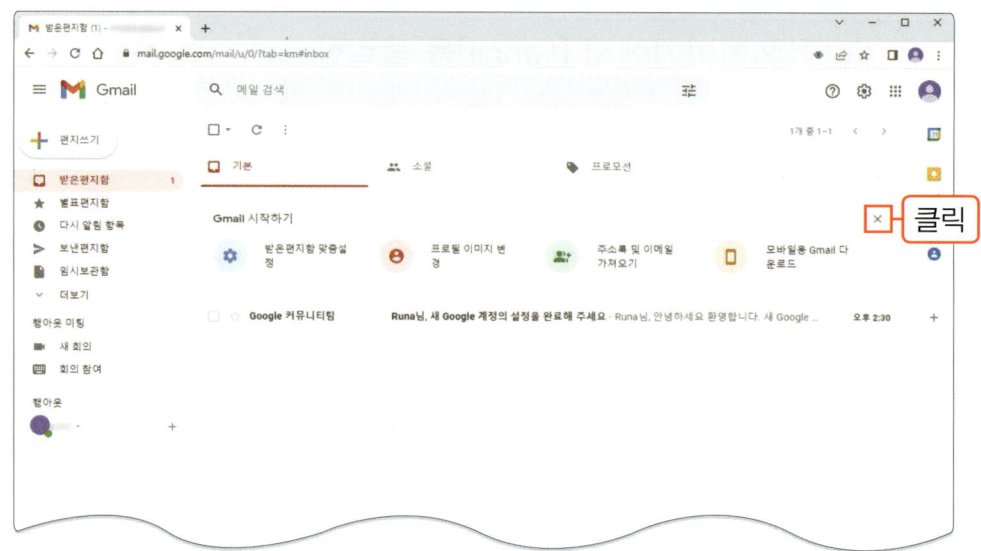

04 설정 창이 사라진 Gmail의 첫 화면이 나타납니다.

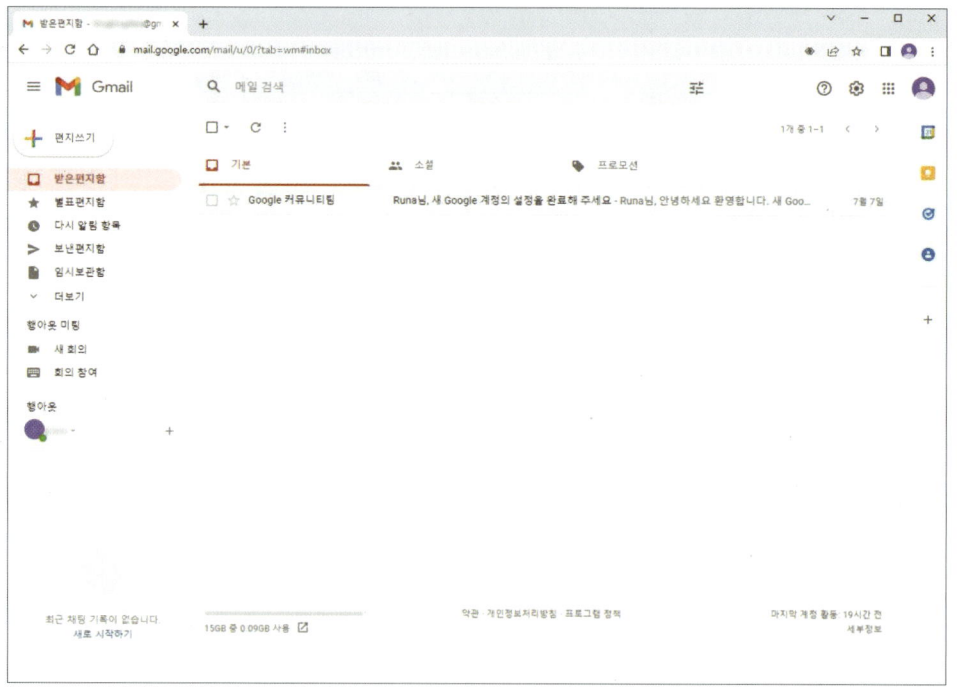

> **배움터** Gmail의 설정은 오른쪽 상단의 [환경설정(⚙)] 버튼을 클릭해 변경할 수도 있습니다.
>
>

서명 만들기

01 [환경설정(⚙)] 버튼을 클릭한 후, [모든 설정 보기]를 선택합니다.

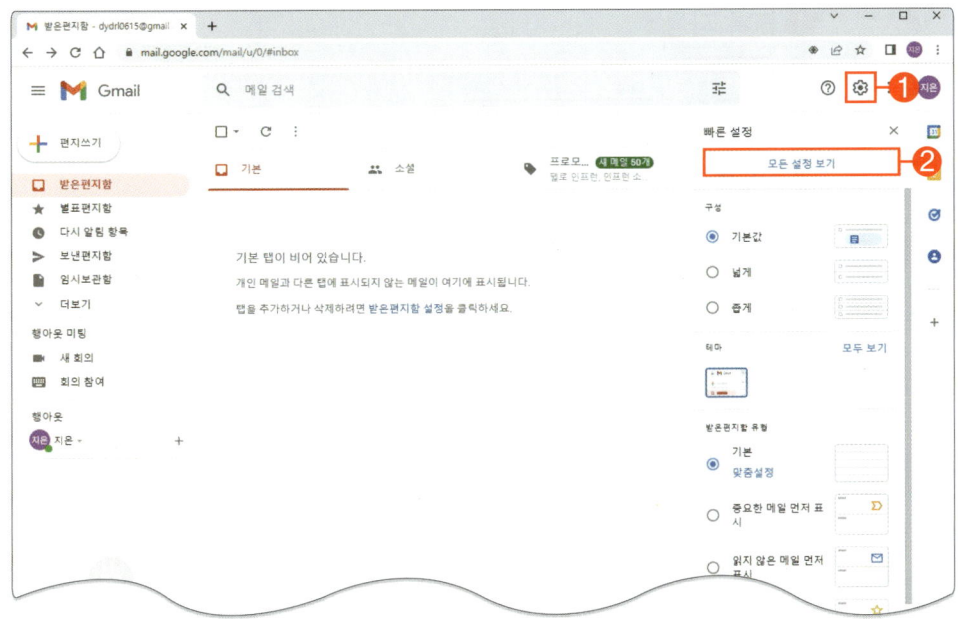

02 모든 설정 보기 화면으로 이동하면 [기본설정] 탭에서 상하막대를 아래로 드래그하여 [서명] 항목을 찾습니다. **서명의 입력란**에 자신의 정보(소속, 연락처, 주소 등)나 좋아하는 인용구 등의 글자를 **입력**합니다.

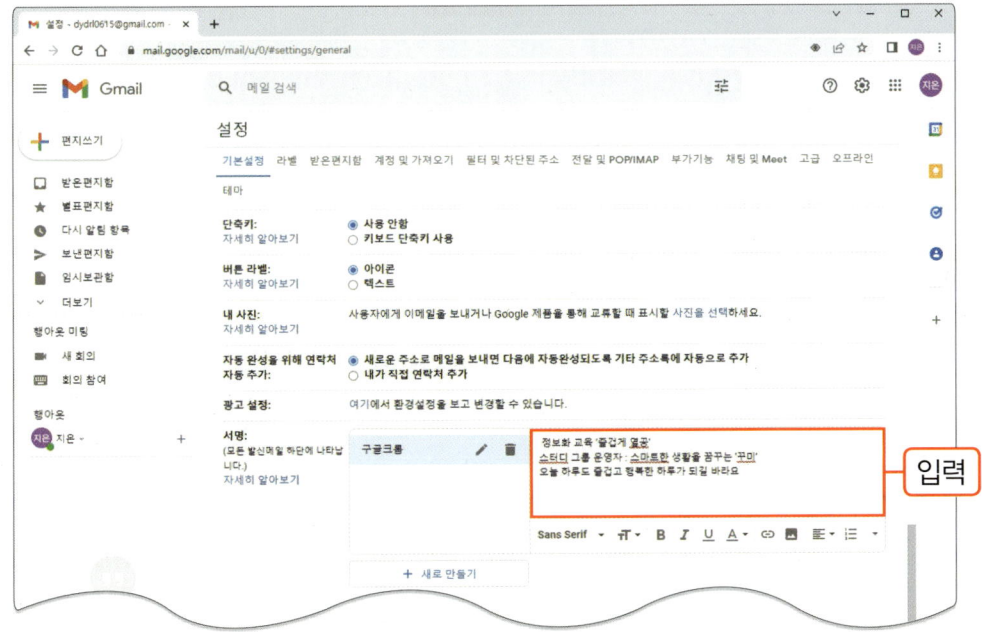

> **배움터** 서명은 메일 끝에 바닥글로 자동 추가됩니다. 글꼴 및 밑줄 등의 다양한 글자 모양에 관한 서식을 지정할 수도 있고, 정렬이나 목록 형태 등의 문단 모양에 관한 서식을 지정할 수도 있습니다. 이미지를 삽입하여 꾸밀 수도 있으므로, 명함을 스캔 받아 삽입할 수도 있습니다.

03 서식을 적용할 글자들을 드래그하여 블록을 지정한 후, [크기()]를 클릭해 [크게]를 선택합니다.

04 블록이 지정된 상태에서 [텍스트 색상(A)]을 클릭해 **색상을 선택**합니다.

05 상하막대를 아래로 드래그하여 화면 아래쪽의 **[변경사항 저장]** 버튼을 클릭합니다.

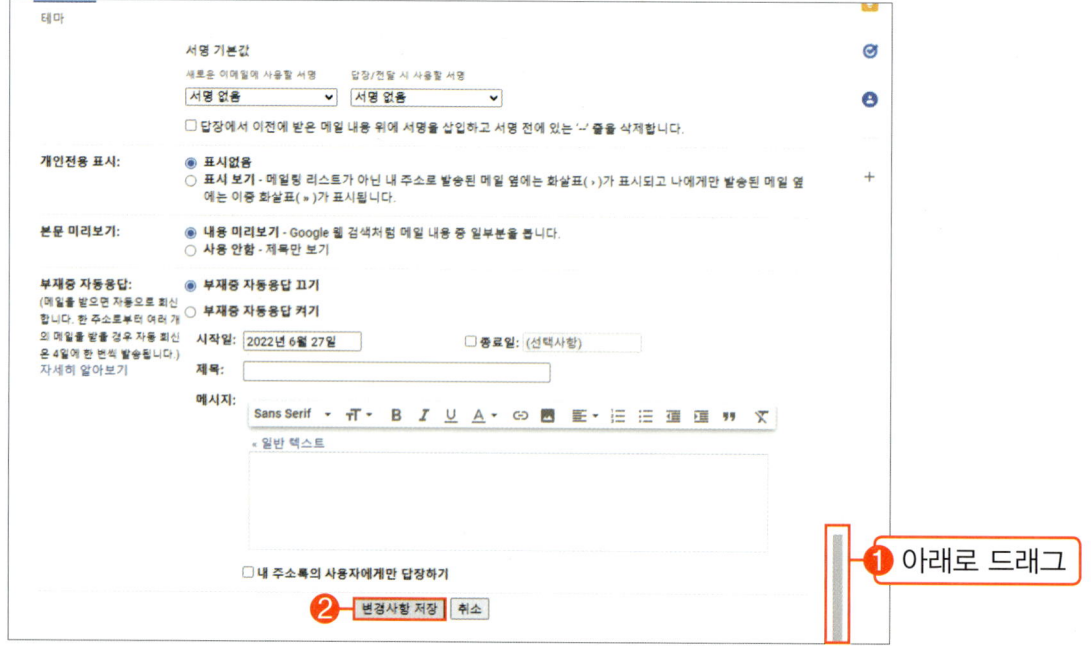

106 • NEW 스마트한 생활을 위한 구글 크롬 기초&활용

장소 검색하여 메일로 보내기

🖱 텍스트 메일 쓰기

01 받은 편지함 화면에서 **[편지쓰기]를 클릭**합니다. '새 메일' 창이 나타납니다. 내용 입력란에 앞에서 작성한 서명 내용이 삽입되어 있는 것을 확인할 수 있습니다.

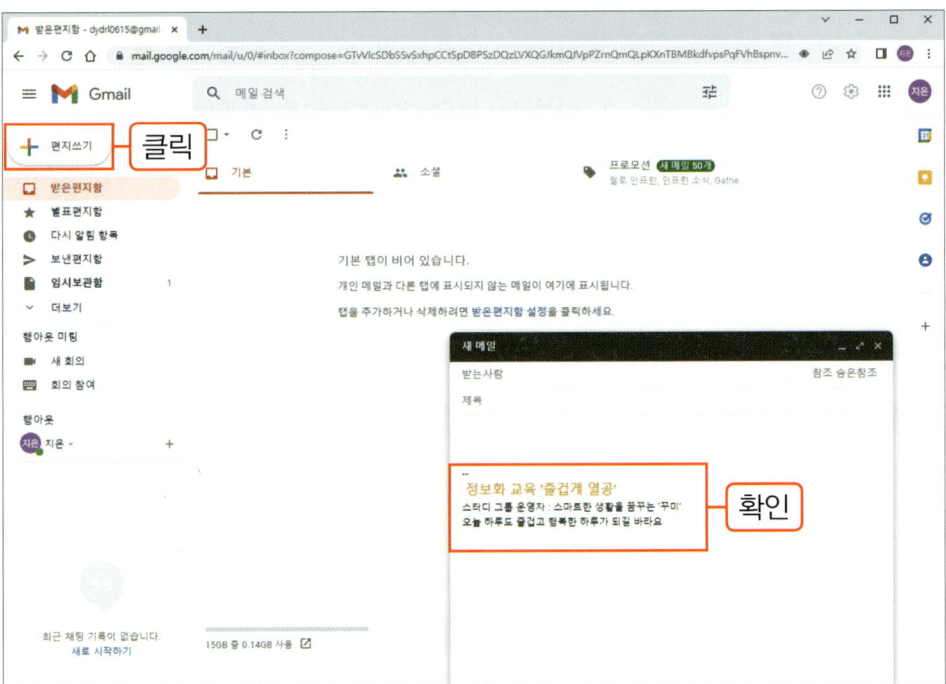

02 '받는사람' 입력란에 **상대방의 이메일 주소를 입력**합니다.

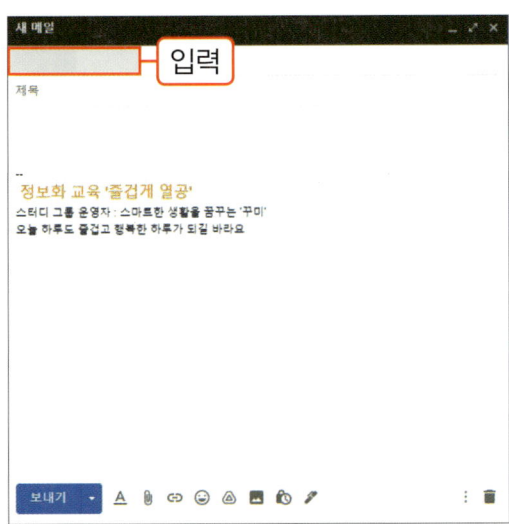

> **배움터** '새 메일' 창에서 '받는사람' 글자 부분을 클릭하면 주소록이 호출됩니다. 등록된 지인들의 이메일 주소를 선택할 수 있습니다.

03 '제목' 입력란과 '내용' 입력란에 각각 **제목과 내용을 입력**합니다.

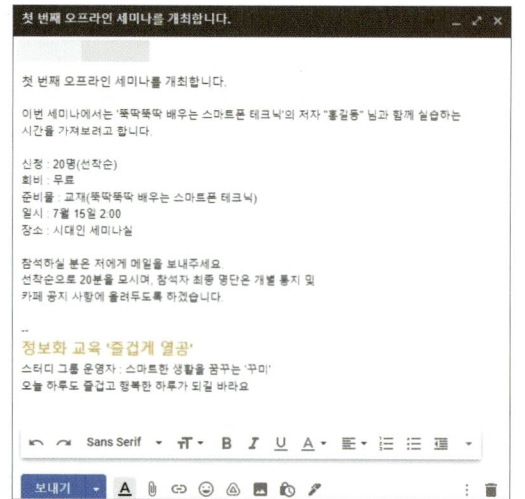

[입력 내용]
이번 세미나에서는 '뚝딱뚝딱 배우는 스마트폰 테크닉'의 저자 "홍길동"님과 함께 실습하는 시간을 가져보려고 합니다.

신청 : 20명(선착순)
회비 : 무료
준비물 : 교재(뚝딱뚝딱 배우는 스마트폰 테크닉)
일시 : 7월 15일 2:00
장소 : 시대인 세미나실

참석하실 분은 저에게 메일을 보내주세요.
선착순으로 20분을 모시며, 참석자 최종 명단은 개별 통지 및 카페 공지 사항에 올려두도록 하겠습니다.

04 다음과 같이 **블록을 지정**한 후, [**서식 지정 옵션**(A)]**을 클릭**합니다. 서식 도구 상자가 표시되면 [**글머리기호 목록**(≣)]**을 선택**합니다.

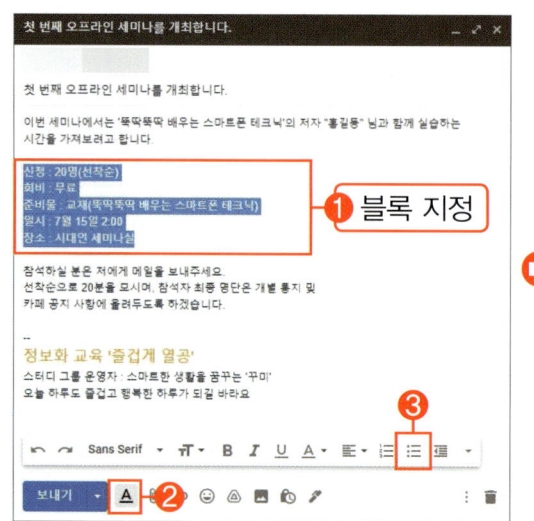
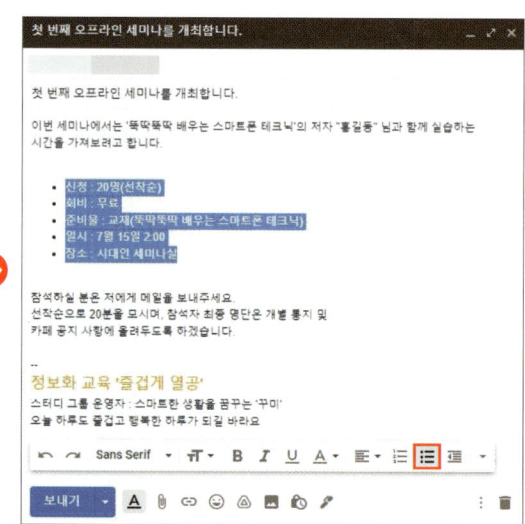

05 다시 [**서식 지정 옵션**(A)]**을 클릭**해 서식 도구 상자를 숨깁니다.

지도 검색하여 공유하기

01 [새 탭(+)]을 클릭합니다.

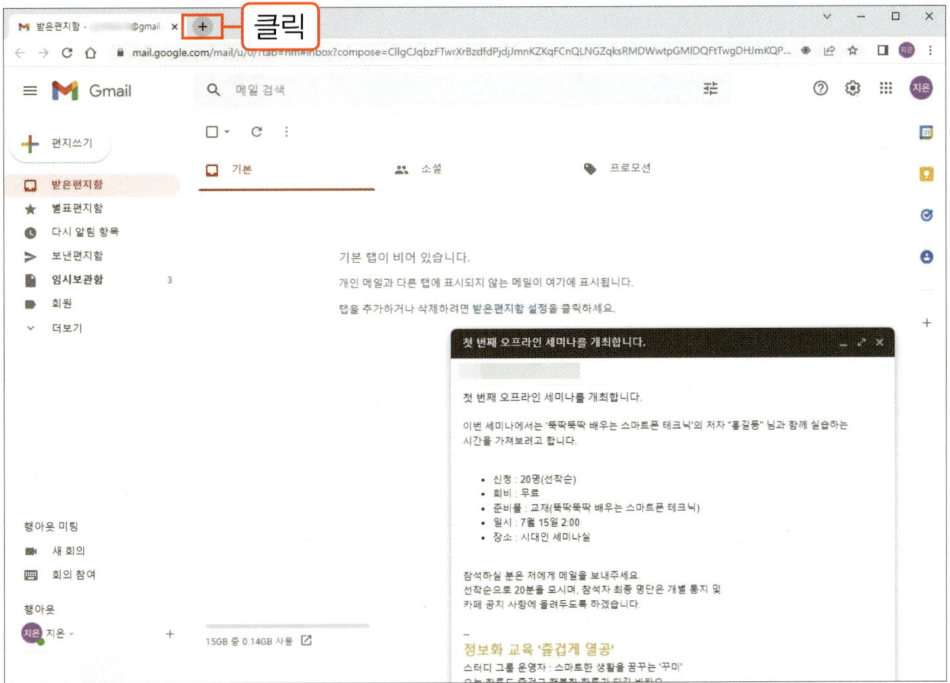

02 [Google 앱(⋮⋮⋮)]-[지도]를 선택합니다.

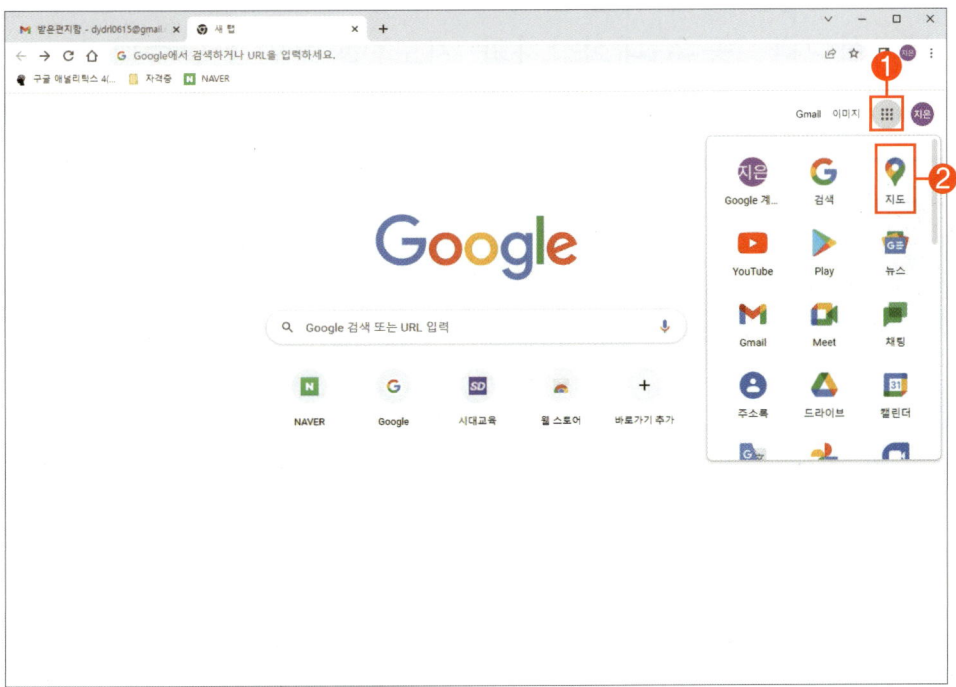

03 'Google 지도 검색' 입력란에 '서울특별시 마포구 서교동 와우산로 35길 50-4'를 입력하고 Enter 키를 누릅니다. 왼쪽의 검색 결과 관련 정보가 담긴 패널에서 [공유]를 클릭합니다.

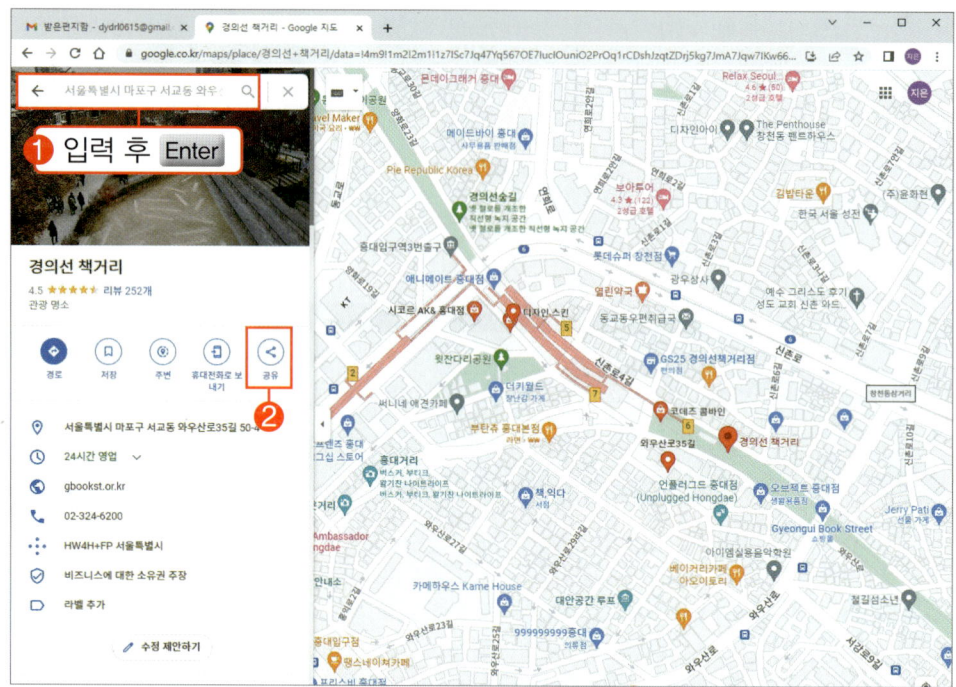

04 URL 정보가 나타나면 [링크 복사]를 클릭하거나 URL을 블록 지정한 후 Ctrl + C 키를 눌러 복사합니다. '공유' 대화상자와 '지도' 앱 화면을 닫습니다.

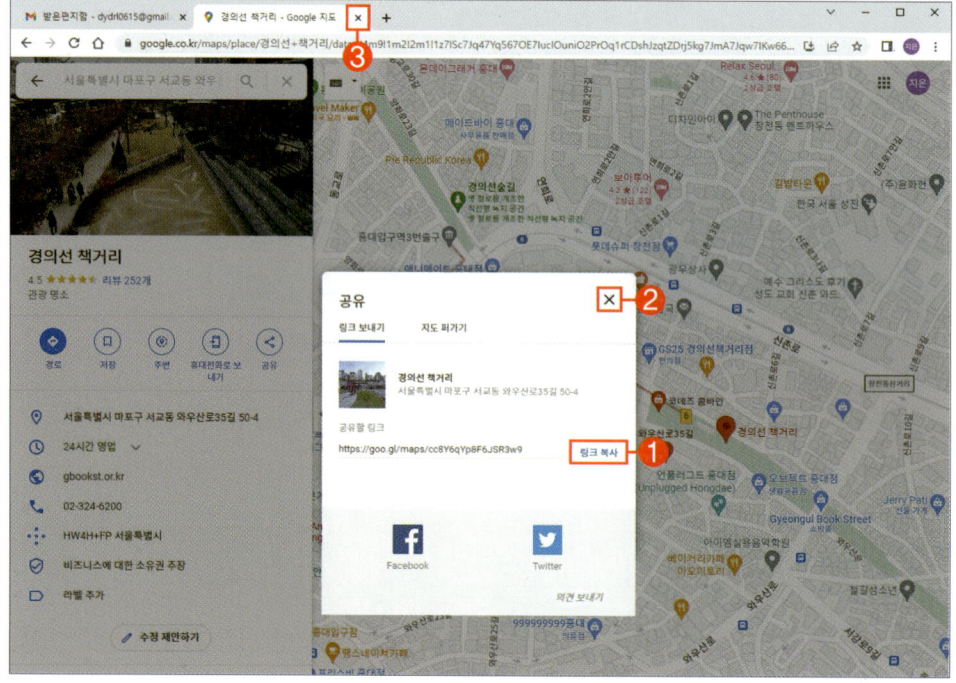

05 받은 편지함 화면으로 되돌아온 후, **메일 쓰기 창에 URL을 삽입할 곳을 클릭**하고, **[링크 삽입(　)]을 선택**합니다.

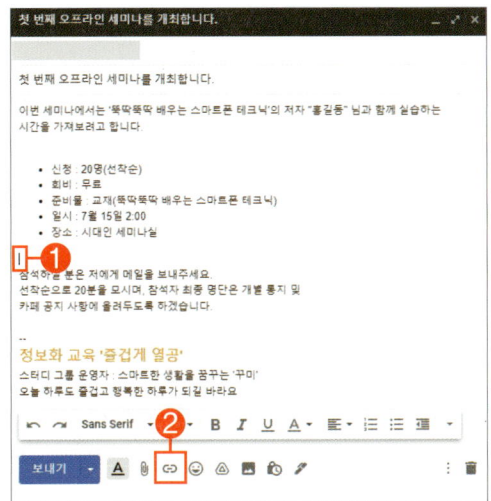

06 [링크 대상]의 '**웹 주소**' 입력란을 클릭하여 Ctrl + V 키를 눌러 복사해 둔 URL 정보를 붙여 넣기 합니다. '**표시할 텍스트**' 입력란을 클릭하여 '**오시는길**'로 수정하고 **[확인] 버튼을 클릭**합니다.

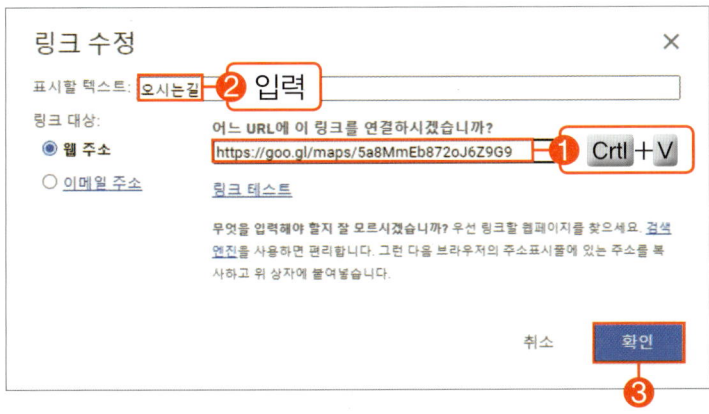

07 메일 내용에 링크가 삽입된 것을 확인할 수 있습니다.

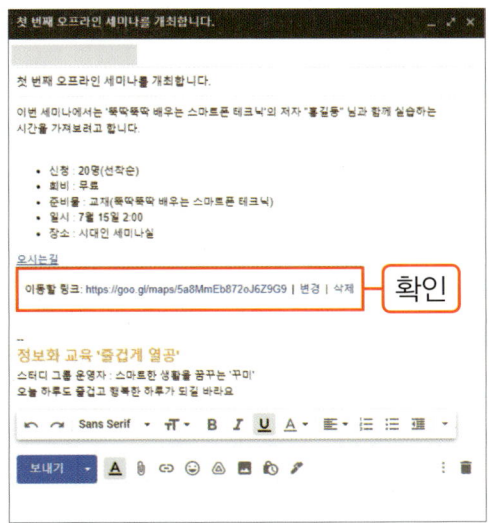

이모티콘 삽입하기

01 커서의 위치를 이동한 후, [그림 이모티콘 삽입(☺)]을 클릭합니다. 이모티콘 목록에서 **원하는 모양을 선택**합니다.

02 선택한 이모티콘이 삽입되면 [이모티콘 창 닫기(×)]를 클릭하거나 [그림 이모티콘 삽입(☺)]을 클릭합니다.

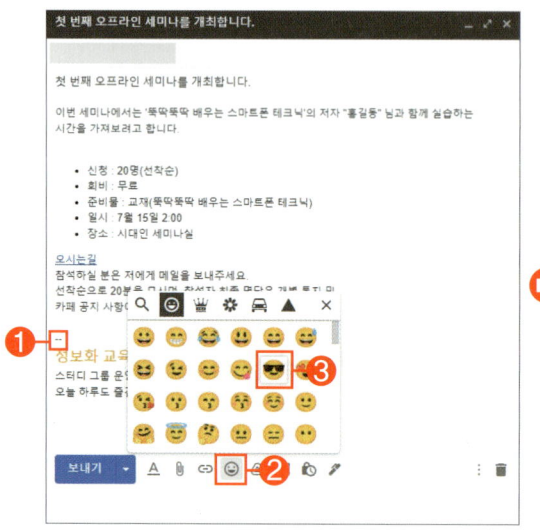 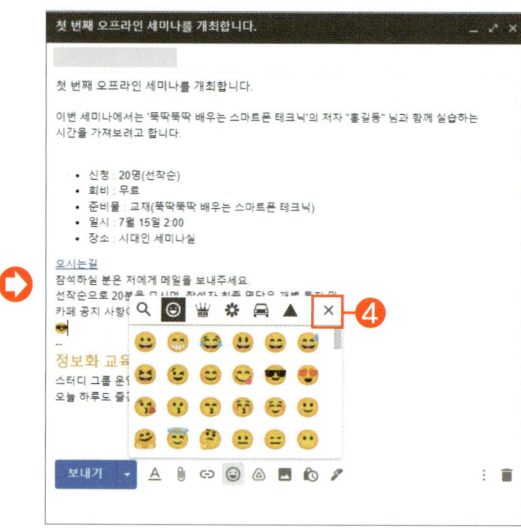

메일 보내기

01 메일 내용이 모두 완성되었다면 **[보내기] 버튼을 클릭**합니다.

02 화면 왼쪽 하단으로 전송 확인 메시지가 나타납니다.

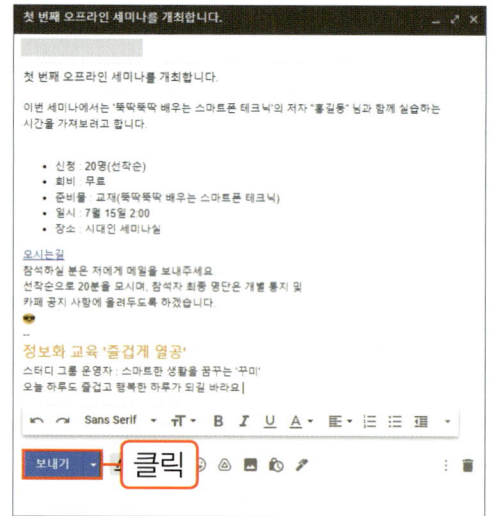 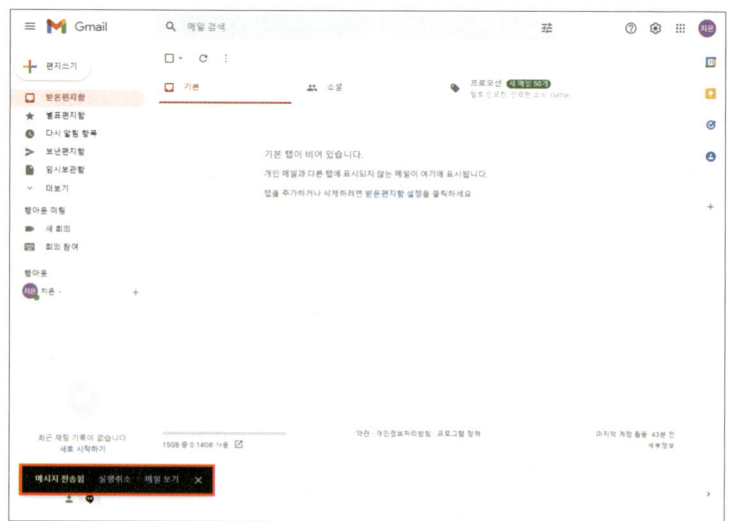

> **배움터** 전송 확인 메시지 옆의 [메일 보기]나 왼쪽 메뉴의 [보낸편지함]을 클릭하면 보낸 메일 내용을 확인할 수 있습니다.

04 주소록 만들어 활용하기

주소록에 추가하기

01 자주 사용하는 메일은, 주소록에 등록해두고 활용하는 것이 좋습니다. 홈 화면의 **[Google 앱()]-[주소록]을 선택**합니다.

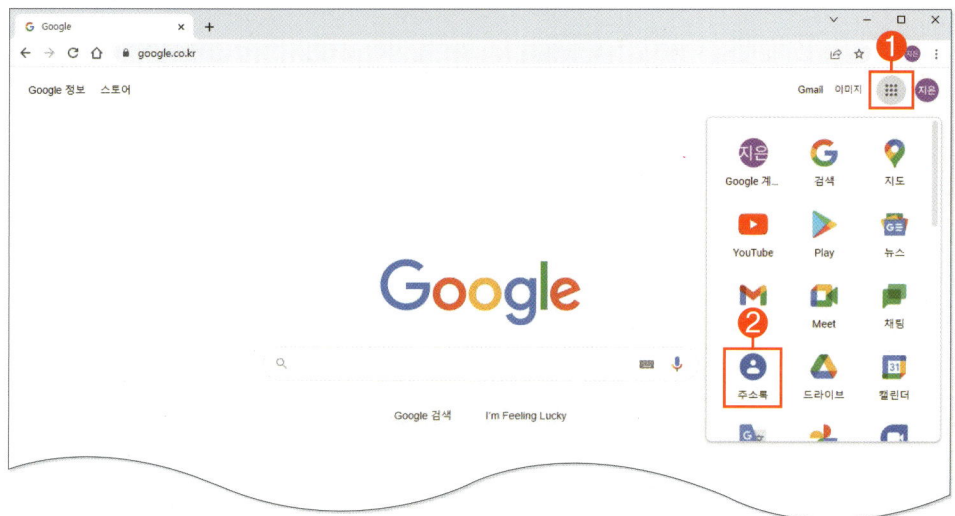

02 로딩 화면이 나타나고 잠시 후 주소록의 첫 화면이 나타납니다.

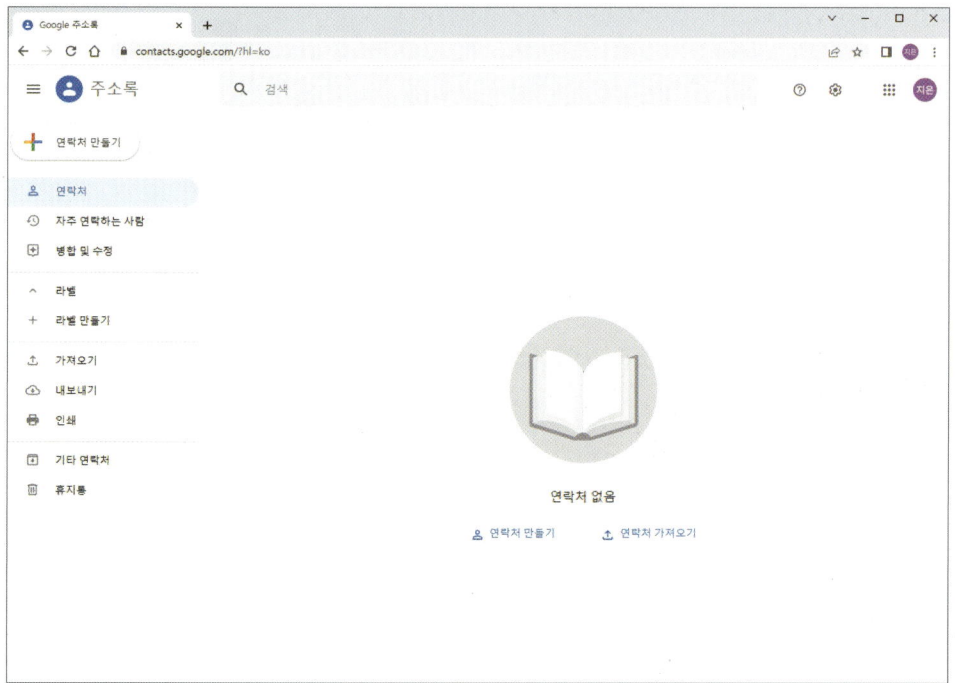

03 오른쪽 상단의 [연락처 만들기(+)]를 클릭합니다.

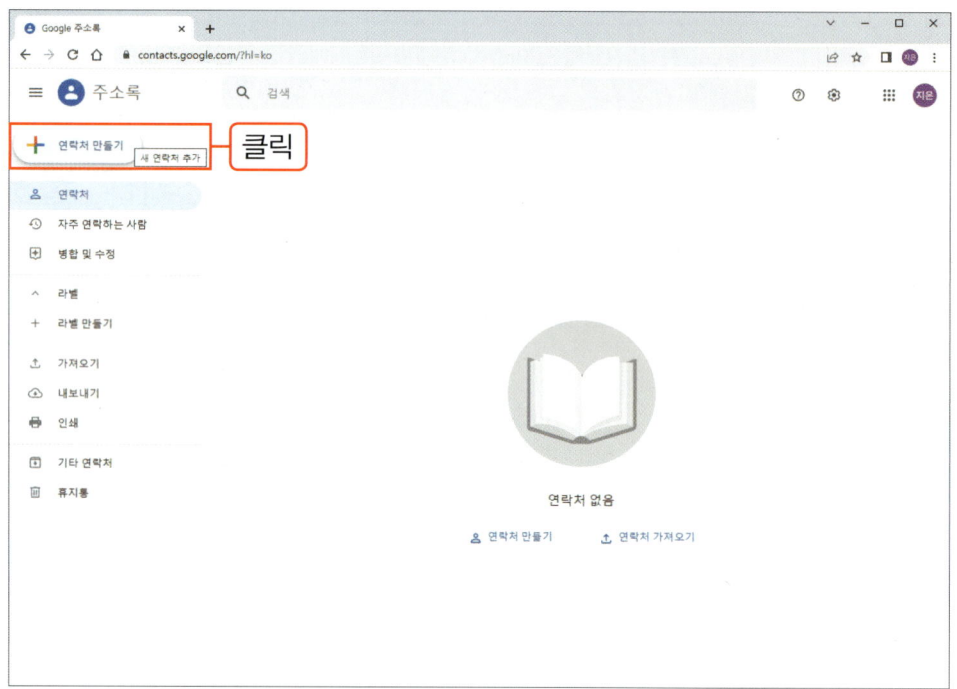

04 '연락처 만들기' 대화상자가 나타나면 이름, 이메일, 전화번호 등 **등록할 사람의 정보를 입력하고 [저장]을 클릭**합니다.

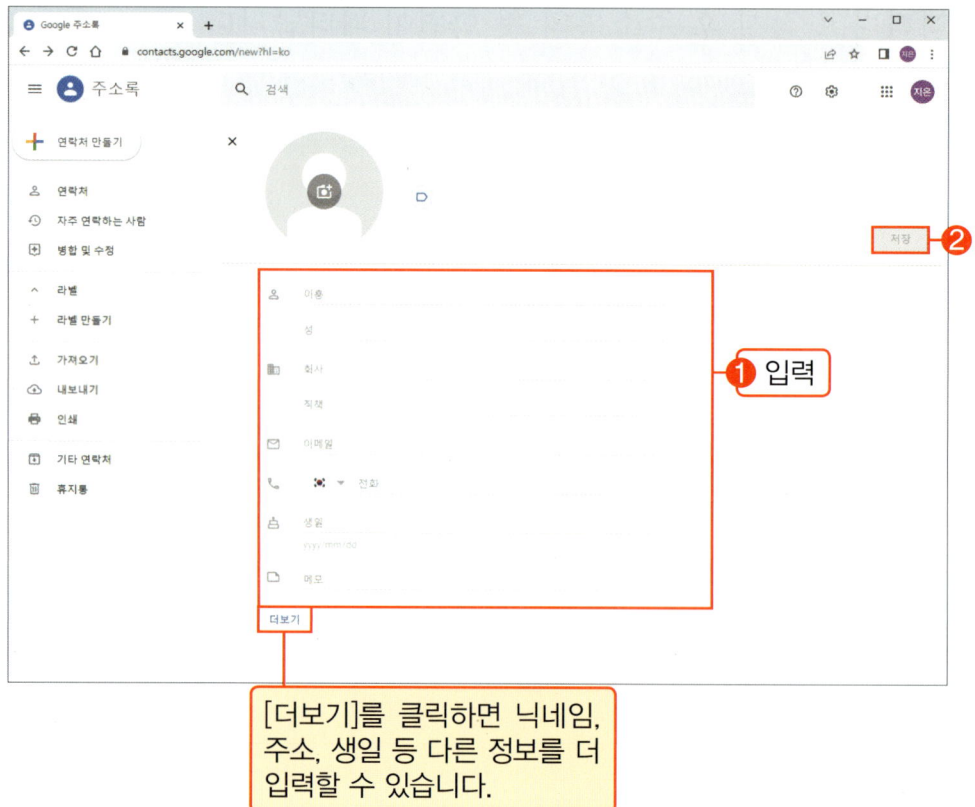

[더보기]를 클릭하면 닉네임, 주소, 생일 등 다른 정보를 더 입력할 수 있습니다.

05 연락처 세부정보가 표시되면 확인 후, 왼쪽 메뉴의 **[연락처]**를 **클릭**합니다.

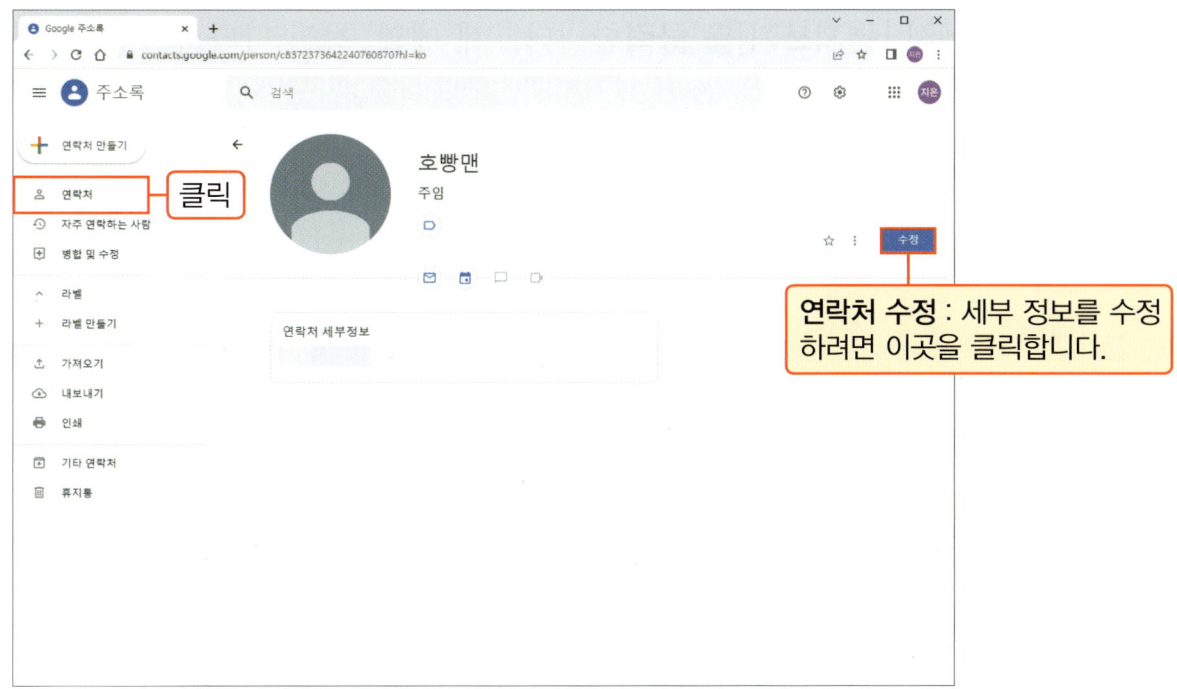

06 목록에 추가된 것을 확인할 수 있습니다. 같은 방법으로 다른 사람의 정보를 더 입력합니다. **Google 주소록 화면을 닫아 줍니다.**

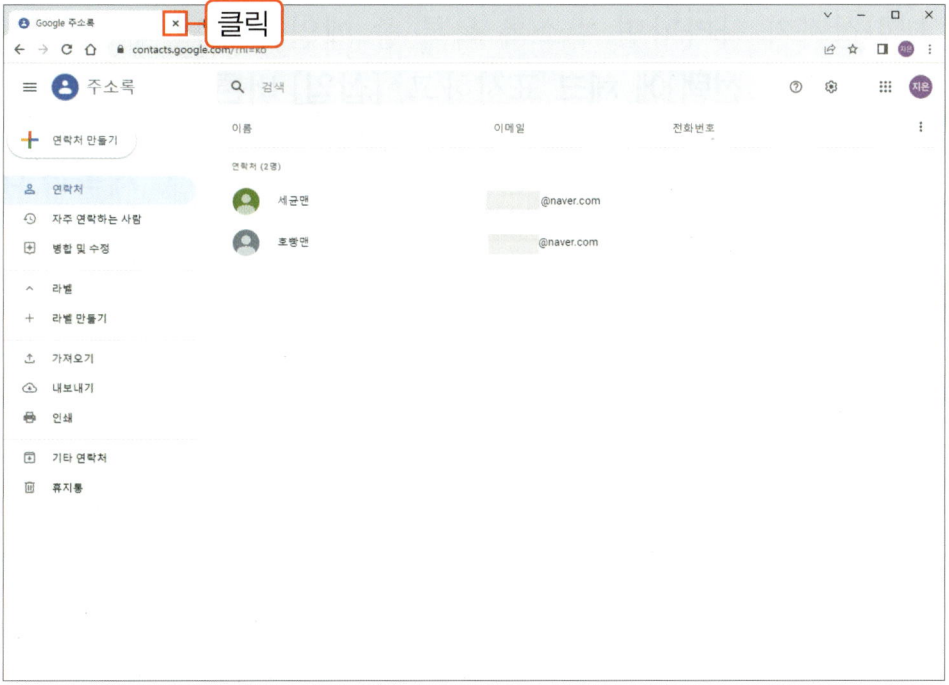

> **배움터** 주소록 목록에서 연락처 항목으로 마우스 포인터를 이동하면 다음과 같이 오른쪽에 편집 기능이 나타납니다. 등록 후에도 수정 또는 삭제가 가능합니다.

08 구글 'Gmail' 앱 사용하기 • **115**

여러 사람에게 같은 내용 편지 보내기

01 Gmail 화면에서 [편지쓰기]를 클릭합니다. '새 메일' 창이 나타나면 [받는사람]을 클릭합니다.

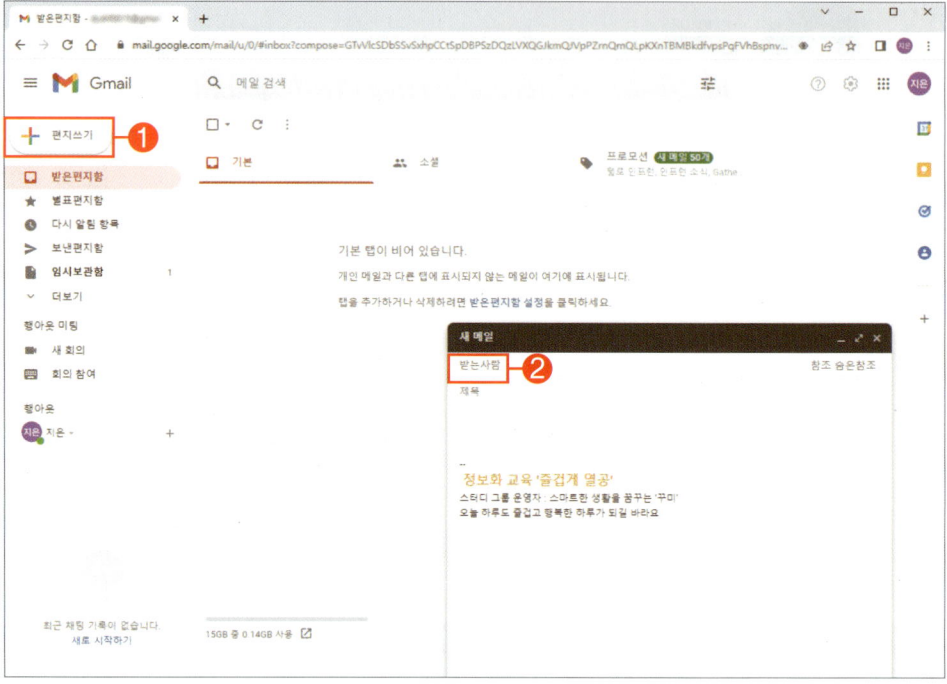

02 '연락처 선택' 대화상자가 나타나면 주소록 목록 중 메일을 보낼 대상을 체크 표시합니다. 여기서는 [전체 선택]에 체크 표시하고, [삽입] 버튼을 클릭합니다.

03 '받는사람' 입력란에 선택한 이름들이 삽입되는 것을 확인합니다. **제목과 내용을 입력한 후 [보내기] 버튼을 클릭**합니다.

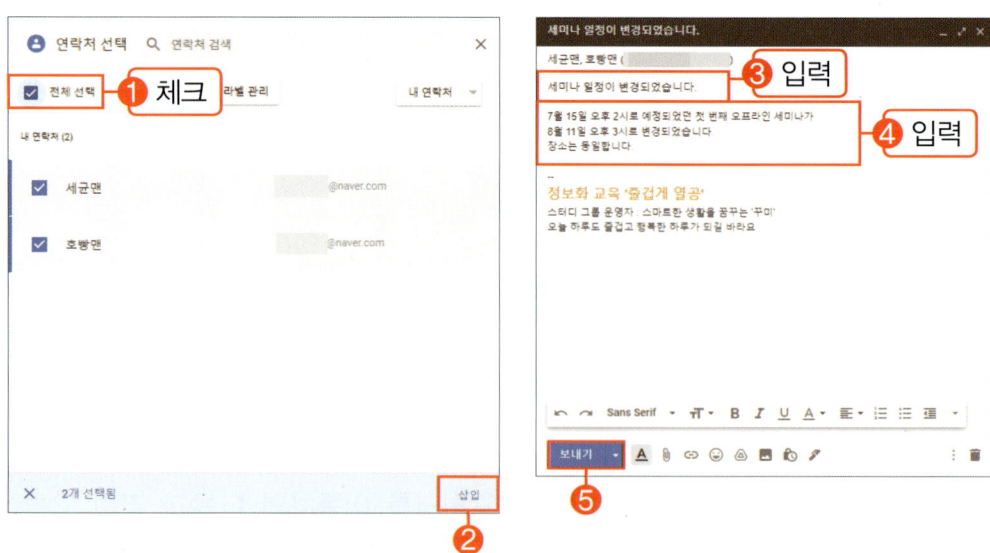

받은 메일 확인 및 답장하기

01 다른 사람이 보낸 메일은 **[받은편지함]에 보관**됩니다. 옆의 숫자는 읽지 않은 메일의 수입니다. 다른 사이트의 메일 서비스와 마찬가지로 **제목을 클릭**해 내용을 확인합니다.

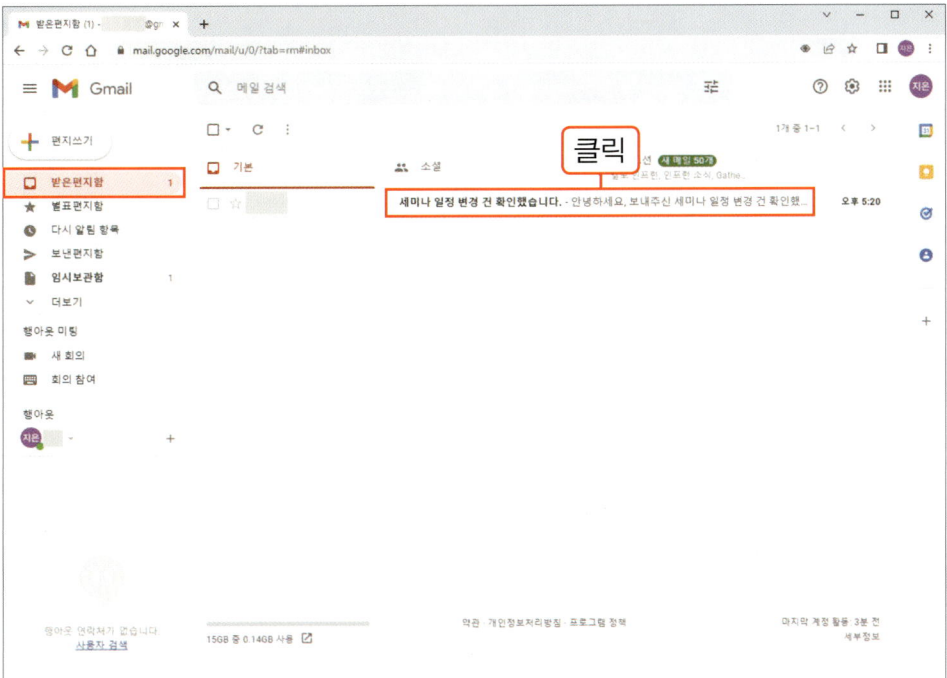

02 [답장( )]을 **클릭**하거나 받은 메일 내용 아래쪽의 입력란을 클릭합니다.

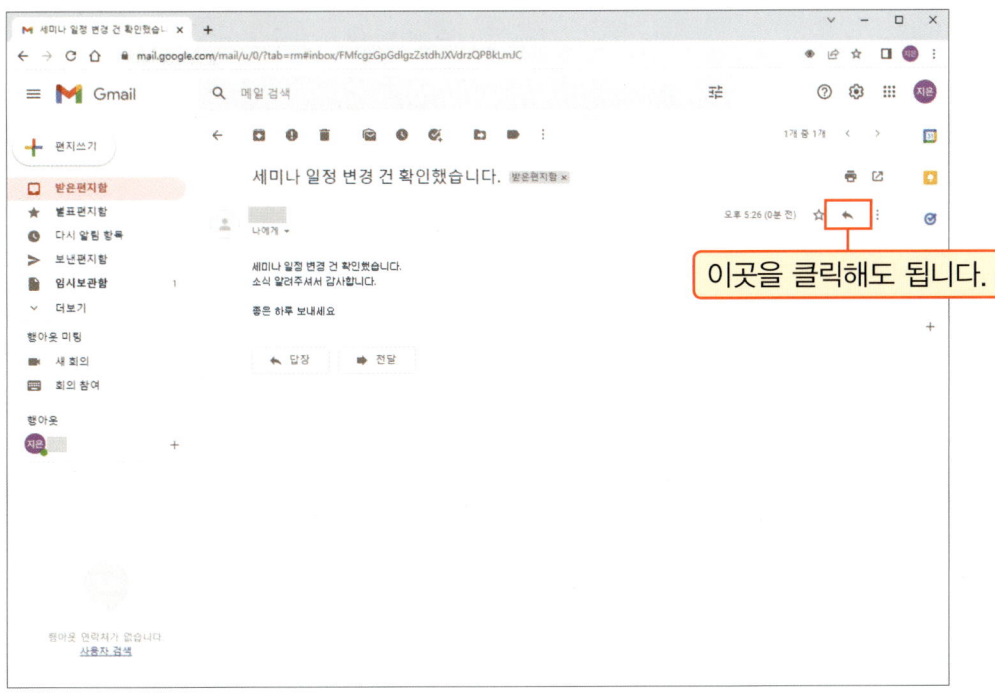

03 입력 창이 활성화되면 [잘린 본문 표시(····)]를 클릭하여 숨겨진 내용을 확인합니다. 여기서는 **원문 내용 부분을 블록 지정**하여 Delete 키를 누릅니다.

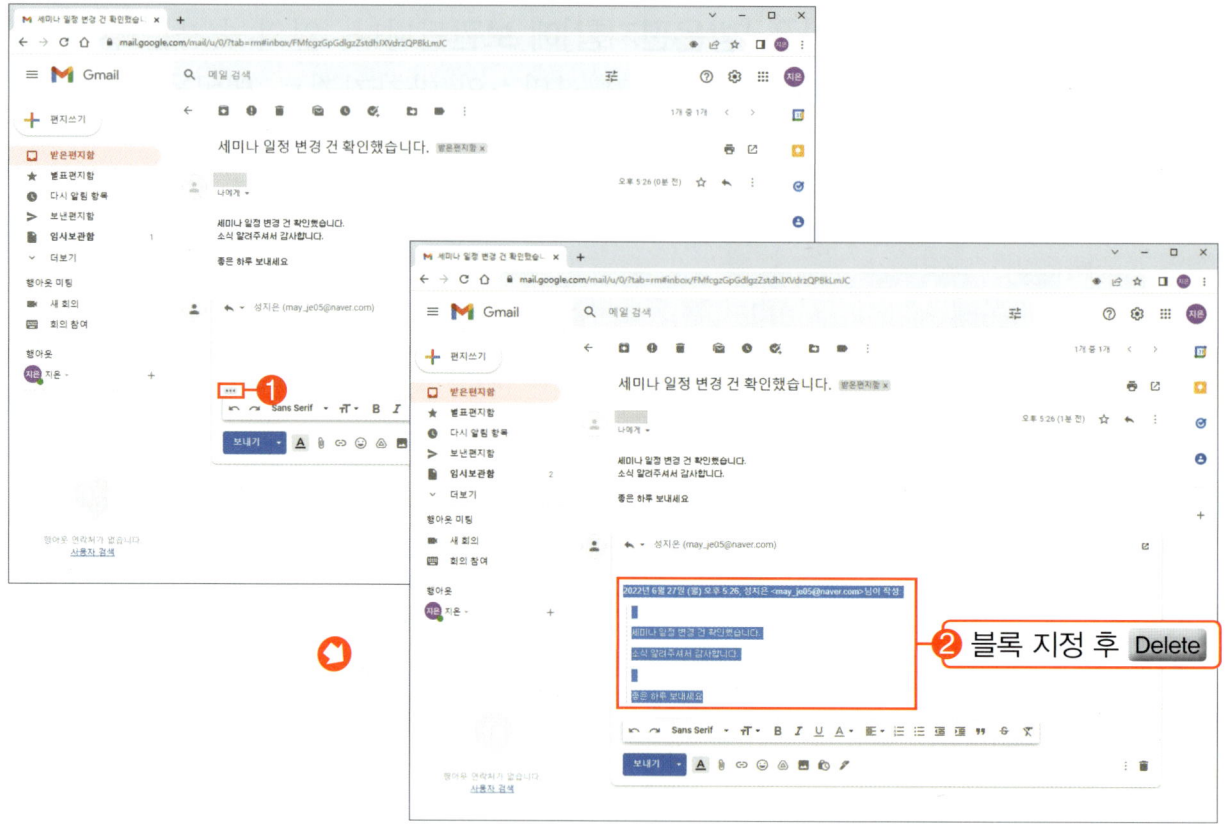

04 답할 **내용을 입력**한 후, **[보내기] 버튼을 클릭**합니다.

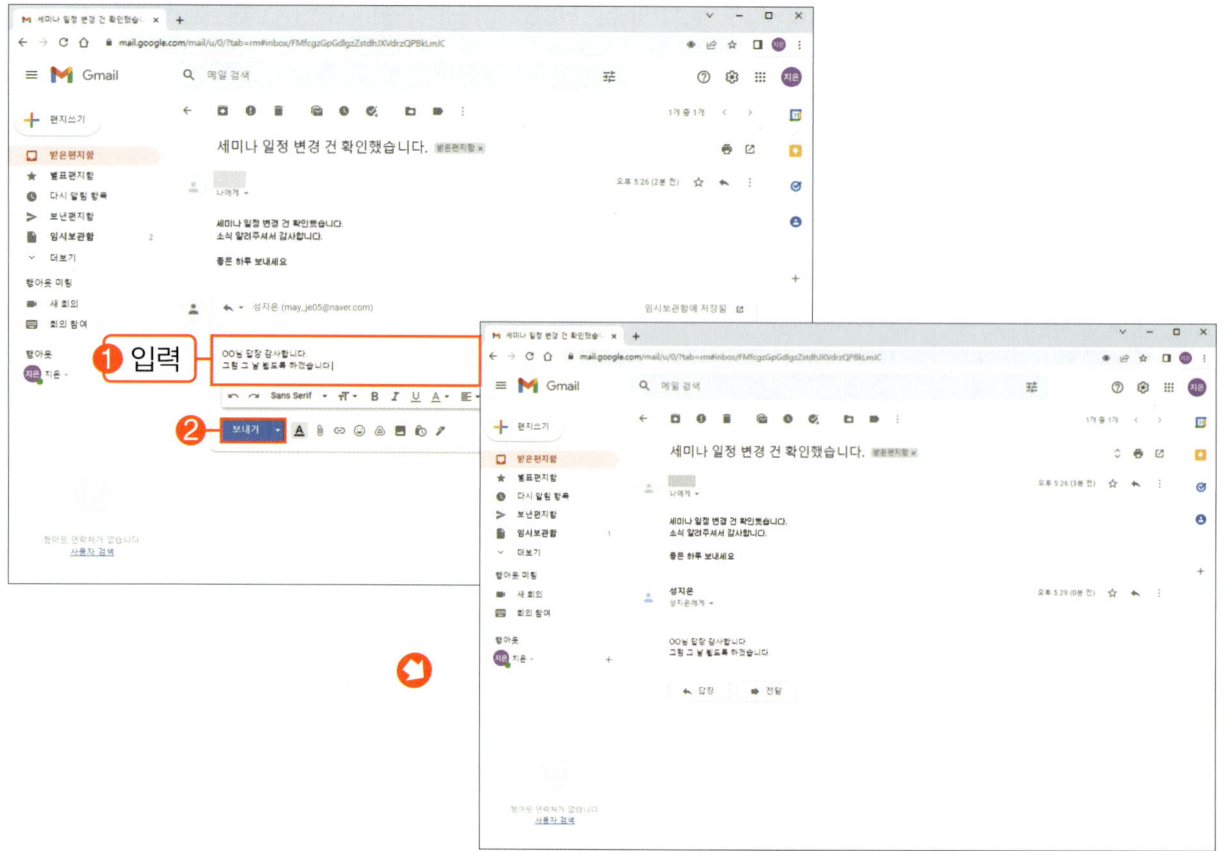

06 메일 관리하기

라벨 달기

01 왼쪽 메뉴의 **[받은편지함]을 클릭**한 후, 라벨을 적용할 **메일을 선택**합니다. **[라벨( )]을 클릭**한 후, 라벨 목록이 나타나면 메일을 분류할 라벨을 선택합니다. 없으면 **[새로 만들기]를 선택**합니다.

02 '새 라벨' 대화상자가 나타나면 **입력란에 '회원'이라고 입력**한 후 **[만들기] 버튼을 클릭**합니다.

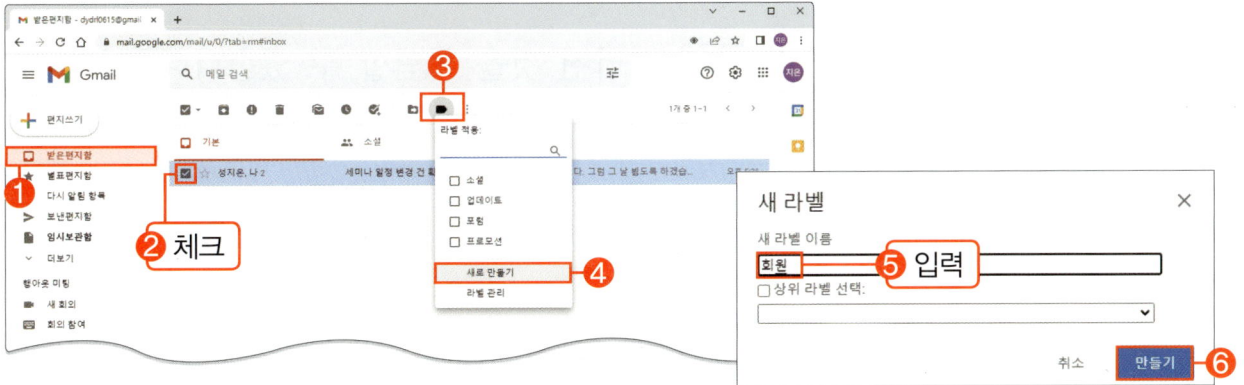

03 메일에 '회원' 라벨이 표시된 것을 확인할 수 있습니다.

04 **왼쪽 메뉴에 '회원' 항목**이 생성된 것을 확인할 수 있습니다. **클릭**하면 '회원' 라벨로 묶인 메일들만 표시된 것을 확인할 수 있습니다.

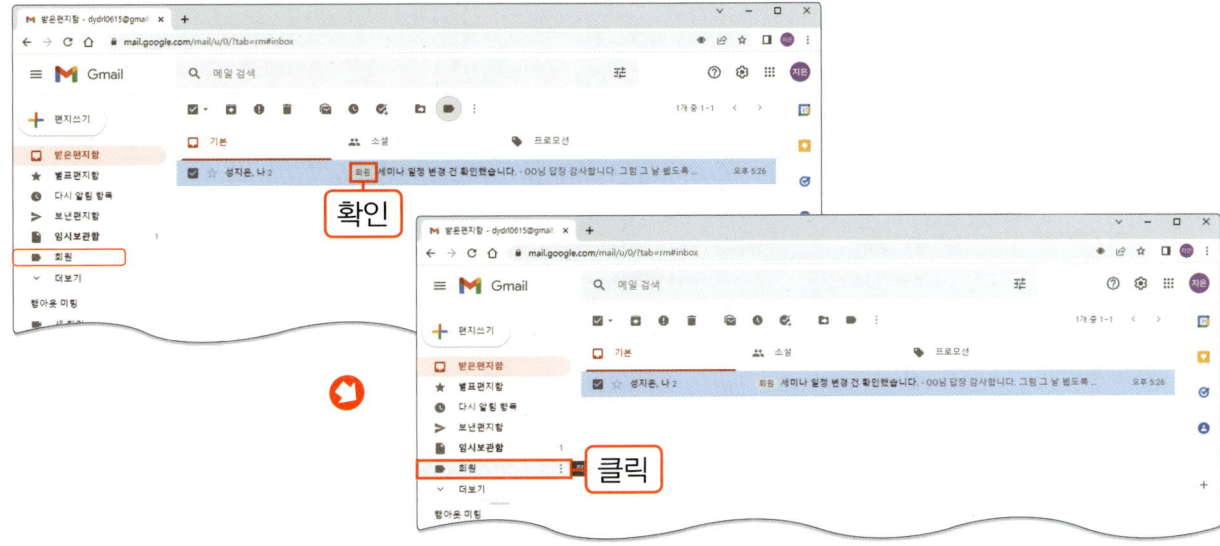

> **배움터** 메일 앞의 ☆를 클릭하여 ★로 활성화시키면 [별표편지함]에 저장됩니다. 일반적으로 중요한 메일에 별 표시를 활성화하여 별도로 보관합니다.

메일 삭제하기

01 왼쪽 메뉴의 **[받은편지함]을 클릭**한 후, **메일을 선택**하고 상단의 **[삭제(🗑)]를 클릭**합니다.

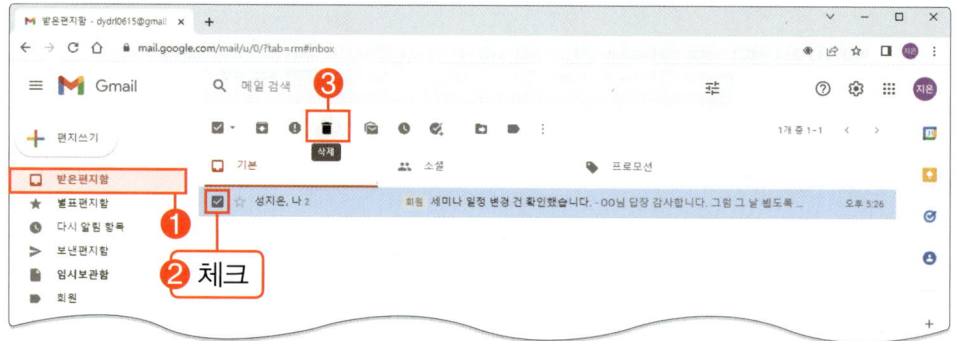

02 선택한 메일이 받은편지함에서 사라진 것을 확인할 수 있습니다. 왼쪽 메뉴 중 **[더보기▼]를 선택**합니다.

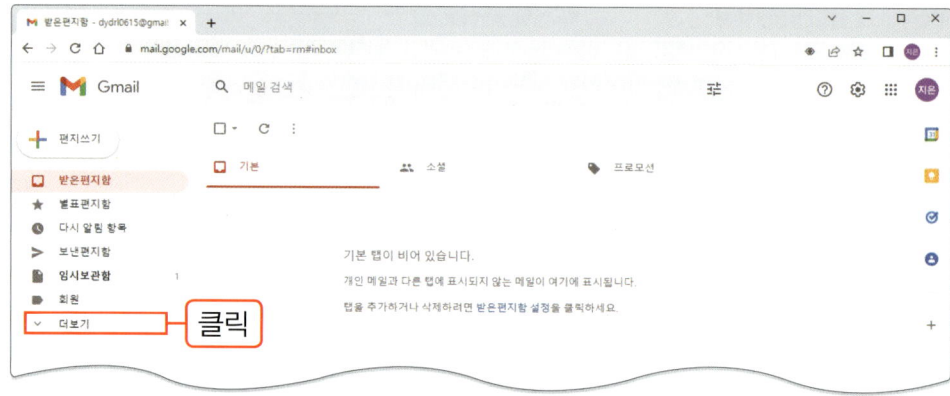

03 왼쪽 메뉴에서 **[휴지통]을 선택**하면 삭제된 메일을 확인할 수 있습니다.

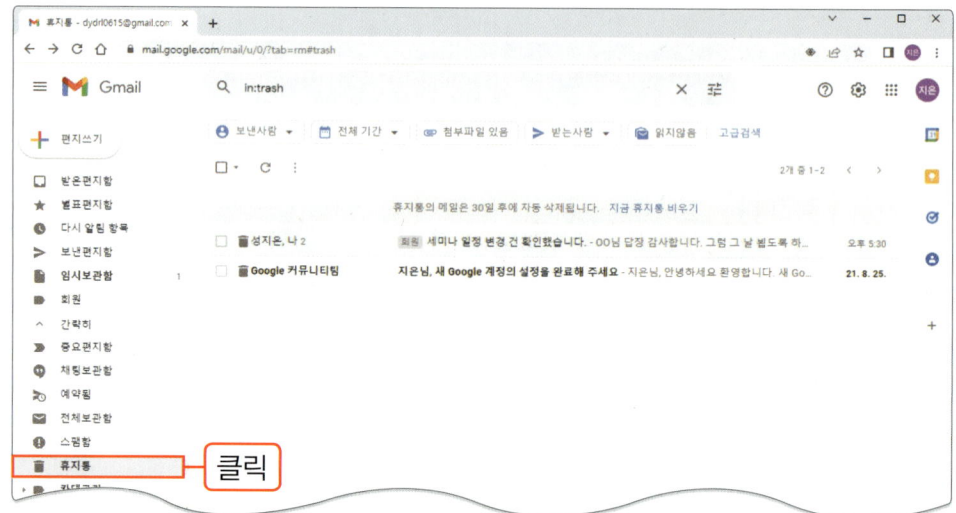

> **배움터** 휴지통의 메일은 30일 이후에 자동으로 영구 삭제되고, 지금 바로 삭제하려면 메일을 선택한 후 [완전삭제]를 클릭합니다. 되살리려면 메일을 선택하고 [이동(📁▾)]을 클릭한 후 편지함을 선택합니다.

1 다음과 같이 서명에 자신만의 이미지를 추가해 봅니다.

예제파일 : 이미지_확성기.jpg

> **도움터**
>
> [환경설정(⚙)]-[모든 설정 보기] 선택 → [서명]의 [이미지 삽입(🖼)] 클릭 → [이미지 추가] 대화상자에서 [업로드] 탭의 [컴퓨터에서 파일 선택] 버튼 클릭 → [열기] 대화상자에서 이미지 파일 경로 선택 후 [열기] 버튼 클릭 → 서명 입력란에 그림이 삽입되면 크기 및 위치 조정 → 화면 아래의 [변경사항 저장] 버튼 클릭
>
>

2 다음과 같이 메일 내용을 작성해 여러 사람에게 한번에 보내 봅니다.

08 구글 'Gmail' 앱 사용하기 • 121

09 구글 '사진' 앱 사용하기

구글에서는 사진이나 동영상 등을 보관하고 편집하는 기능을 지원합니다. 이번 장에서는 구글의 '사진' 앱을 통해 사진을 편집하고, 합성하는 방법에 대해 알아보겠습니다. 자동으로 분류되기도 하지만, 사용자 각자 분류하여 관리할 수 있는 방법에 대해서도 살펴보겠습니다.

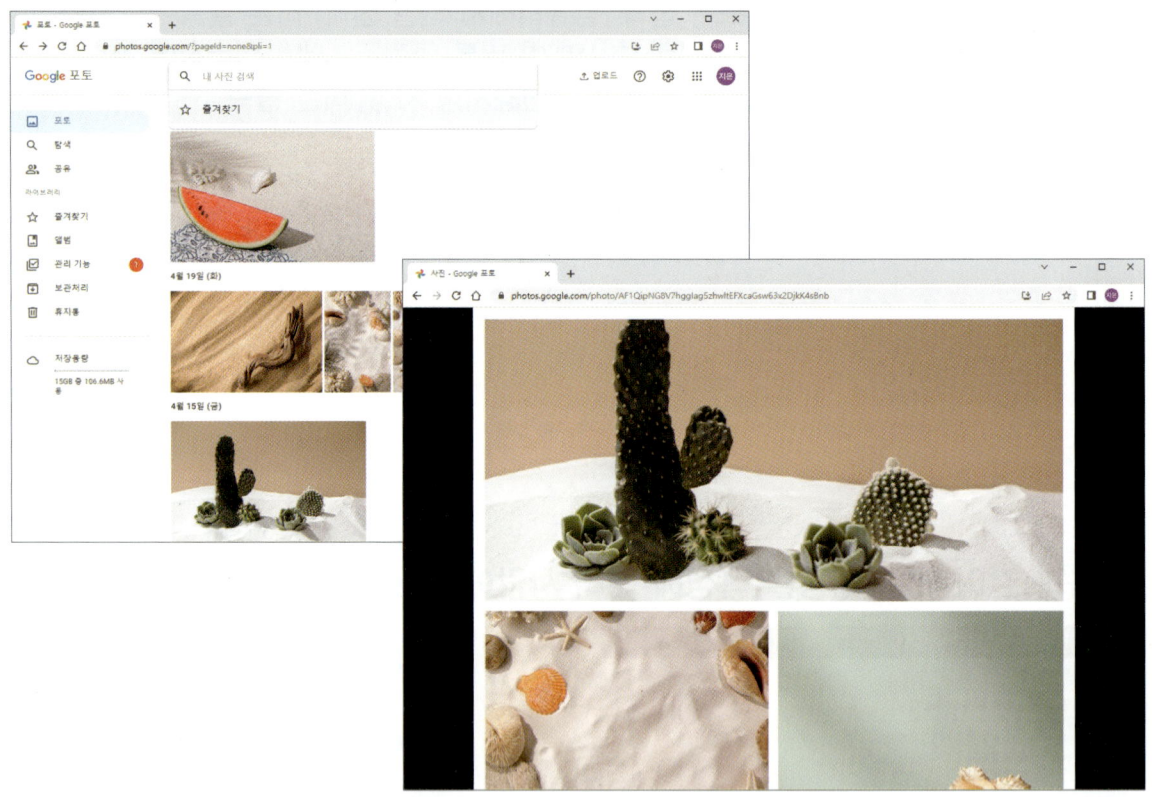

 무엇을 배울까요?

- Google 포토에 사진 보관하기
- 색상 필터 활용하여 사진 편집하기
- 사진 각도 조정하기
- 콜라주 기능을 이용해 사진 합성하기
- 앨범을 만들어 사진 분류하기

구글 '사진' 앱 실행하기

01 크롬을 실행한 후, 구글 홈페이지에서 로그인을 하고 [Google 앱(⋮⋮⋮)]-[사진]을 선택합니다.

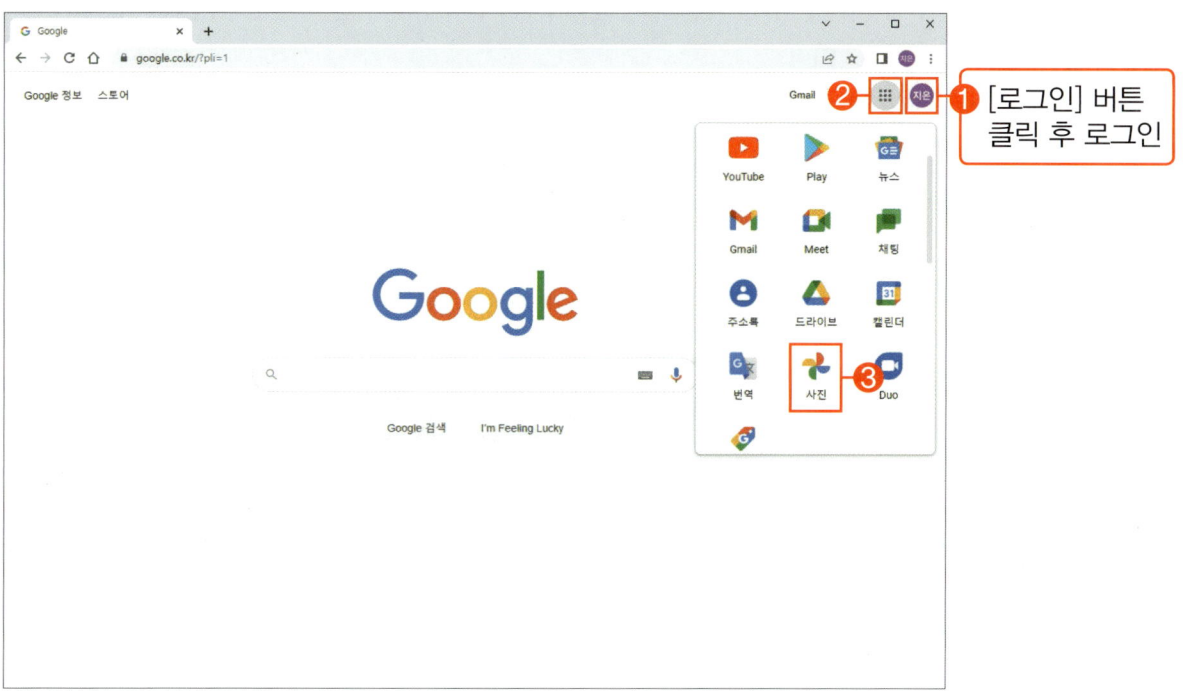

02 '사진' 앱을 처음 실행하면 관련 안내 창이 나타납니다. [계속] 버튼을 클릭합니다. 정보를 다 확인하면 자동으로 창이 닫힙니다.

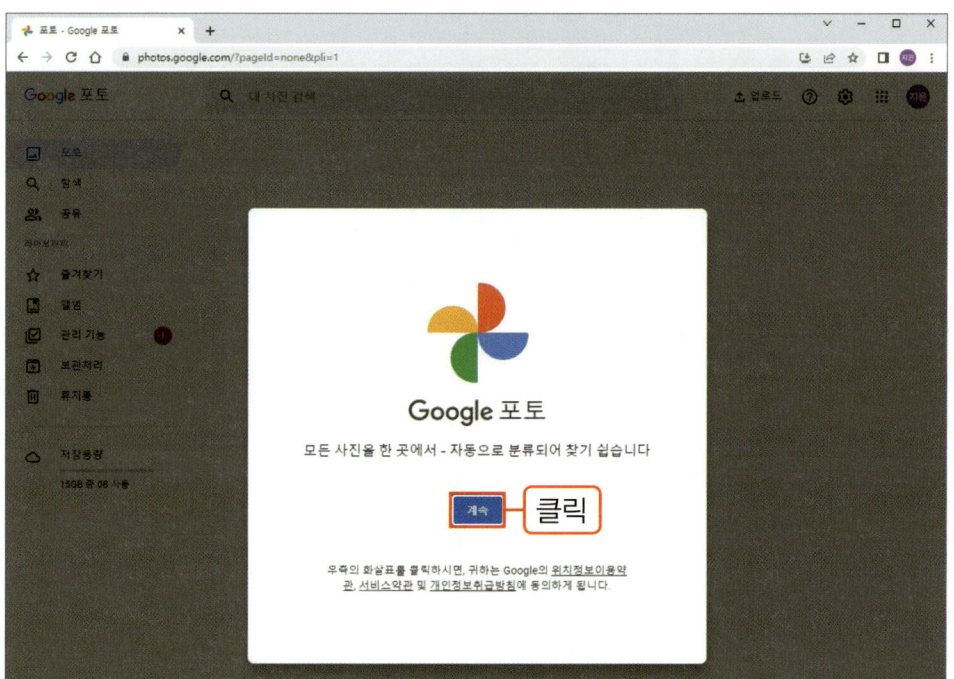

02 사진 업로드하기

01 Google 포토 화면이 나타나면 상단의 **[업로드]를 클릭**합니다.

02 '열기' 대화상자가 나타나면 업로드할 이미지의 위치를 찾아 **파일을 선택**하고, **[열기] 버튼을 클릭**합니다.

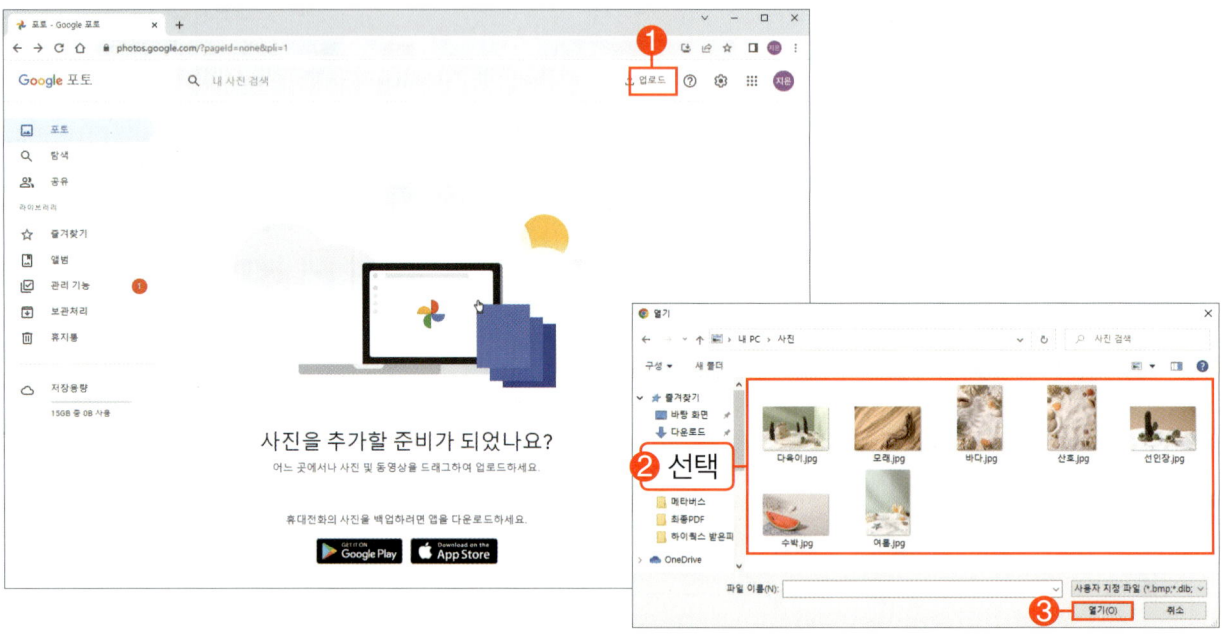

03 '업로드 크기 선택' 대화상자가 나타나면 **'원본 화질'을 선택**하고 **[계속]을 클릭**합니다. 사진이 모두 업로드되면 ×를 클릭합니다.

 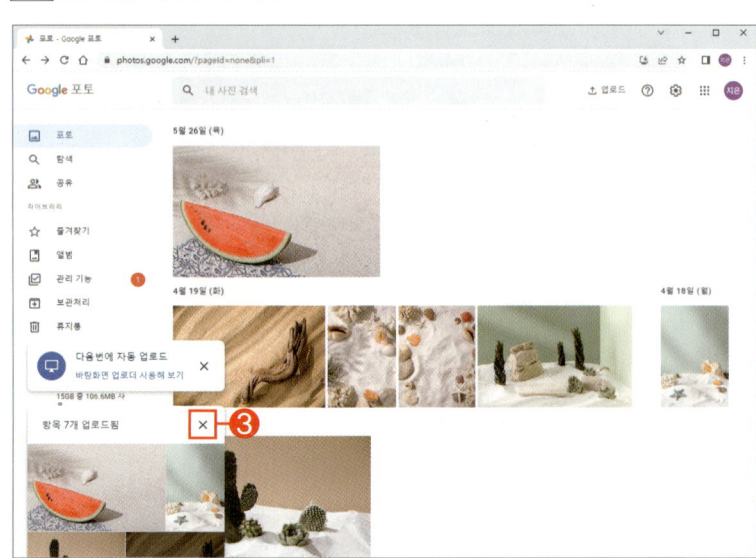

배움터 사진 찾기

사진을 자동으로 분류하는 기능이 있습니다. 그러나 정확하지 않기 때문에 사용자가 찾고자 하는 사진을 바로 찾을 수 없을 수도 있습니다.

01 '내 사진 검색'이라고 써 있는 검색 입력란을 클릭합니다.

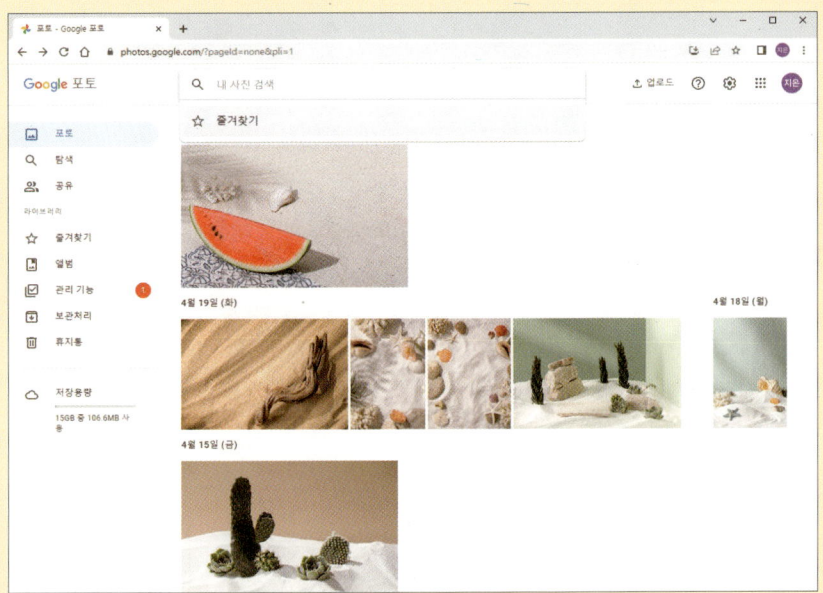

02 'Sea' 또는 '바다'를 입력한 후 Enter 키를 누릅니다. 업로드된 사진 중 바다로 자동 분류된 사진을 확인할 수 있습니다.

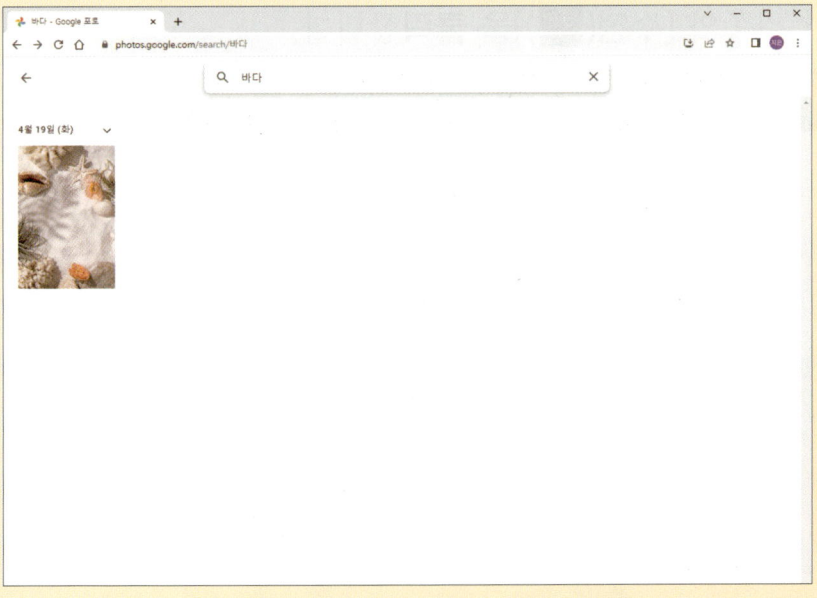

03 간단한 사진 수정하기

01 기본적으로 왼쪽 메뉴의 [포토(🖼)]가 선택된 사진 갤러리 화면이 나타납니다. 사진 목록 중 **수정하고 싶은 사진을 더블 클릭**합니다.

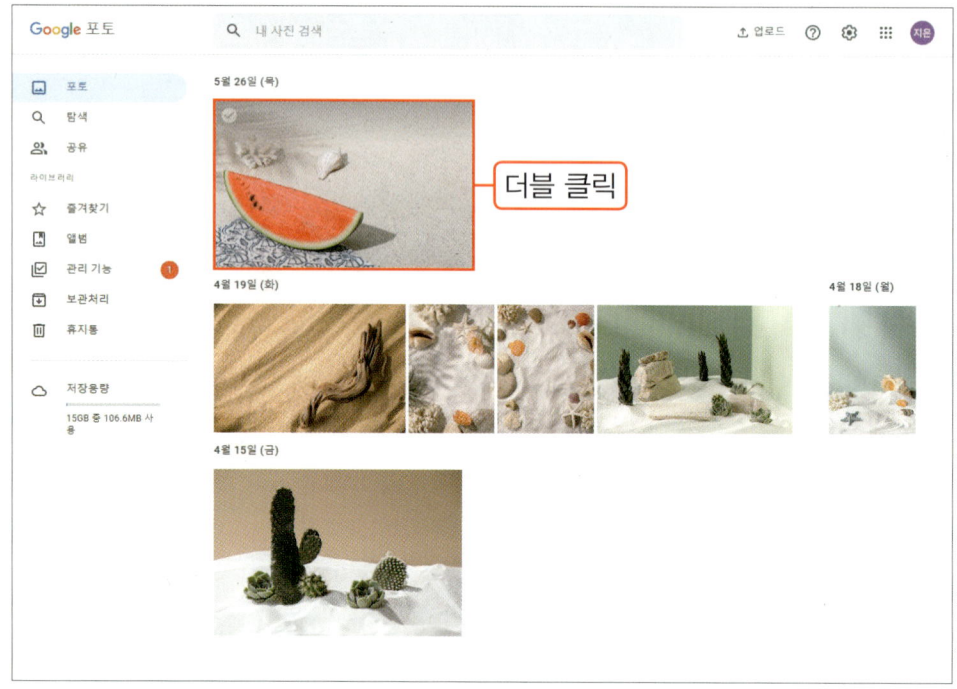

02 편집 화면으로 바뀌면 위쪽의 [**수정(📊)**]을 **클릭**합니다.

03 색상 필터, 기본 조정, 자르기 및 회전을 할 수 있는 수정 화면이 나타납니다. [색상 필터( )] 탭이 선택된 상태에서 **[팔마]를 선택**합니다.

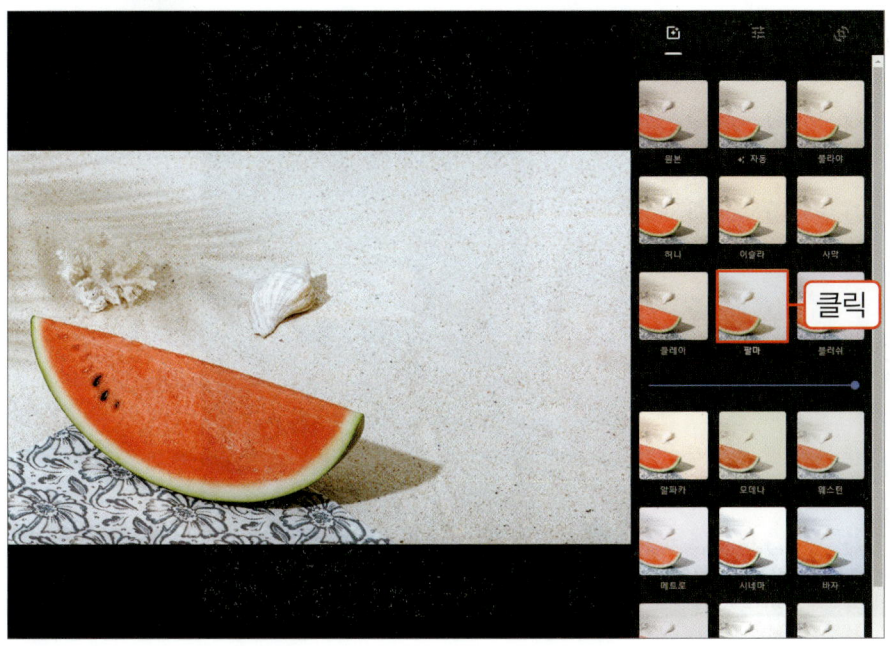

04 **[자르기 및 회전( )] 탭을 클릭**합니다.

05 화면이 바뀌면 위쪽의 **[회전( )]을 클릭**해 가로 방향 사진을 세로 방향으로 바꿔 줍니다.

06 '0°' 부분으로 마우스 포인터를 이동하여 ↕로 변경되면 **드래그**하여 각도를 조정한 후 [**완료**]를 **클릭**합니다.

07 [색상 필터(▣)] 탭이 활성화된 수정 화면으로 되돌아오면 [**완료**]를 **클릭**합니다.

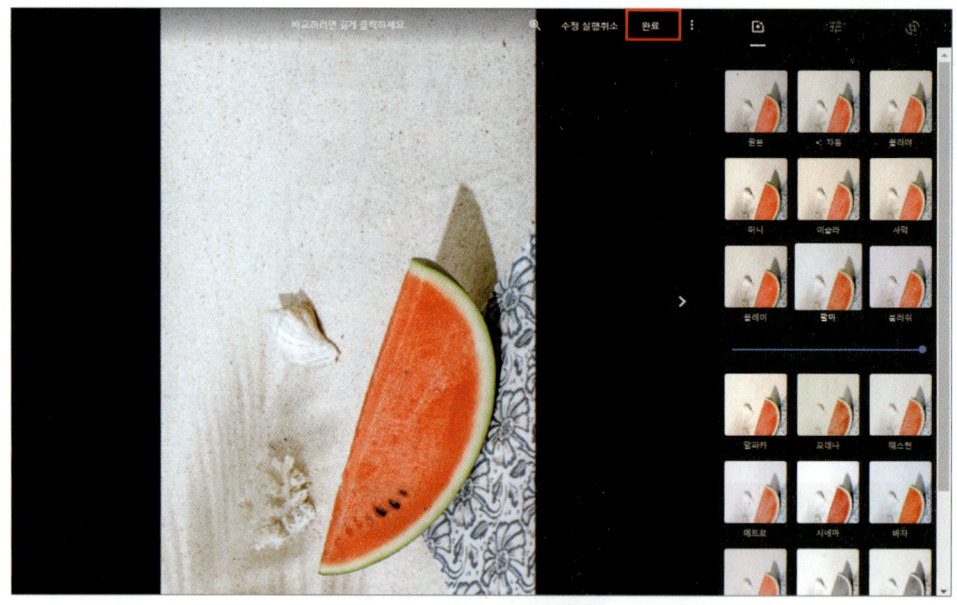

08 편집 화면으로 되돌아오면 ←를 **클릭**합니다.

09 사진 갤러리 화면이 나타납니다. 더블 클릭한 사진이 수정되어 삽입되어 있는 것을 확인할 수 있습니다.

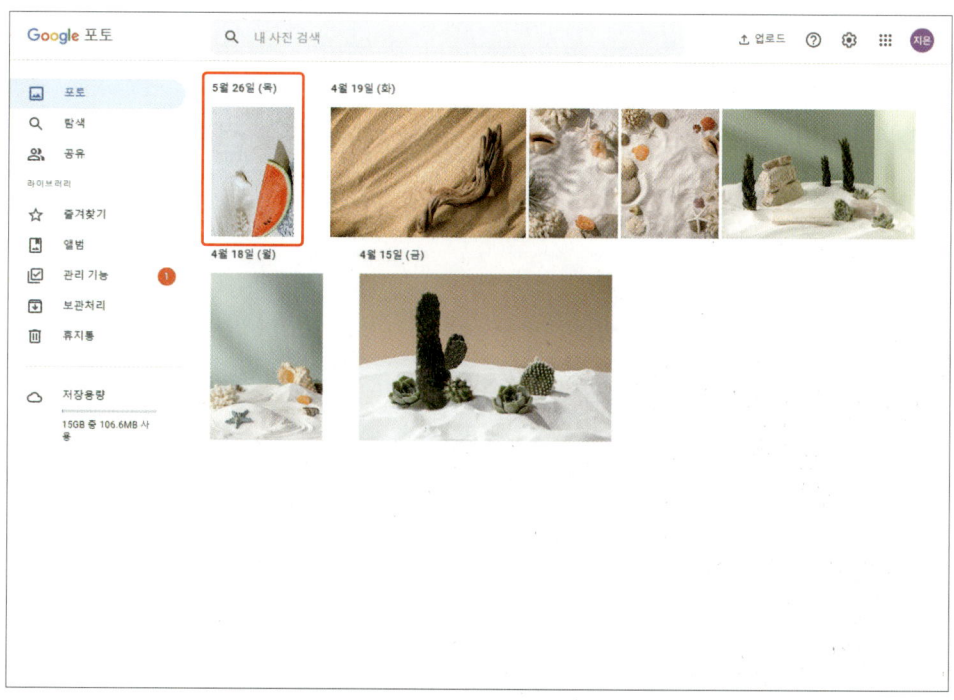

콜라주 만들기

01 왼쪽 메뉴에서 [관리기능(☑)]을 클릭한 후, [콜라주]를 선택합니다.

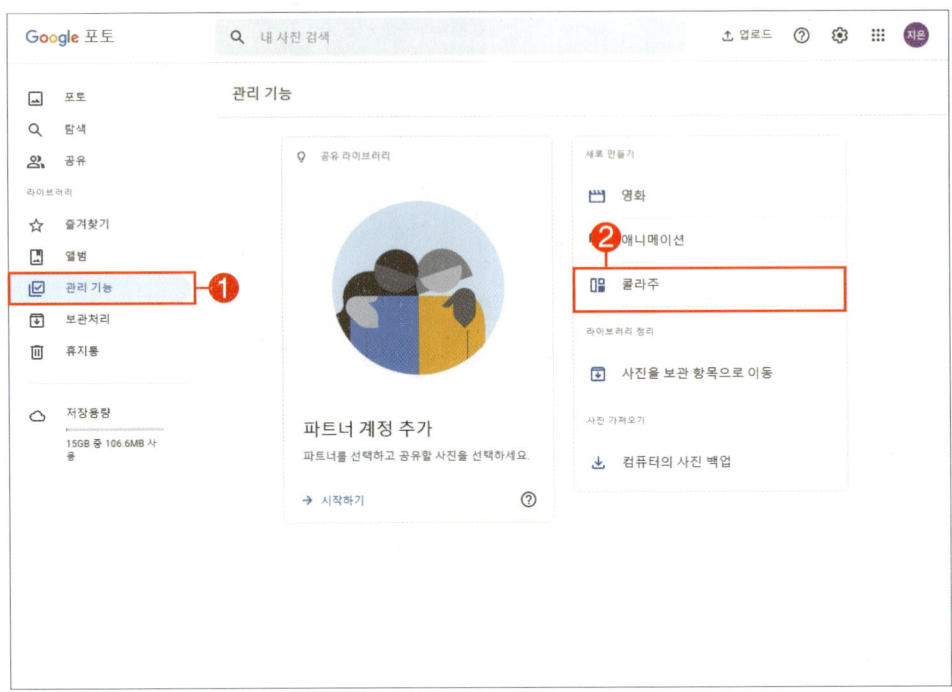

02 콜라주 만들기 화면이 나타나면 콜라주로 작성할 **사진들을 선택**하고 [만들기] 버튼을 클릭합니다.

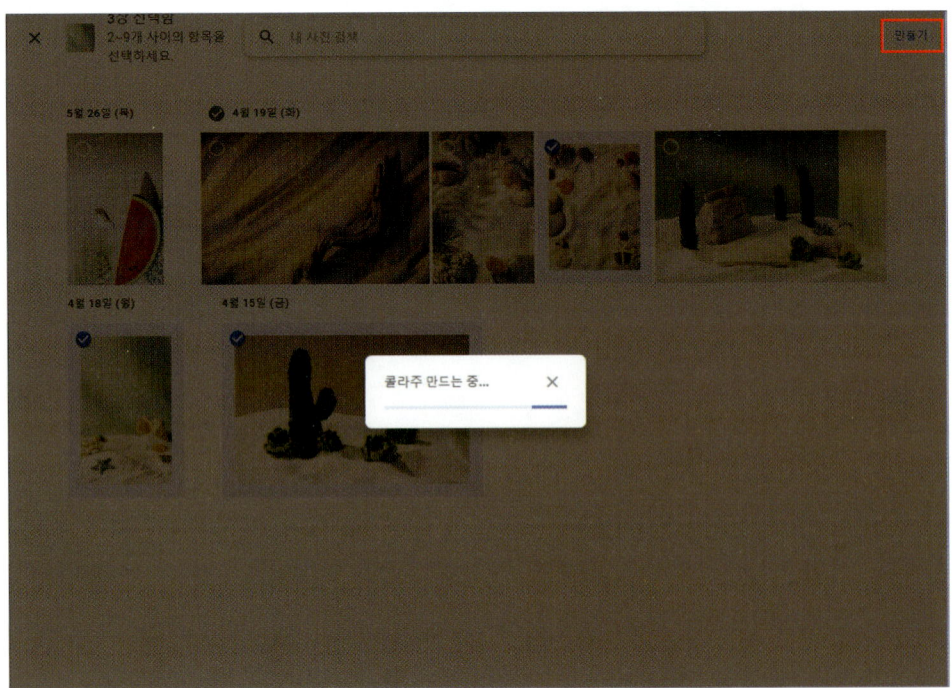

> **배움터** 날짜 앞의 ☑를 클릭하면 해당 날짜의 모든 사진들이 선택되므로, 사진 안의 ○ 부분을 클릭해 체크 표시(☑)합니다.

03 자동으로 프레임을 설정하여 콜라주를 구성합니다. ←를 **클릭**합니다.

04 사진 갤러리 화면이 나타납니다. 왼쪽 메뉴의 **[포토(🖼)]를 클릭**하면 방금 만든 콜라주가 들어 있는 것을 확인할 수 있습니다.

나만의 앨범 만들기

01 앨범 화면의 [앨범 만들기] 버튼을 클릭합니다. '제목 추가' 란에 앨범 제목을 입력하고 [사진 추가] 버튼을 클릭합니다.

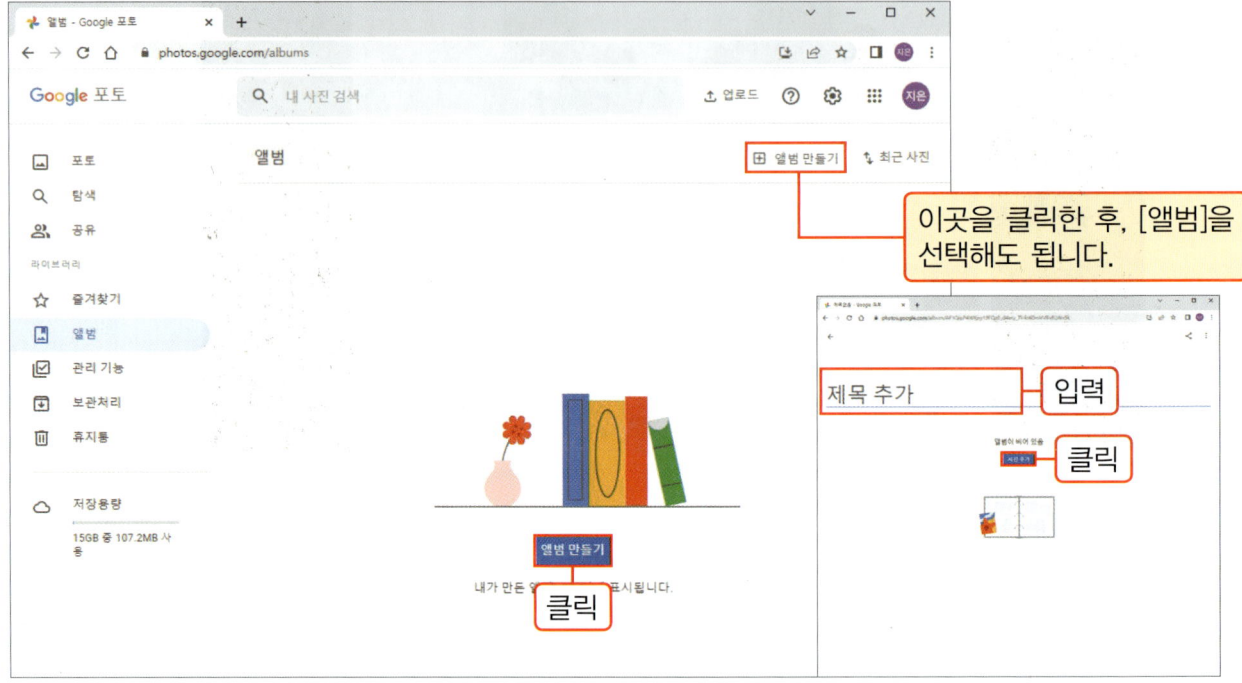

02 사진을 선택한 후 [완료] 버튼을 클릭합니다.

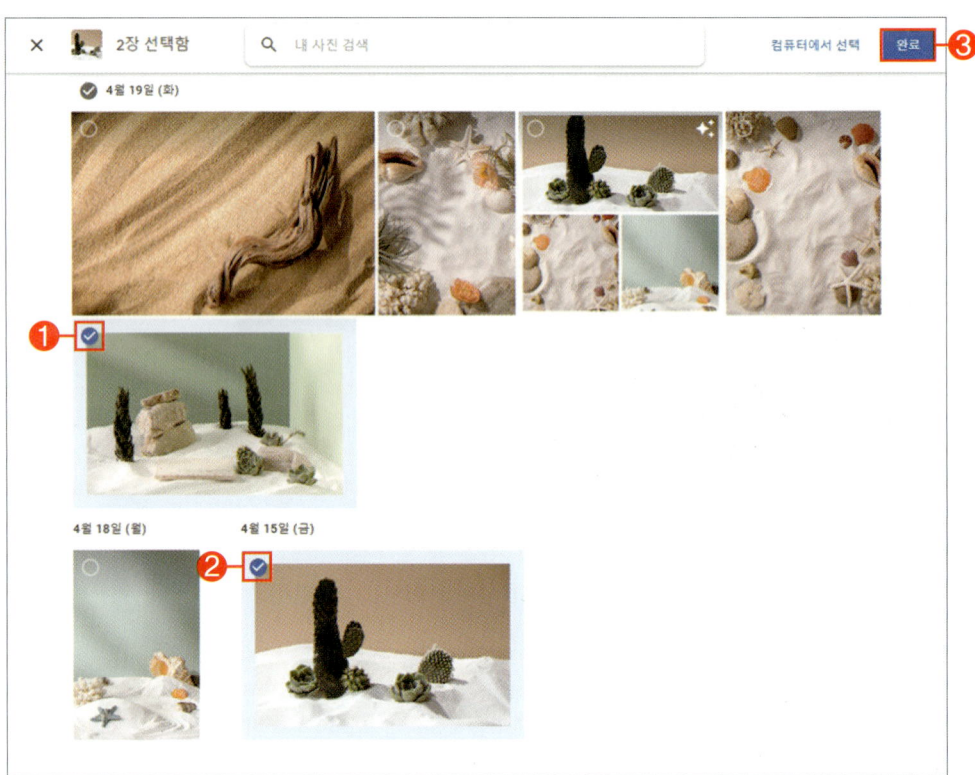

03 앨범의 제목과 사진을 모두 확인하고 ←를 **클릭**합니다.

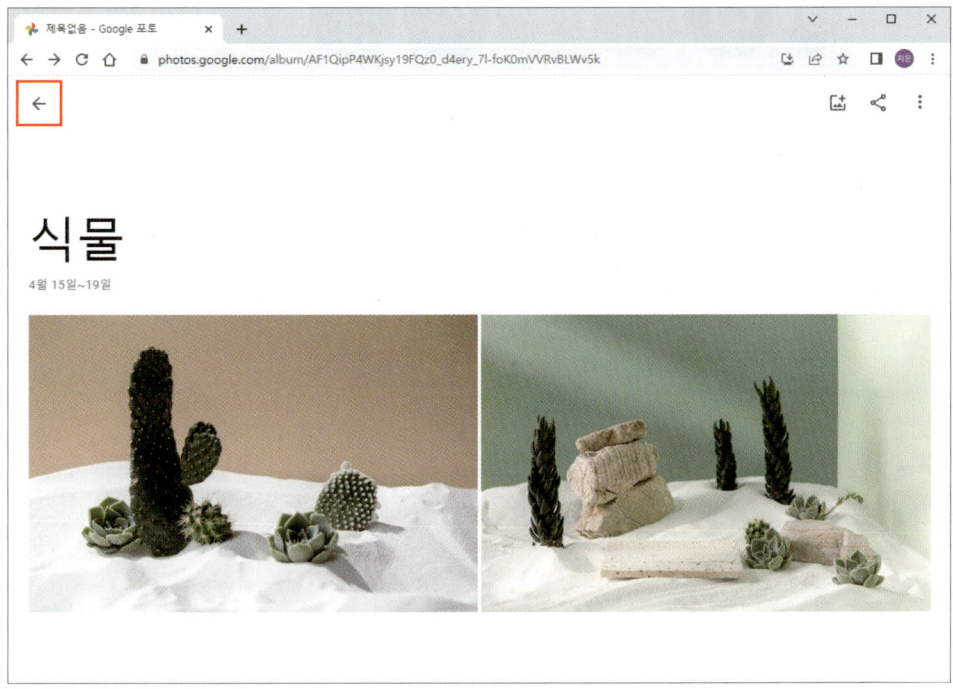

04 내가 만든 앨범이 목록에 있는 것을 확인할 수 있습니다.

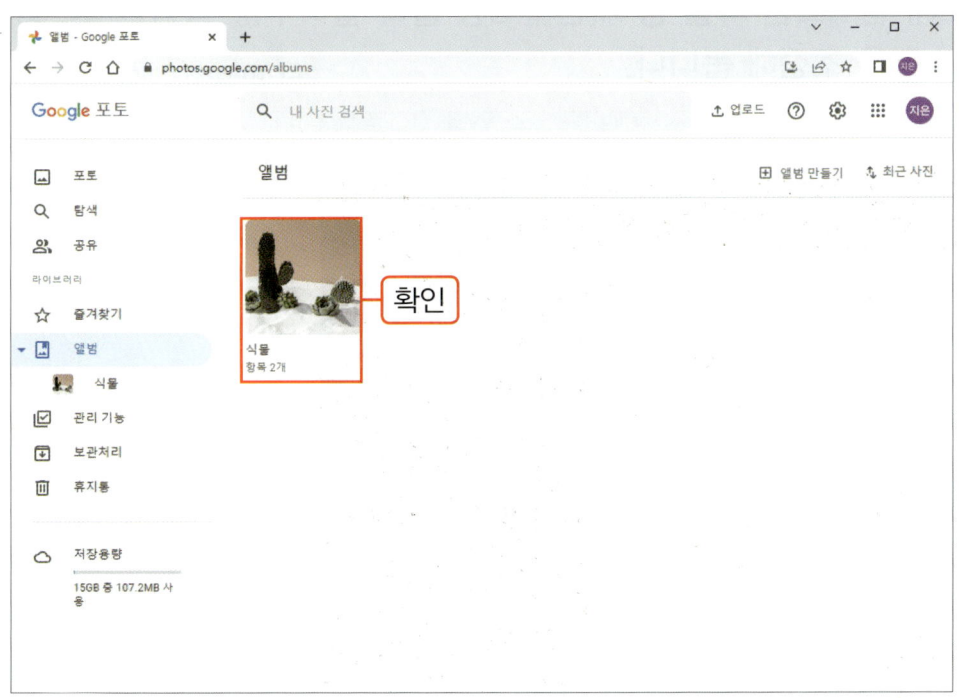

05 [식물]을 **클릭**하면 '식물' 앨범에 포함된 사진들을 확인할 수 있습니다.

1. Google 포토에 업로드된 파일 중 사진을 골라 각각 사진으로 자동 전환되는 '애니메이션'을 만들어 봅니다.

   예제파일 : 이미지-홈카페.jpg

   도움터

   [관리 기능(🖻)] 선택 → [애니메이션] 선택 → 사진 선택 → [완료] 버튼 클릭

2. Google 포토에 업로드된 파일 중 사진을 5장 골라 콜라주를 작성한 후, 밝기와 색상, 팝의 값을 조정해 봅니다.

   예제파일 : 이미지-반려견.jpg

   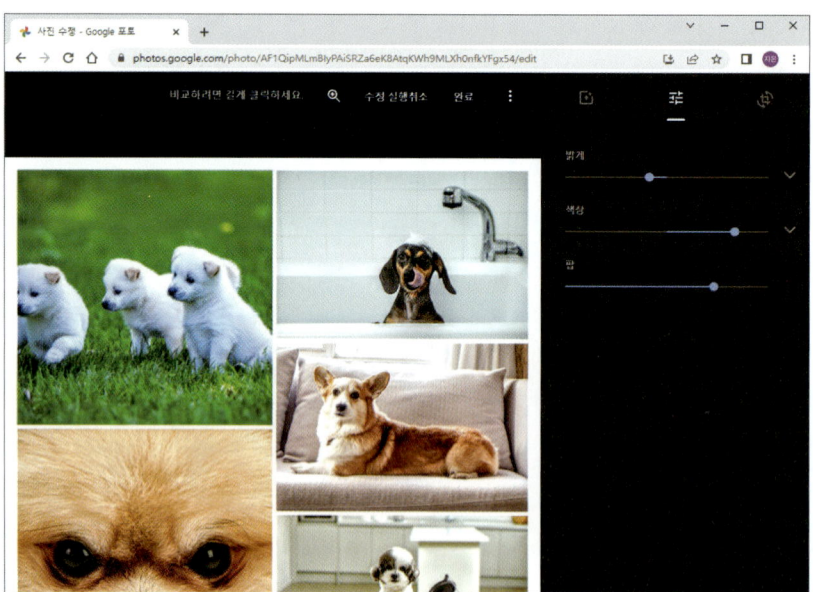

   도움터

   [관리 기능(🖻)] 선택 → [콜라주] 선택 → 사진 선택 → [완료] 버튼 클릭 → [수정] 클릭 → [기본 조정(🔧)] 탭 클릭 → 각각의 조절점 드래그하여 조정 → [완료] 버튼 클릭

10 구글 '드라이브' 앱 사용하기

구글에서는 개인 저장 공간을 지원합니다. 저장 공간에는 워드프로세서 파일, 스프레드시트 파일, 프레젠테이션 파일, 사진 파일, 비디오(동영상) 파일, 오디오 파일, 압축 파일 등 다양한 자료들을 보관할 수 있습니다. 또한 오피스 프로그램이 설치되어 있지 않아도 워드, 엑셀, 파워포인트 같은 오피스 문서를 제작할 수 있는 기능도 지원합니다. 이번 장에서는 구글의 '드라이브' 앱 서비스에 다양한 자료를 저장하고 다운 받는 방법과 문서를 작성하는 방법에 대해 살펴보도록 하겠습니다.

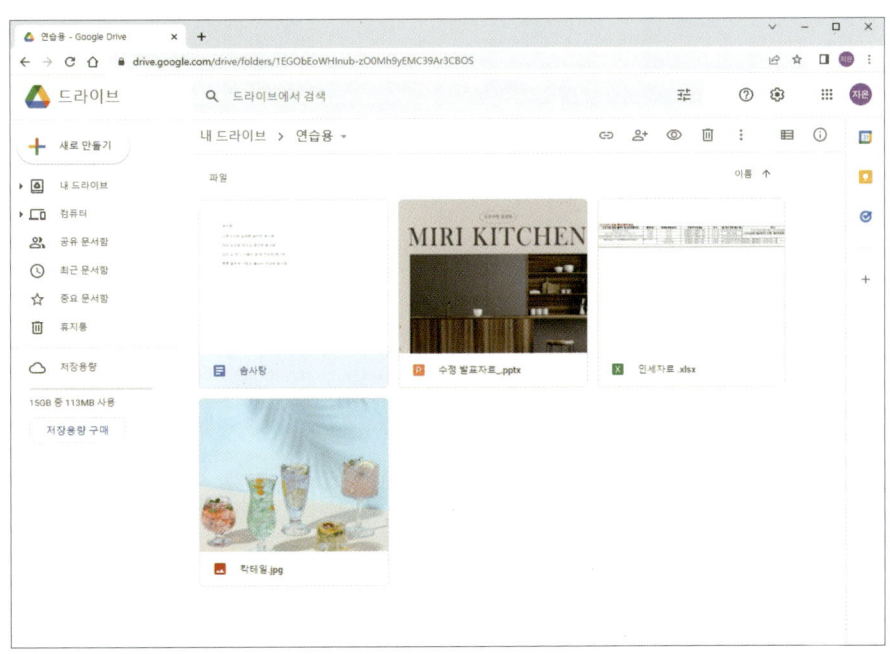

 무엇을 배울까요?

- ⋯ Google 드라이브에 파일 보관하기 : 파일 업로드
- ⋯ Google 드라이브에 보관된 파일 내 컴퓨터로 가져오기 : 파일 다운로드
- ⋯ 오피스 문서 수정하여 다른 이름으로 저장하기
- ⋯ 오피스 문서 새로 만들기

구글 '드라이브' 앱 실행하기

01 크롬을 실행한 후, 구글 홈페이지에서 로그인을 하고 [Google 앱(▦)]-[드라이브]를 선택합니다.

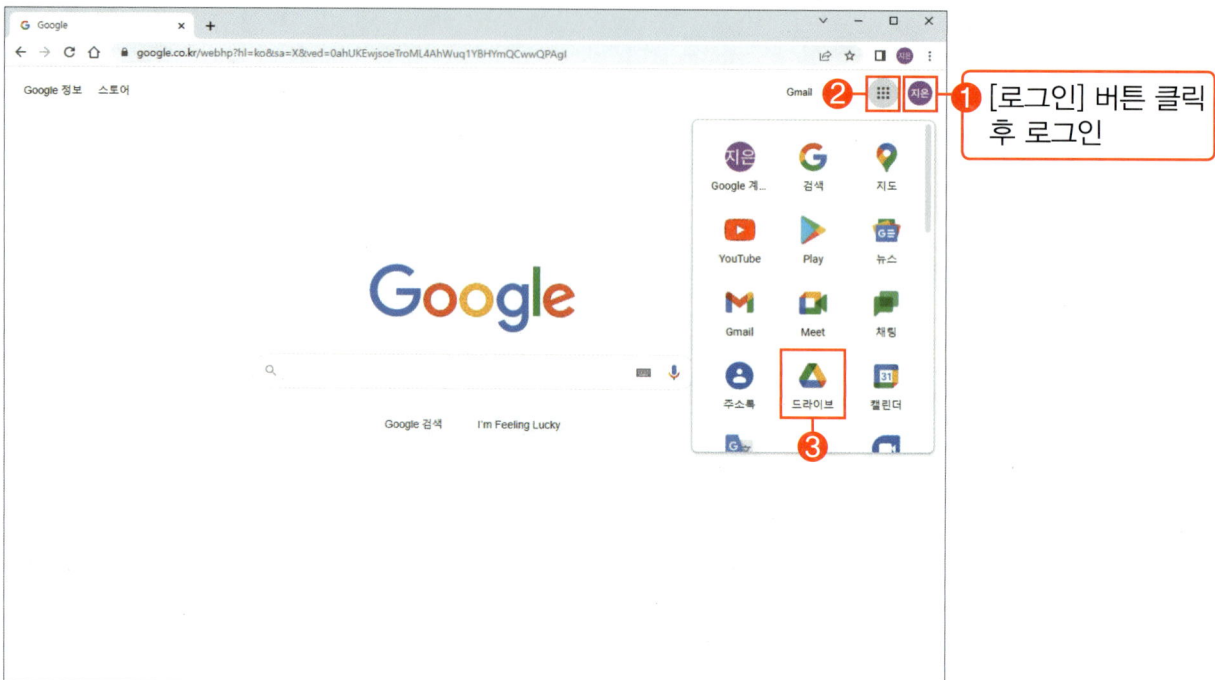

02 드라이브의 첫 화면이 나타납니다.

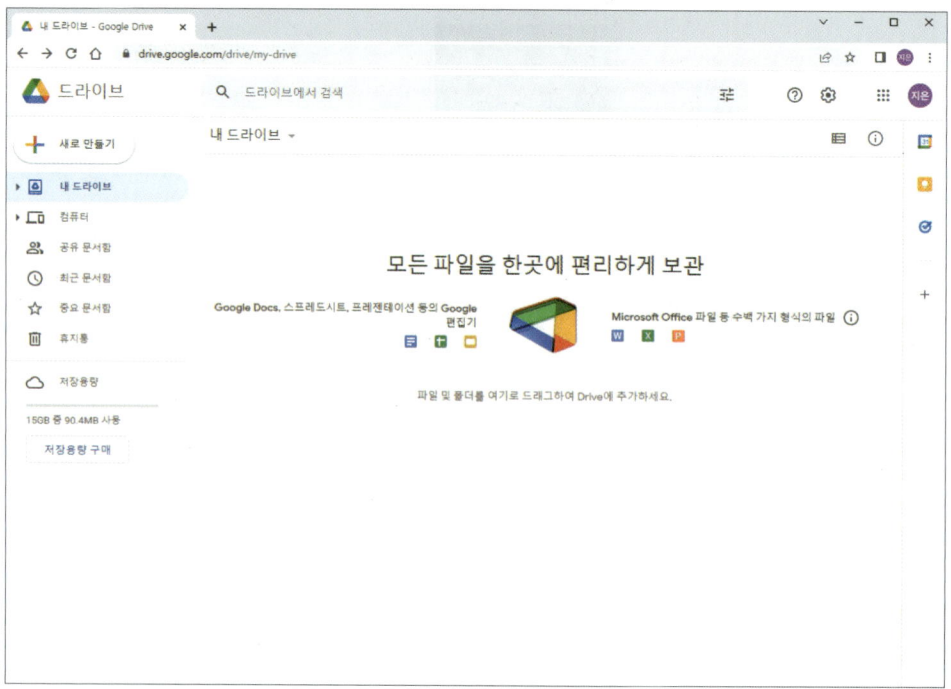

02 Google 드라이브에 폴더 만들어 파일 업로드하기

폴더 만들기

01 [새로 만들기]-[폴더]를 선택합니다.

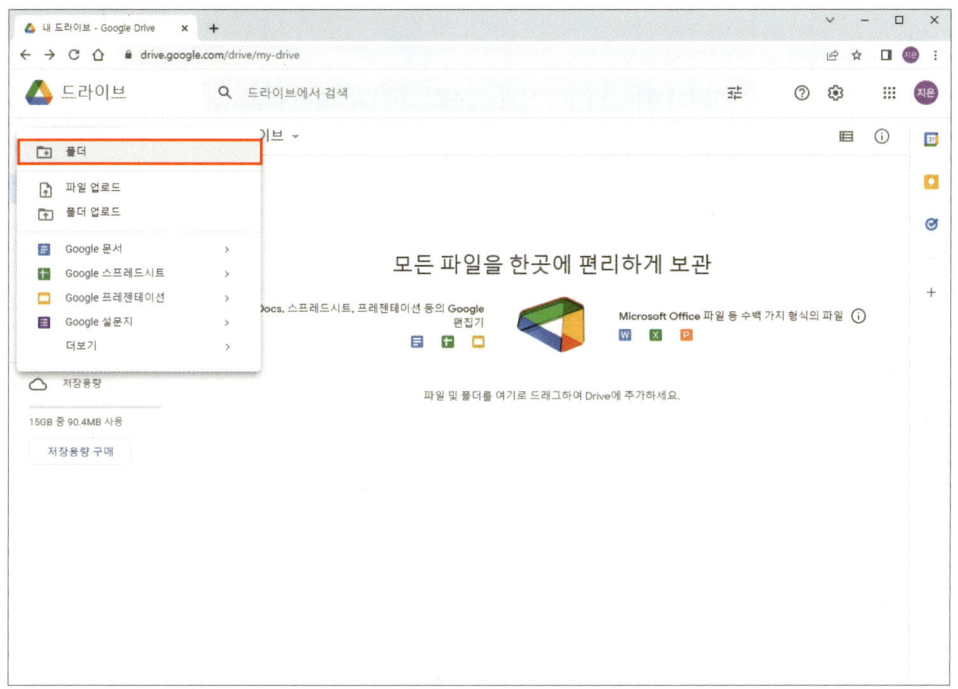

배움터

[내 드라이브]를 클릭해 [새 폴더]를 선택할 수도 있습니다.

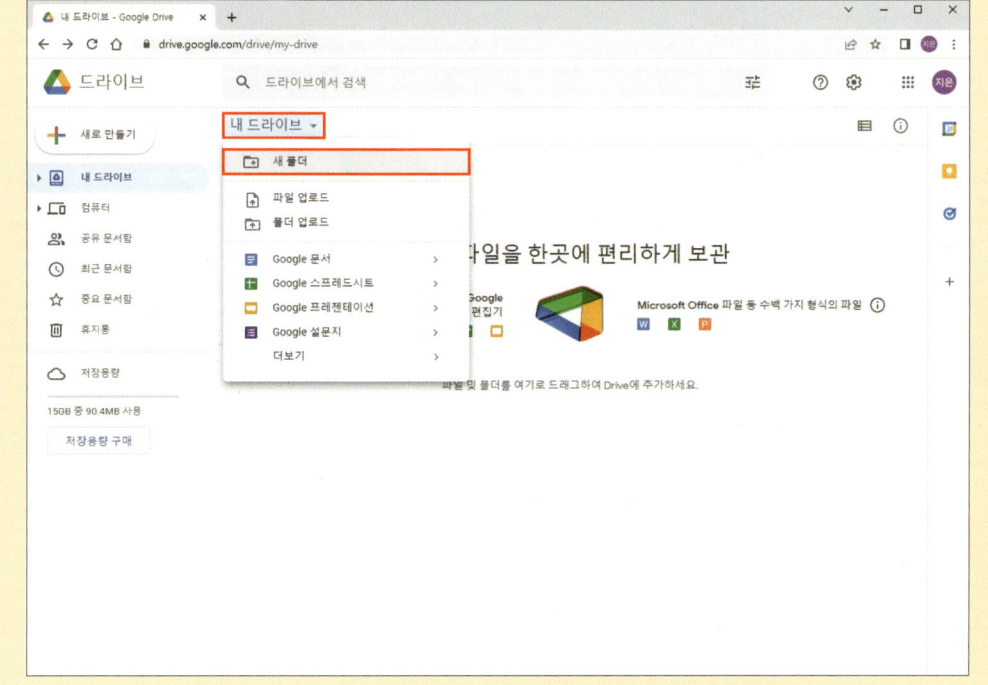

02 '새 폴더' 대화상자가 나타나면 폴더 이름을 **'연습용'으로 입력**하고 **[만들기]** 버튼을 클릭합니다.

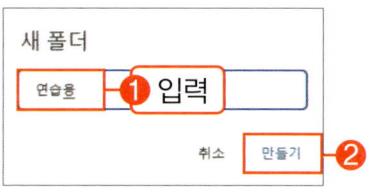

03 새로운 폴더가 생성된 것을 확인합니다. **'연습용' 폴더를 더블 클릭**하면 폴더 안을 살펴볼 수 있습니다. 현재는 비어 있는 상태입니다.

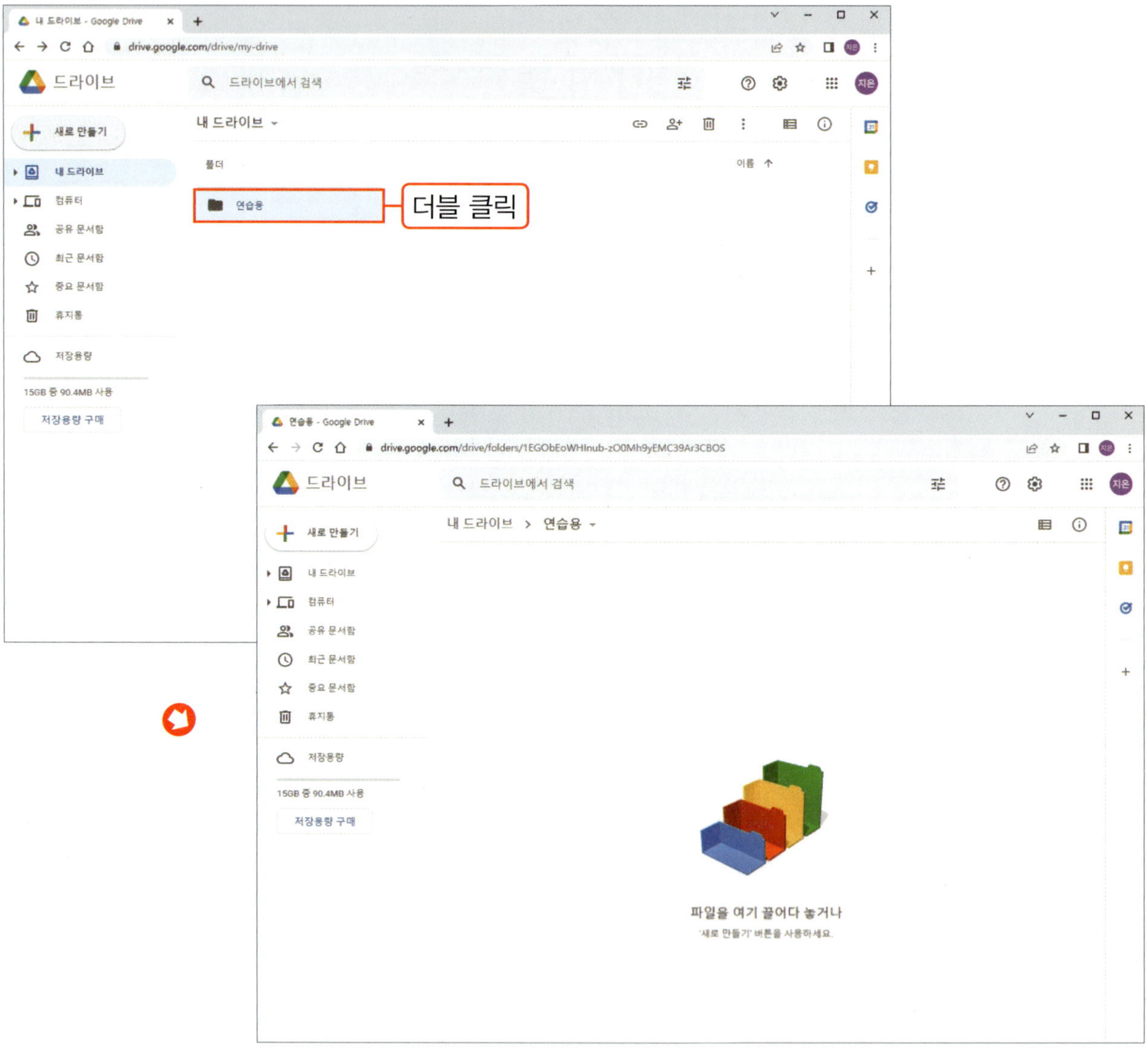

파일 업로드하기

01 **[새로 만들기]–[파일 업로드]를 선택**합니다. '열기' 대화상자가 나타나면 **업로드할 파일을 선택**한 후 **[열기] 버튼을 클릭**합니다.

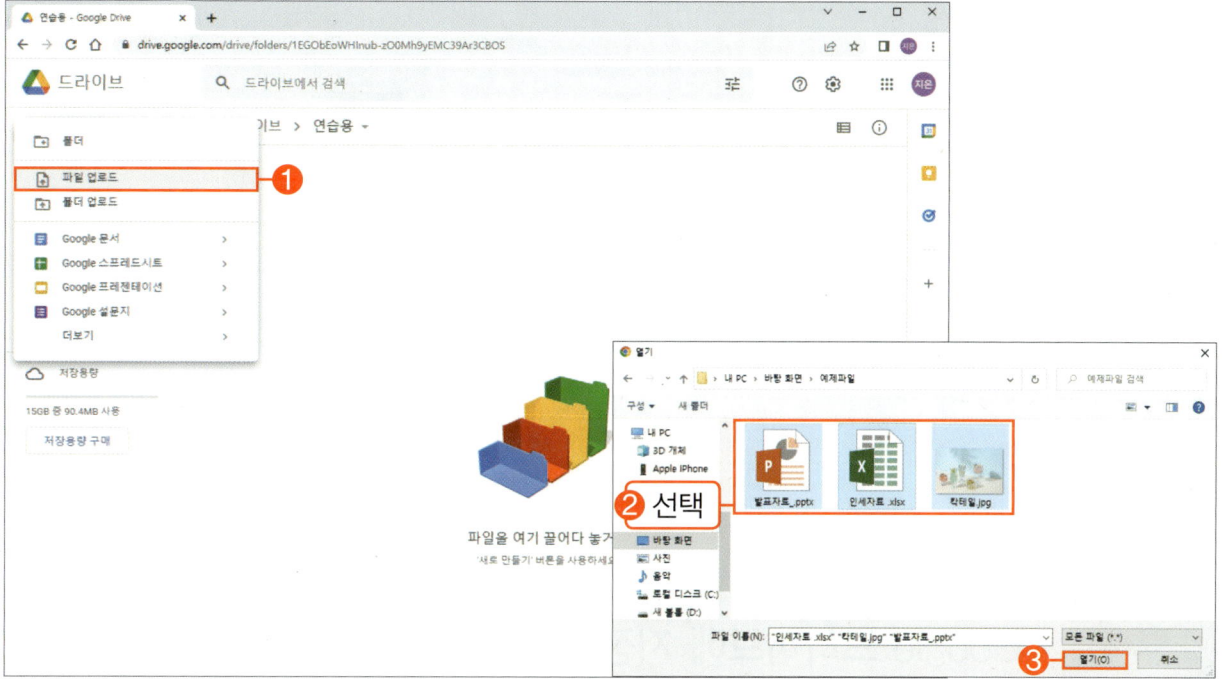

02 모두 업로드되면 **[닫기(×)]를 클릭**합니다.

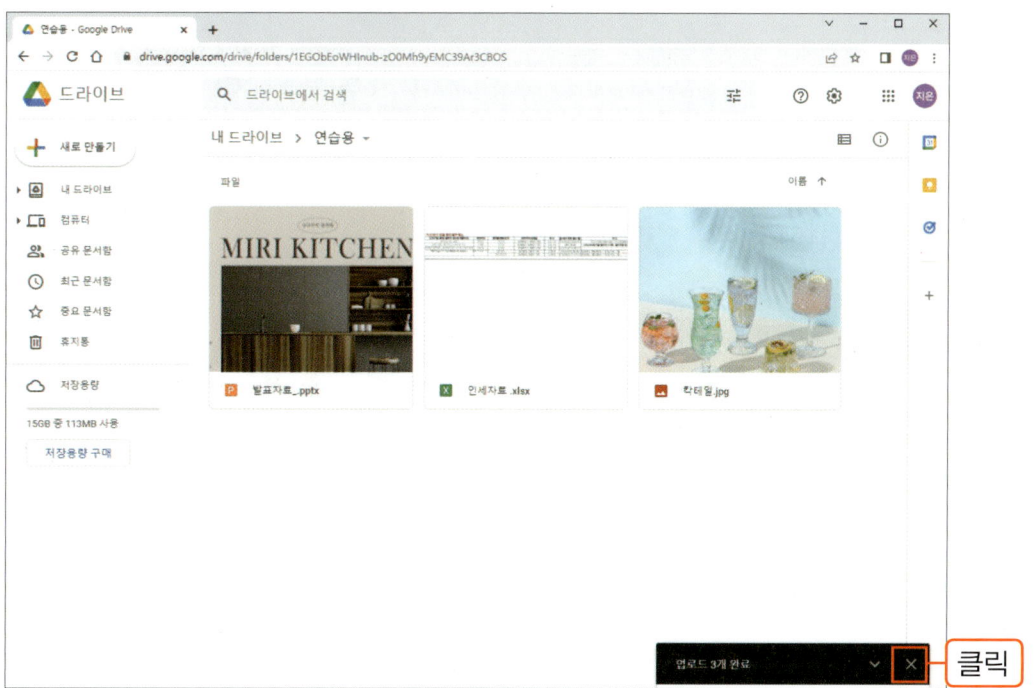

배움터 폴더 업로드하기

[새로 만들기]–[폴더 업로드]를 선택하면 폴더째 업로드할 수 있습니다.

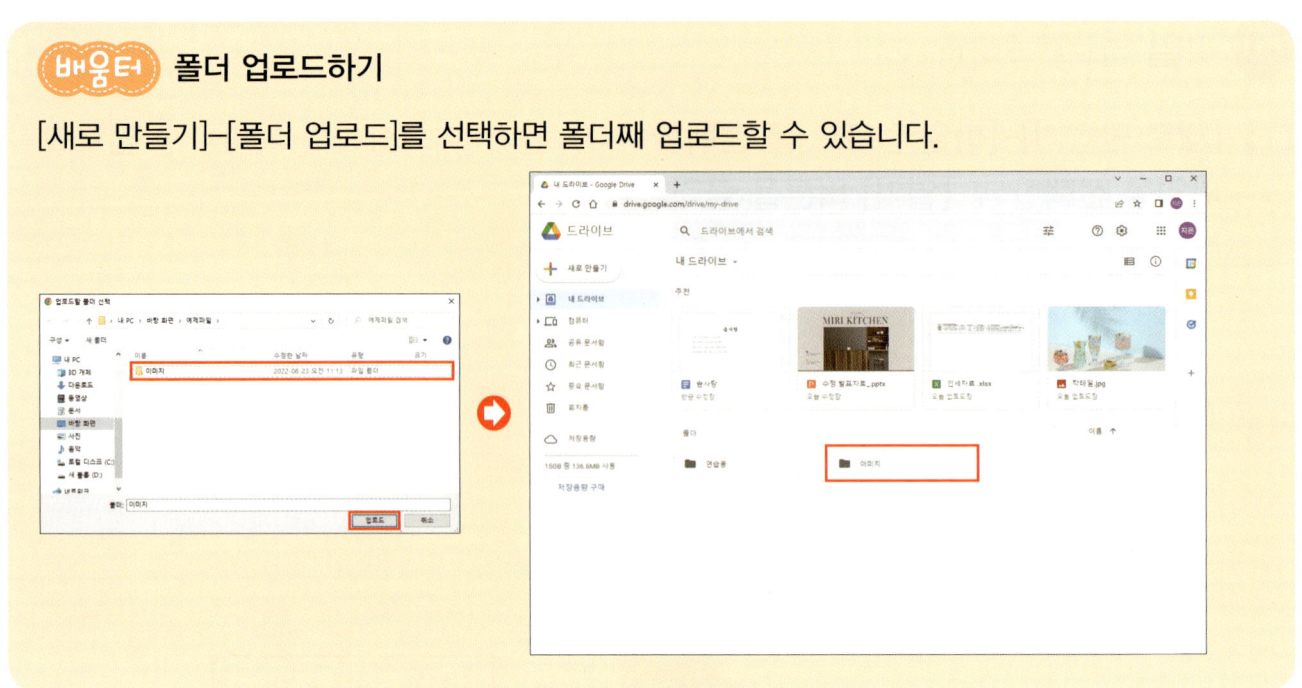

03 Google 드라이브에 저장된 파일 다운로드하기

01 다운로드할 파일을 선택합니다.

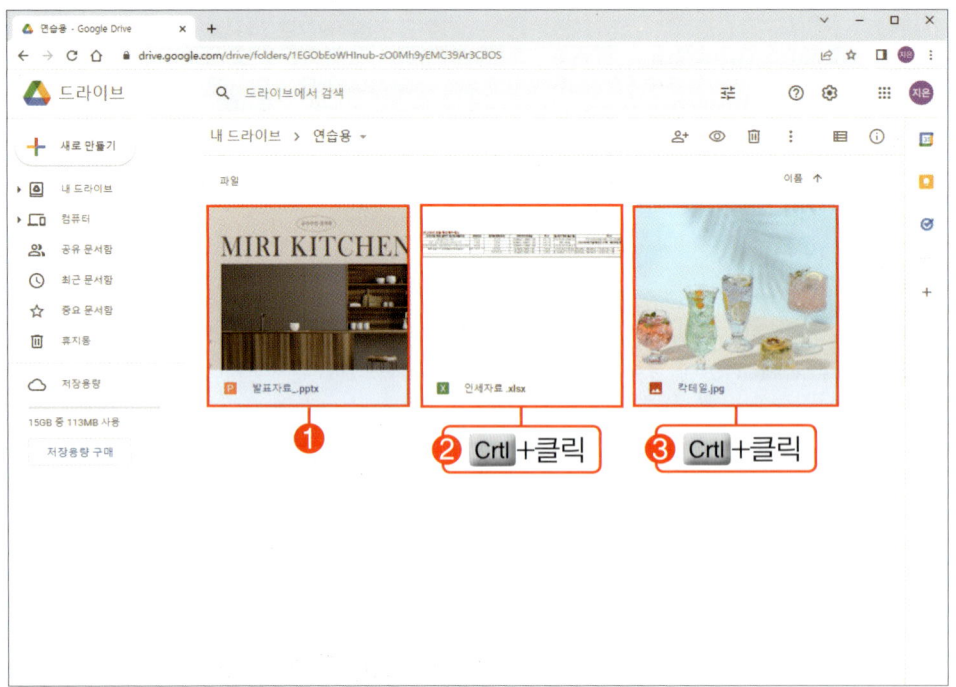

배움터
인접해 있는 여러 파일을 선택할 때는 Shift 키를 활용하고, 떨어져 있는 파일을 선택할 때는 Ctrl 키를 활용합니다.

02 [추가 작업(⋮)]을 클릭해 [다운로드]를 선택합니다.

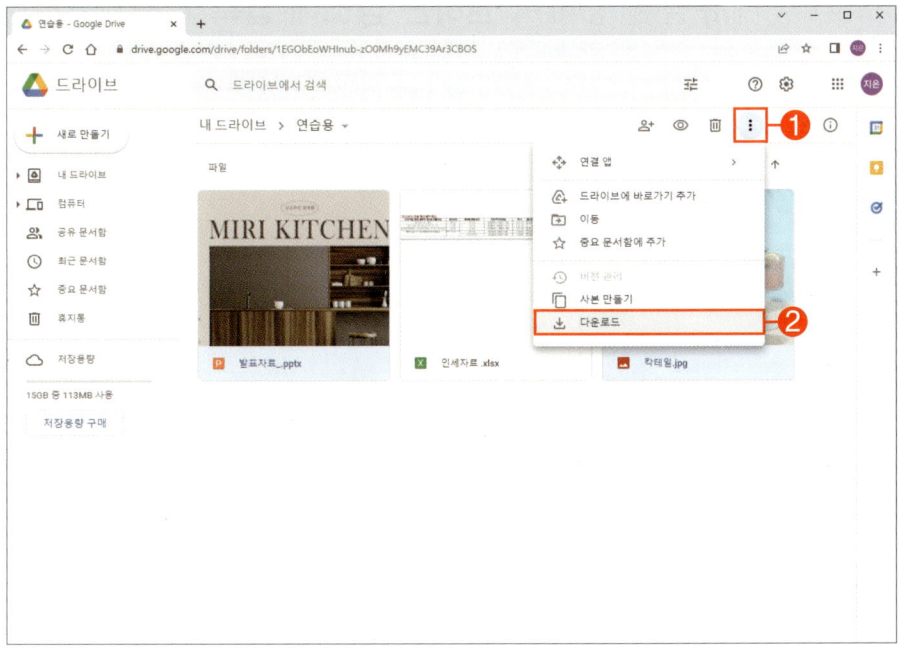

03 선택한 파일을 압축하는 과정이 나타나고, 압축 파일 형태로 다운로드됩니다. 다운로드가 완료되면 왼쪽 하단에 표시됩니다. 다운로드 위치를 모르면 **파일 이름 옆의 ⌃를 클릭한 후 [폴더 열기]를 선택**합니다.

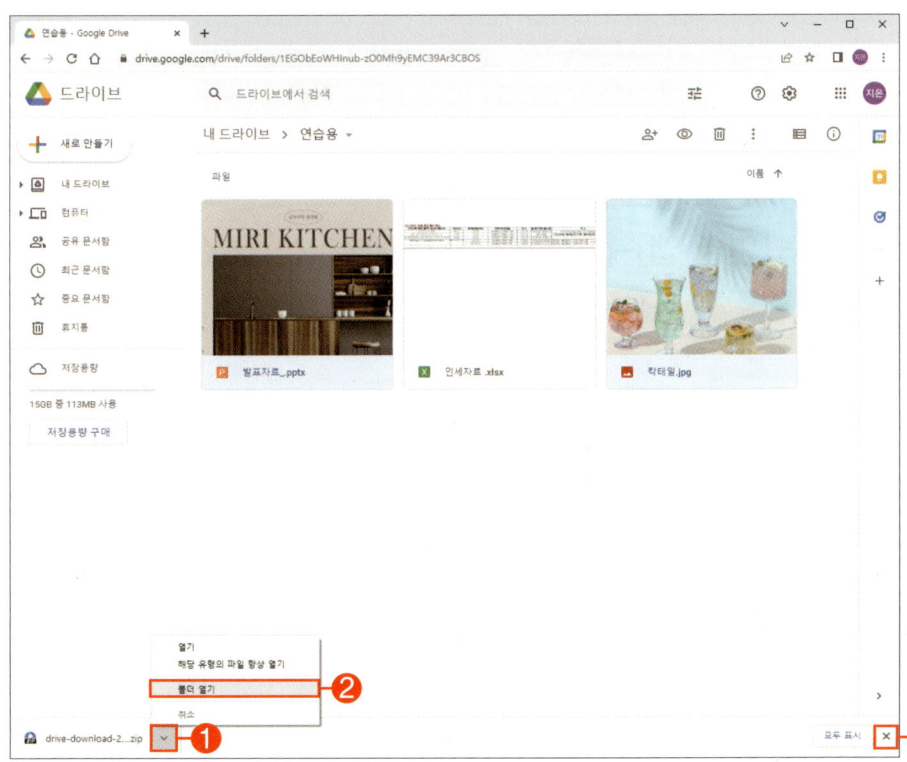

> **배움터** 1개의 파일을 다운로드하는 경우에는 압축 파일이 생성되지 않습니다.

04 압축 파일이 저장된 폴더가 열립니다. **다운로드한 압축 파일을 마우스 오른쪽 버튼으로 클릭**해 바로 가기 메뉴를 활용하여 **원하는 장소에 압축을 해제**합니다.

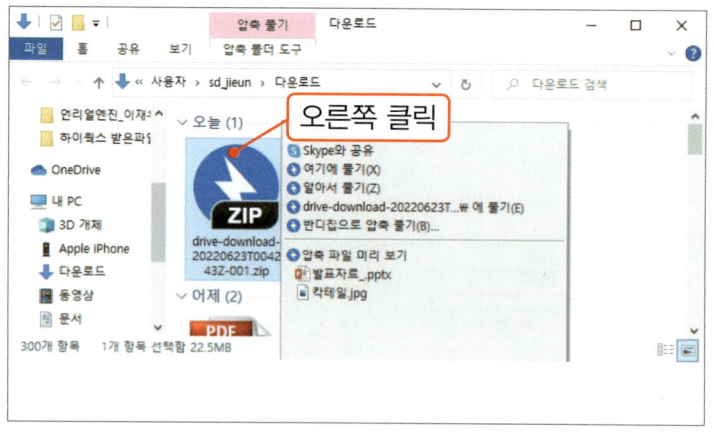

> **배움터** 압축 파일의 모습은 사용자 시스템에 설치된 압축 프로그램에 따라(연결 프로그램에 따라) 달라집니다.

04 업로드한 오피스 문서 파일 수정하기

구글 오피스 열기

01 업로드되어 있는 파일 중 **'발표자료.pptx' 파일을 마우스 오른쪽 버튼으로 클릭**합니다. 바로 가기 메뉴 중 **[연결 앱]-[Google 프레젠테이션]을 선택**합니다.

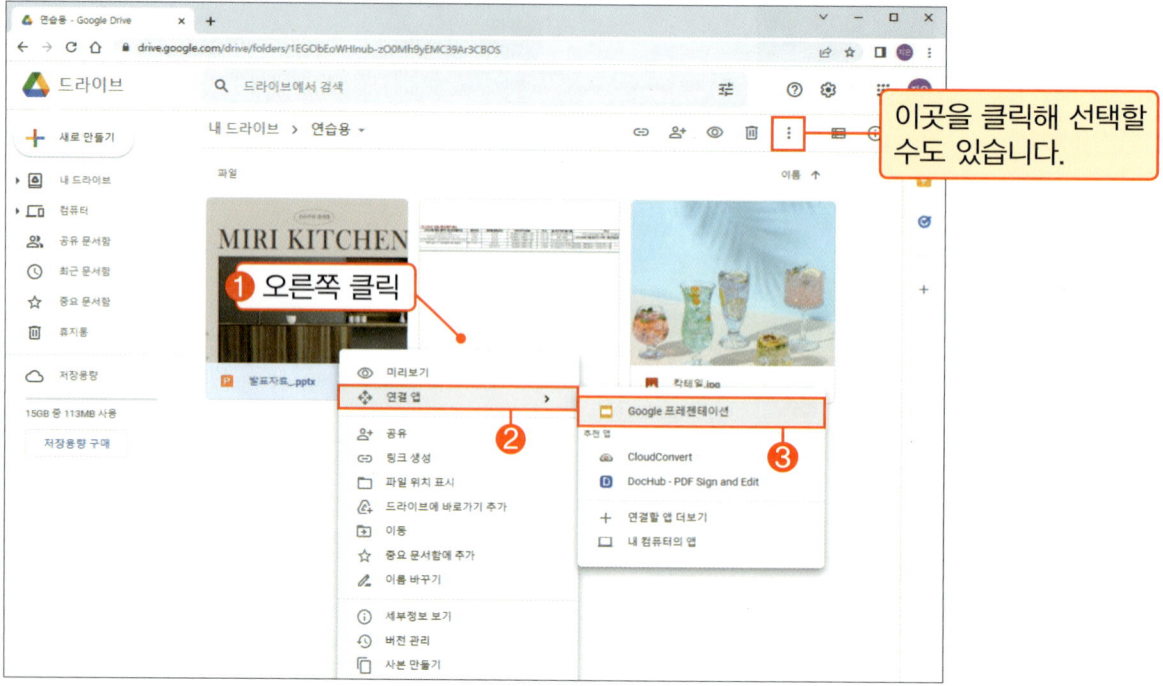

02 Google 프레젠테이션이 새 탭에서 실행됩니다.

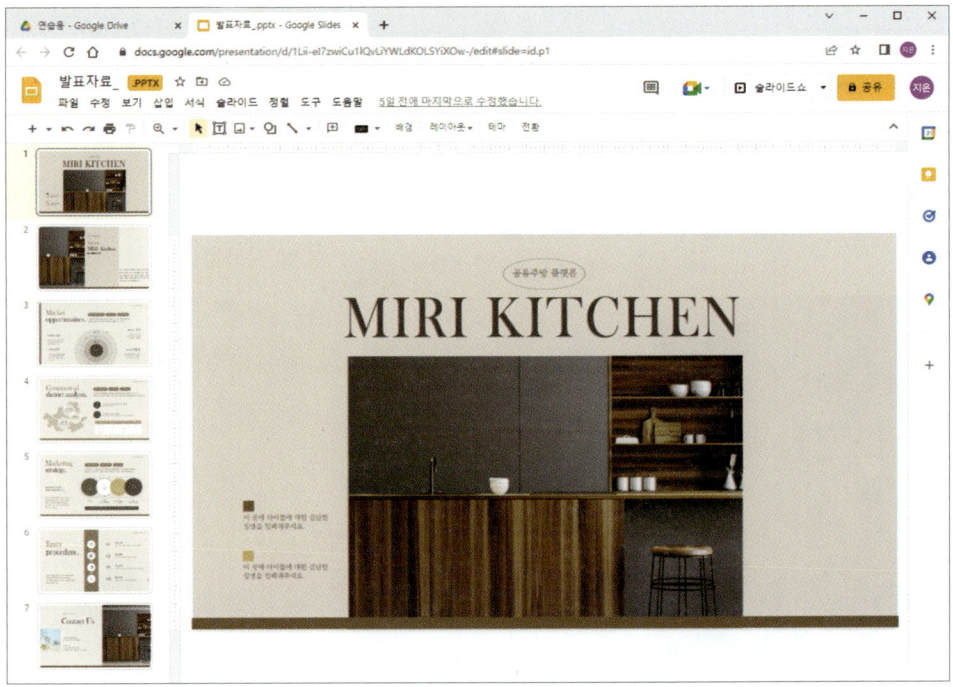

프레젠테이션 수정하기

01 [슬라이드 2]의 **글상자를 선택**한 후, 글꼴은 '나눔 펜글씨', 크기는 '30', 정렬은 '양쪽맞춤'으로 **설정**합니다.

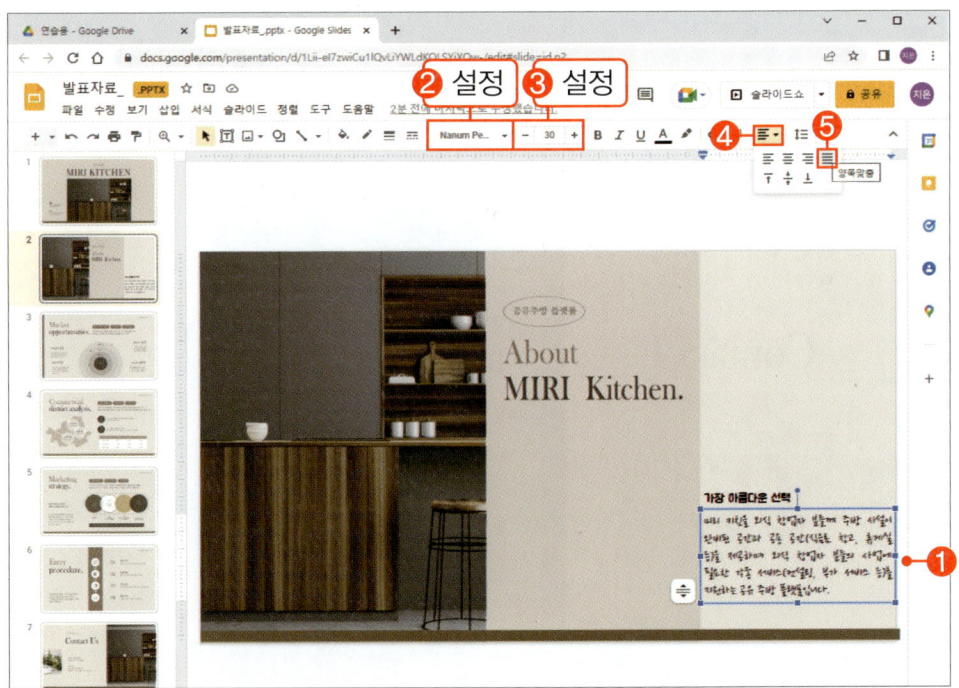

> **배움터** 화면에 도구 아이콘들이 모두 표시되지 않는 경우 ⋯ 버튼이 생성됩니다. 사용자의 창의 크기에 따라 달라질 수 있습니다.

10 구글 '드라이브' 앱 사용하기 • **143**

02 아래쪽 **소제목 글상자의 정렬도 '가운데'로 설정**한 후, **드래그**하여 위치를 조정합니다.

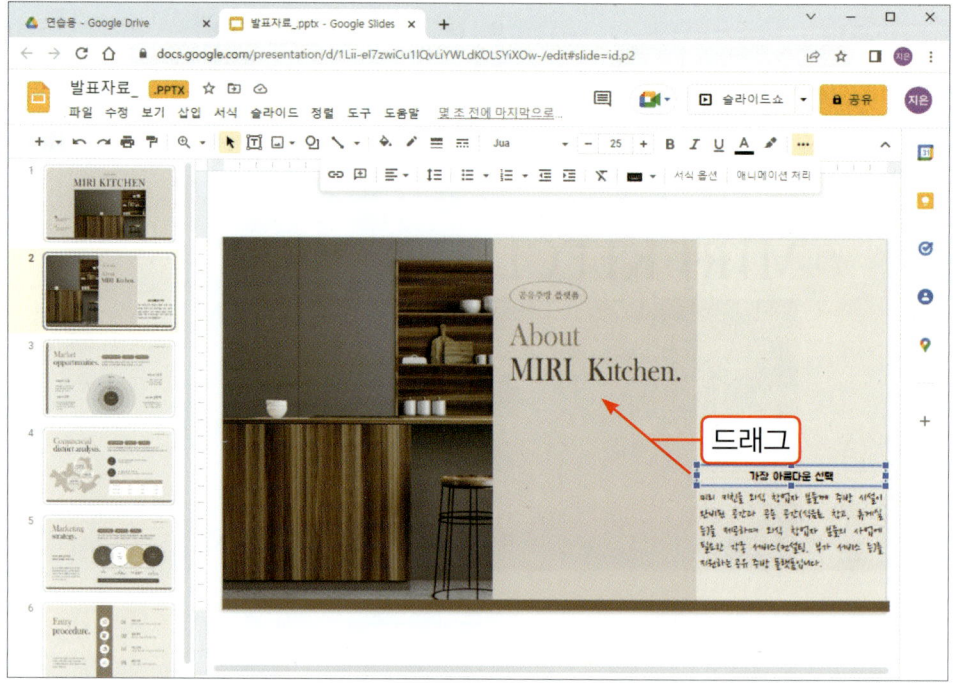

프레젠테이션에 개체 삽입하기

01 **[삽입]-[이미지]-[드라이브]를 선택**합니다.

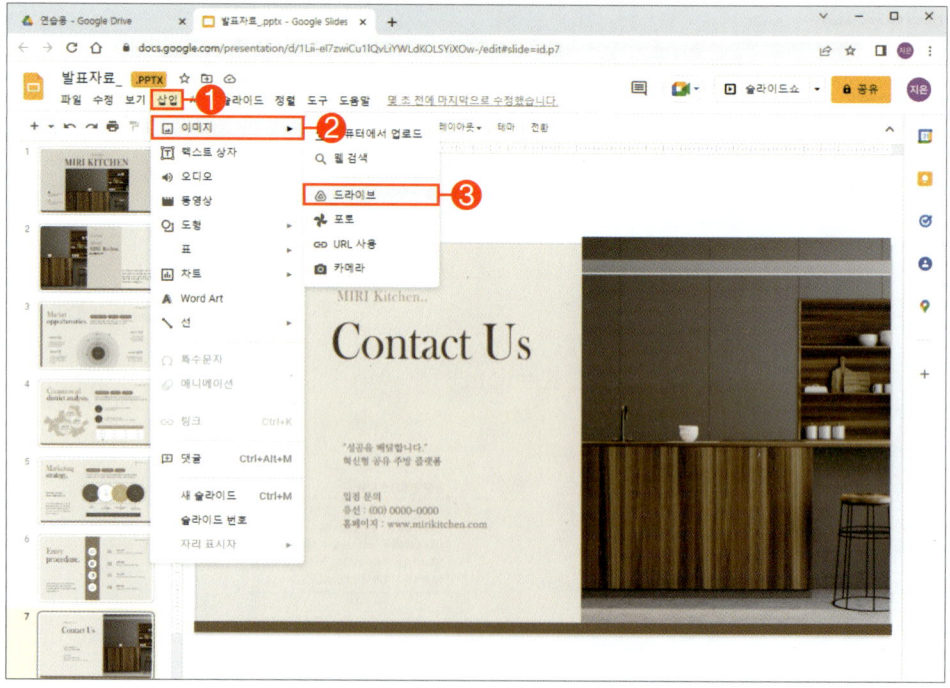

144 • NEW 스마트한 생활을 위한 구글 크롬 기초&활용

02 [Google 드라이브] 패널이 표시되면 **[내 드라이브]**의 [연습용] 폴더를 더블 클릭합니다.

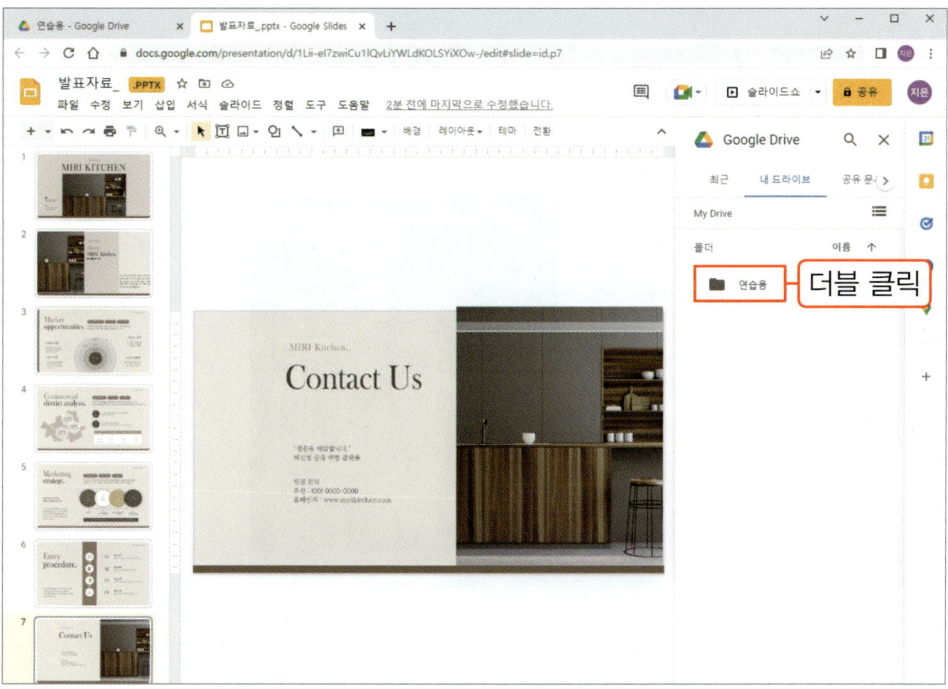

03 폴더 내의 파일이 표시되면 삽입할 **파일을 선택**한 후 **[삽입]**을 클릭합니다.

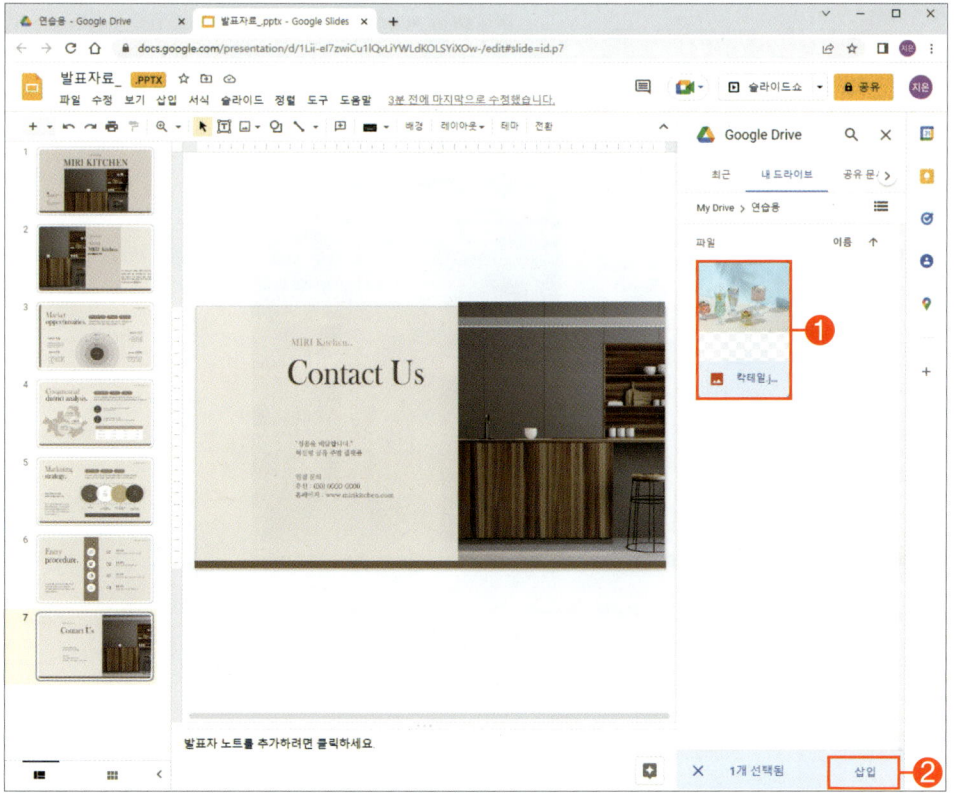

04 삽입된 이미지의 **크기 조절점을 드래그**하여 이미지의 크기를 조정합니다.

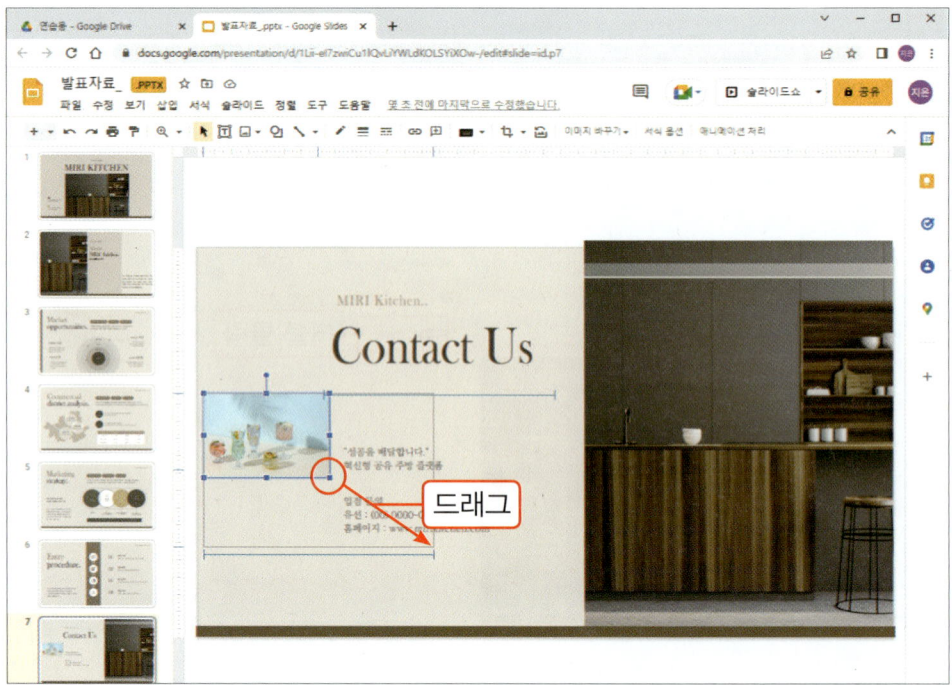

05 삽입된 이미지를 **드래그**하여 이미지의 위치를 조정합니다.

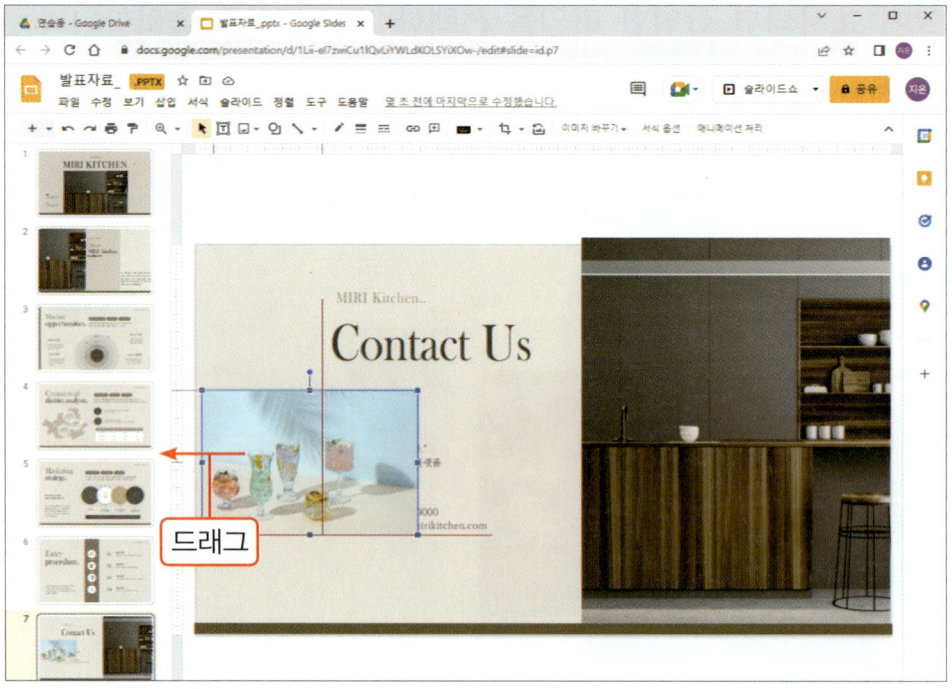

다른 이름으로 저장하기

01 파일 이름 부분을 클릭하거나 [파일]-[이름 바꾸기]를 선택합니다. '수정 발표자료.pptx'로 제목을 수정하고, 문서 탭을 닫습니다.

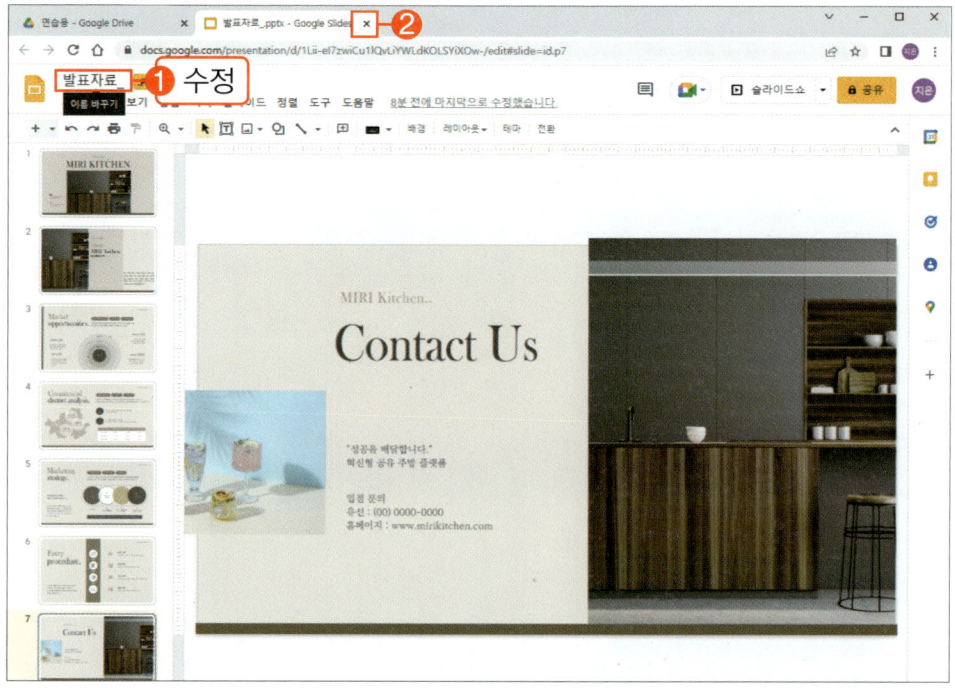

02 '수정 발표자료.pptx' 파일이 생성된 것을 확인할 수 있습니다.

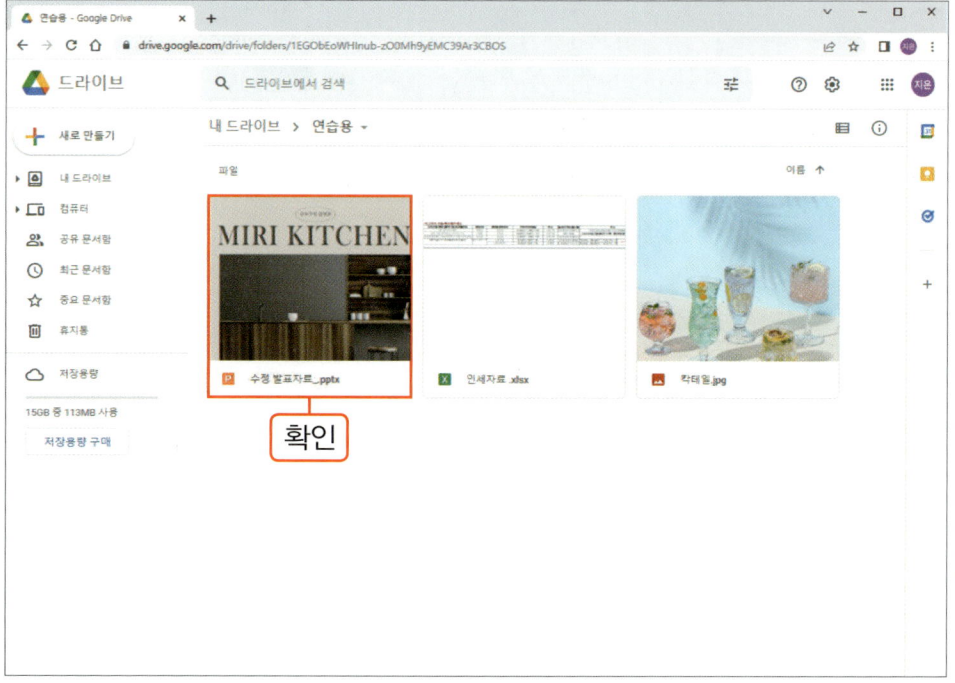

05 새로운 오피스 문서 파일 만들기

01 여기서는 [새로 만들기]-[Google 문서]를 선택합니다.

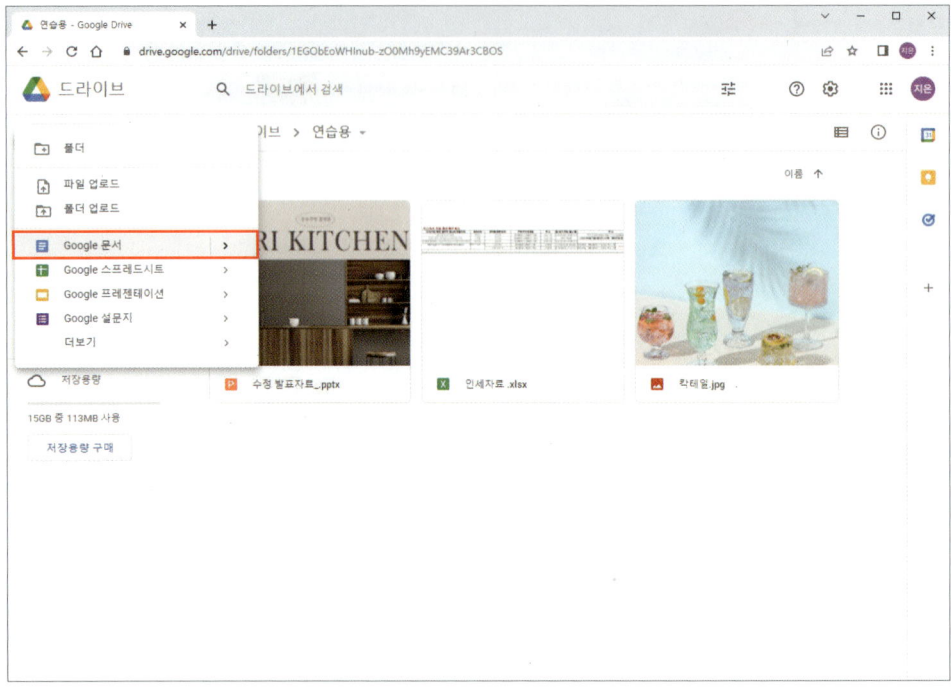

02 [제목 없는 문서] 탭이 생성됩니다.

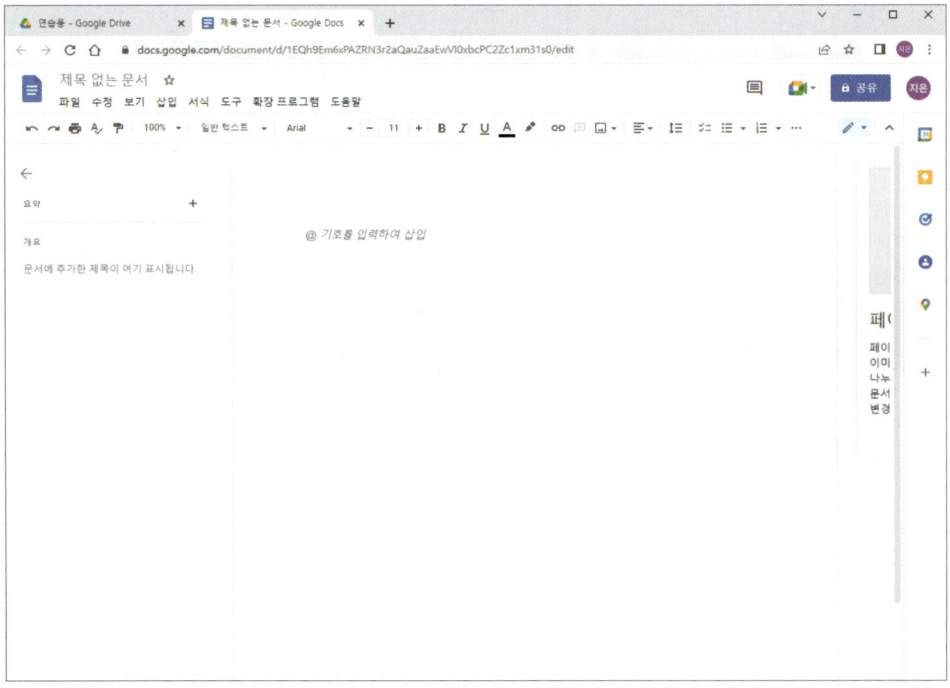

03 다음과 같이 **솜사탕 동요의 가사를 입력**합니다.

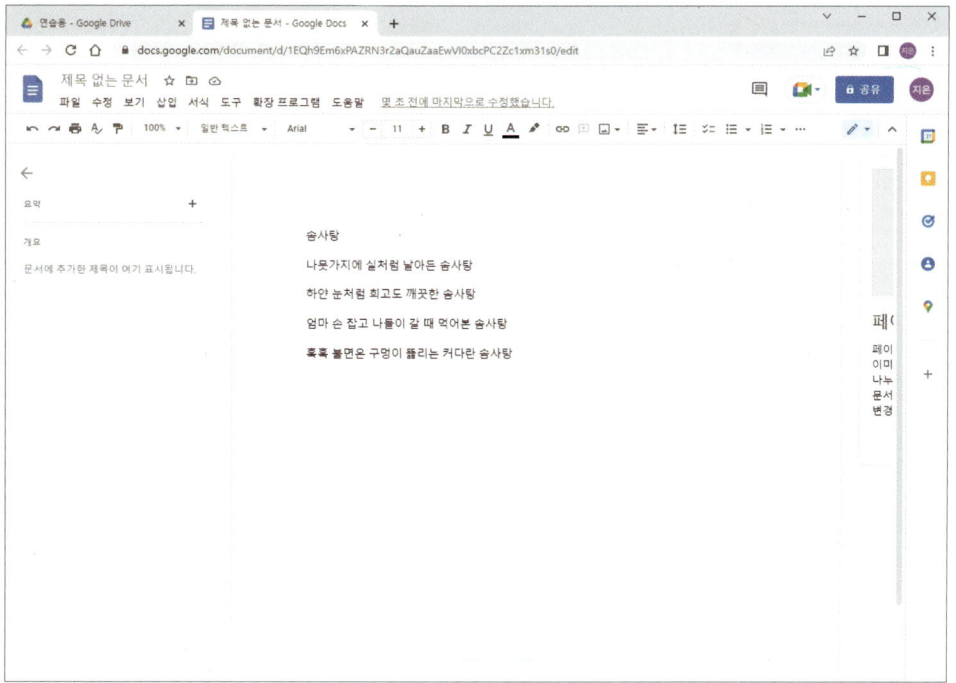

04 '**제목**'을 드래그하여 블록으로 지정한 후, **글꼴은 '궁서', 크기는 '30', 정렬은 '가운데 맞춤'으로 설정**합니다.

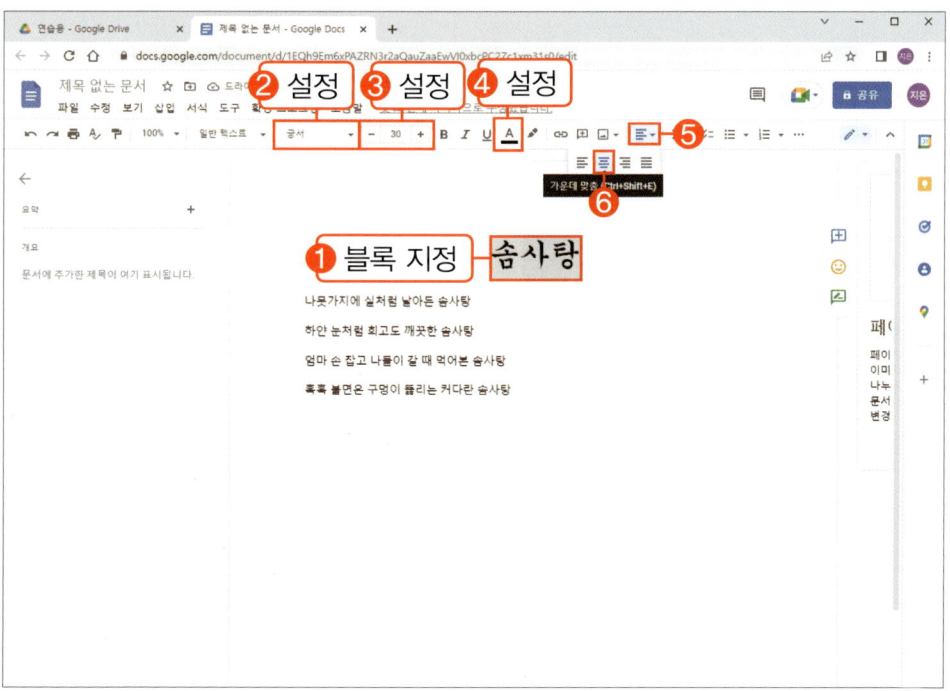

05 '제목 없는 문서'라고 쓰인 부분을 솜사탕으로 수정한 후, 문서 탭을 닫아 줍니다.

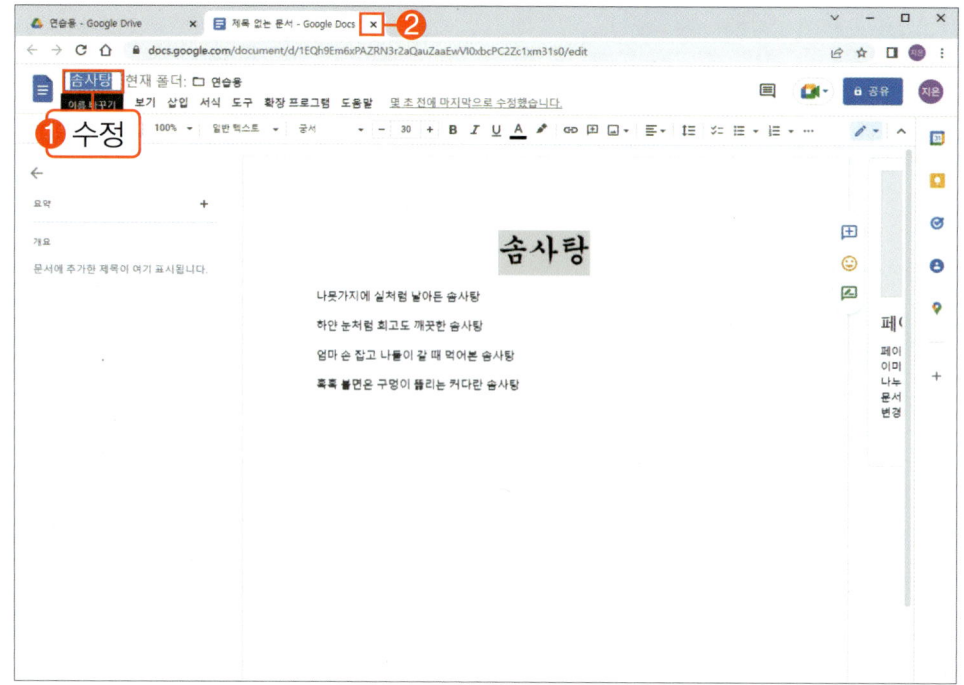

06 구글 문서 파일이 새로 생성된 것을 확인할 수 있습니다.

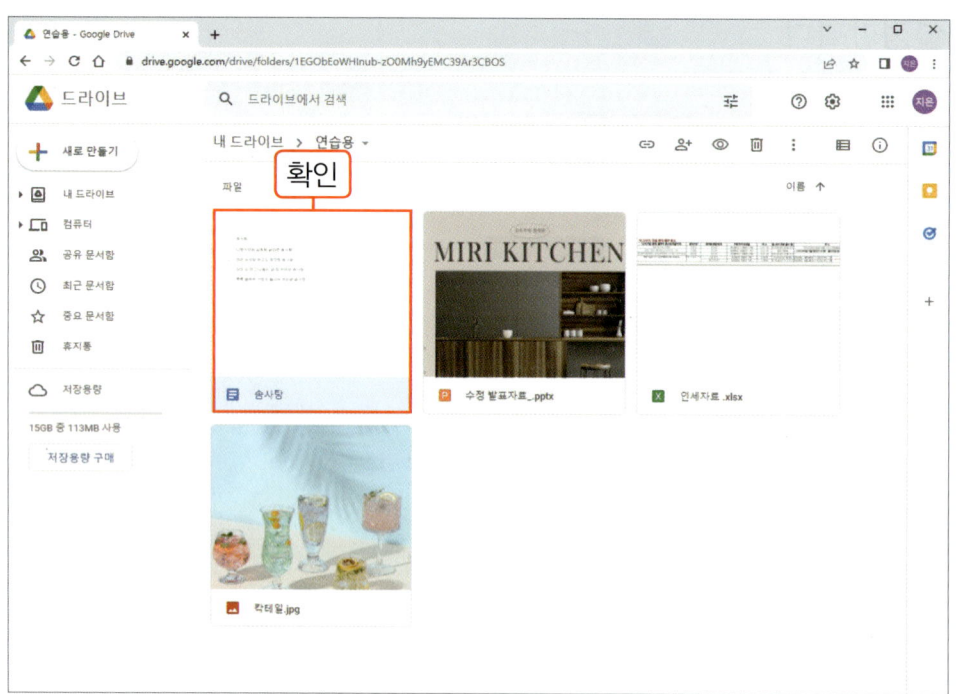

> **배움터** 구글 문서 파일을 다운로드하면 'Word 문서'로 변환되어 저장됩니다.

1 '솜사탕' 구글 문서 파일에 그림 파일을 삽입해 봅니다.

📁 예제파일 : 이미지_솜사탕.jpg

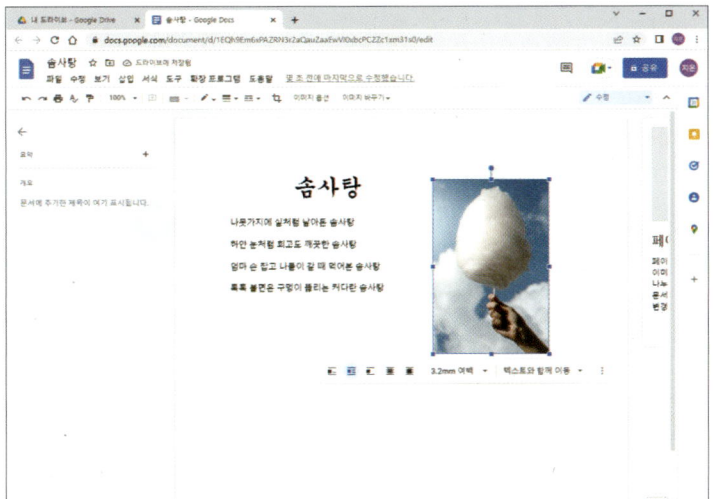

도움터

- 구글 문서 파일을 수정해야 하는 경우 [연결 앱]-[Google 문서]를 선택할 수도 있지만, 문서 파일을 더블 클릭하여 바로 실행할 수도 있습니다.
- [삽입] 메뉴의 [이미지]와 [그림]은 다른 방법이니 유의하도록 합니다.
- [컴퓨터에서 업로드] 등 명령을 이용해 'Google 드라이브'에 업로드되지 않은 이미지도 문서 내로 바로 가져올 수 있습니다.
- 삽입된 이미지의 아래쪽 [줄바꿈]을 선택해야 그림 옆에 텍스트가 표시됩니다.

2 솜사탕 파일을 다운로드해 봅니다.

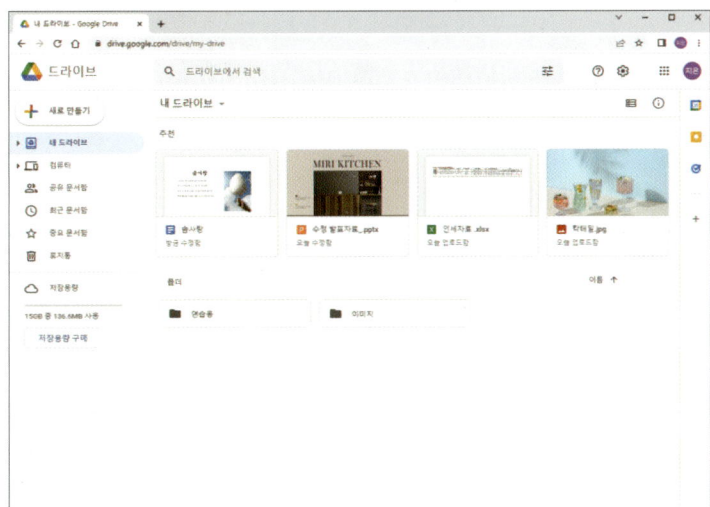
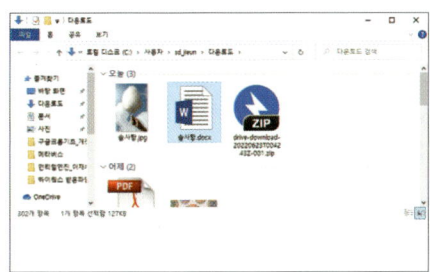

좋은 책을 만드는 길
독자님과 함께하겠습니다.

도서에 궁금한 점, 아쉬운 점, 만족스러운 점이
있으시다면 어떤 의견이라도 말씀해 주세요.
시대인은 독자님의 의견을 모아 더 좋은 책으로 보답하겠습니다.

www.sdedu.co.kr

NEW 스마트한 생활을 위한 구글 크롬 기초 & 활용

초 판 발 행	2022년 08월 10일
발 행 인	박영일
책 임 편 집	이해욱
저 자	IT교재연구팀
편 집 진 행	성지은
표지디자인	김지수
편집디자인	임옥경, 신해니
발 행 처	시대인
공 급 처	(주)시대고시기획
출 판 등 록	제 10-1521호
주 소	서울시 마포구 큰우물로 75 [도화동 538 성지 B/D] 9F
전 화	1600-3600
팩 스	02-701-8823
홈 페 이 지	www.sdedu.co.kr
I S B N	979-11-383-2864-7(13000)
정 가	10,000원

※ 이 책은 저작권법의 보호를 받는 저작물이므로 동영상 제작 및 무단전재와 배포를 금합니다.
※ 잘못된 책은 구입하신 서점에서 바꾸어 드립니다.